RAUZAT-US-SAFA

(JARDIN DE PURETÉ)

BIBLE DE L'ISLAM

THÉOLOGIE MUSULMANE

AUZAT-US-SAFA

(JARDIN DE PURETÉ)

BIBLE DE L'ISLAM

ou

L'HISTOIRE SAINTE SUIVANT LA FOI MUSULMANE

Par l'historien persan MIRKHOND

TRADUITE DE L'ANGLAIS PAR

E. LAMAIRESSE

Traducteur du *KAMA-SUTRA* et du *PREM-SAGAR*

PARIS

GEORGES CARRÉ, ÉDITEUR

3, rue Racine, 3

—

1894

AVANT-PROPOS

Imitant l'exemple qu'a donné Renan par ses publications successives sur l'origine et l'établissement du christianisme, nous avons, dans sept volumes qui peuvent se lire soit chacun isolément, soit d'ensemble, tracé le tableau le plus complet que nous avons pu de l'Hindouisme et du Bouddhisme, les deux religions anciennes de l'Extrême-Orient qui s'entrepénètrent au point qu'il est difficile d'en séparer l'étude.

Aujourd'hui nous entreprenons de faire connaître de la même manière au public français la religion musulmane que nous avons observée pendant trente-trois ans dans l'Inde et en Afrique. C'est presque un repos de l'esprit que nous lui offrons après la fatigue des controverses philosophiques et religieuses, car l'Islam est tout d'action et n'admet pas la discussion.

Nous insistons de nouveau sur l'intérêt qu'a la France à savoir les sentiments et les croyances des populations qu'elle administre ou qu'elle combat. A nos sujets, comme les Arabes d'Algérie ou les Fulbes de l'Afrique occidentale, nous devons la satisfaction de leurs besoins religieux; à nos adversaires, tels que les Touareg, les Toucouleurs et les traqueurs de nègres, il nous faut imposer le respect de la liberté et de la vie de leurs voisins qu'ils déciment. L'entente sur la religion est la première nécessité de la politique coloniale.

Les Anglais l'ont admirablement compris. Dans leur immense empire d'outre-mer, ils pratiquent partout, avec une remarquable largeur de vues, la conciliation religieuse et s'efforcent de vulgariser chez eux les livres sacrés des pays qu'ils occupent. Le Gouvernement n'est pas seul à prendre cette initiative ; des sociétés particulières le secondent très efficacement par le concours de leur argent et de leurs travaux. Il faut citer surtout la Société Royale Asiatique qui consacre un fonds spécial à la traduction des livres principaux de l'Orient, que publie sous son patronage M. Arbuthnot, si connu à la fois comme éditeur et comme écrivain.

Une des plus remarquables de ces traductions est celle du Rauzat-us-Safa, compendium des vies des prophètes, des rois et des kabylifes, depuis Adam, le premier prophète, jusqu'au quatrième des successeurs de Mahomet qui soumirent la Syrie, la Perse et l'Égypte.

Cette histoire générale des origines et de l'établissement du Mahométisme est l'œuvre de Mirkond, écrivain persan, qui mourut en 1498, année où Colomb découvrit le nouveau monde. Elle se recommande par son ancienneté, car en général et surtout en Orient, plus un livre se rapproche des faits qu'il relate, moins il renferme d'erreurs et de récits de pure invention. Au xve siècle où elle fut écrite, l'Islam, vaincu seulement en Espagne, avait conservé dans son domaine asiatique, surtout en Perse, tout l'éclat de civilisation dont il avait brillé dans les siècles précédents, et les croyances populaires que reproduit Mirkond sont celles d'une époque à la fois de ferveur religieuse et de lumière relative. On doit les retrouver aujourd'hui chez les Chiites sans altération sensible.

La traduction littérale en anglais de cette histoire générale est due au professeur Rehatzek qui est mort en décembre 1891. Elle se compose de trois parties: Les biographies des prophètes; la vie de Mahomet l'Apôtre; les biographies des quatre premiers Kalifes. Chacune des deux premières parties est publiée en deux volumes grand in-8° de 400 pages chacun. La dernière sera éditée en 1894 en un seul volume. L'ensemble formera un ouvrage de 2000 pages grand in-8°.

Cette traduction littérale est un monument d'un grand prix pour la science et les savants obligés de s'appuyer ou sur des originaux ou sur des traductions rigoureuses; mais la lecture n'en serait point abordée par le grand public français, à cause de son étendue excessive et des répétitions et longueurs qui y fourmillent. Nous avons réussi à réduire chaque partie à un seul volume, sans rien supprimer qui soit essentiel, soit pour le fonds, soit pour le cachet littéraire de l'œuvre.

Nous présentons ici la première partie détachée sous le titre de : *La Bible de l'Islam*. Il ne nous reste plus à traduire que la dernière et nous nous proposons de le faire aussitôt qu'elle sera éditée à Londres, c'est-à-dire dans le cours de l'année 1894.

PRÉFACE DE "LA BIBLE DE L'ISLAM"

On croit communément que l'Islam est contenu tout entier dans les deux mots : fanatisme et fatalisme, et que tous les Musulmans sont un même métal coulé dans un seul moule. C'est là une erreur démontrée par plusieurs écrits qui font autorité, tels que l'ouvrage de M. Léon Roche, *Trente ans à travers l'Islam*, celui du colonel Rinn, *Les Marabouts et les kouans*, etc. Répandus dans toutes les parties de l'ancien monde, appartenant à diverses races, soumis à l'influence de climats très variés, les Mahométans diffèrent beaucoup entre eux quant à l'état social et même religieux. Ils n'ont d'essentiellement commun que la croyance à un seul Dieu et à la mission du Prophète et l'horreur de l'idolâtrie. Ils ne sont intransigeants que sur ces trois dogmes dont le second seul leur appartient exclusivement.

Il existe en Chine plus de cinquante millions de sectateurs du Coran qui observent les préceptes et les rites de Confucius et se soumettent à la défense qu'on leur impose d'élever les minarets de leurs mosquées jusqu'à la hauteur des faîtes et des pinacles des pagodes impériales consacrées au Ciel et à la Terre. De son côté l'Inde compte au moins cinquante millions de Croyants qui obéissent dans une certaine mesure à l'impulsion civilisatrice et humanitaire de l'Angleterre et vivent en harmonie avec le reste des Hindous, se pénétrant d'eux et les pénétrant de leur foi et de leur civilisation. Les Persans, de race aryenne et de brillantes facultés, ont un haut degré de culture et forment le grand schisme des Chiites. Dans tout l'empire turc, bien que Sunnite et Orthodoxe, règne la tolérance religieuse.

A l'inverse de ce qui avait lieu quand l'Islam était conquérant et dominateur, aujourd'hui presque partout, par nécessité économique, la monogamie devient en fait l'usage ordinaire et la polygamie une exception en faveur des grands et des riches. Les ordres religieux musulmans, sortes de confréries qui comptent tant de milliers d'adhérents, professent et pratiquent tous la répression de l'orgueil et des sens ; c'est une modification très sensible de l'esprit qui a inspiré le Coran et un acheminement vers la monogamie, car la glorification de la continence peut conduire les dévots Musulmans à faire vœu de monogamie, comme les moines font vœu de chasteté.

Dans tous les pays prédénommés, l'immense majorité des Musulmans ne s'occupent point d'agriculture. Ils sont commerçants, soldats, marins ou artisans sédentaires et ont des mœurs assez douces, ce qui n'exclut point une certaine ferveur religieuse et même le prosélytisme pacifique très efficace en Chine, dans l'Inde et même certaines parties de l'Afrique.

Presque seuls, les Arabes sont restés pasteurs, plus ou moins nomades ou agriculteurs, et ont conservé une partie de l'humeur guerrière qui les a rendus autrefois si puissants et si célèbres. Par la traite et la chasse des nègres, ils représentent, dans l'Afrique équatoriale, le fanatisme musulman, invoquant la malédiction prononcée contre les enfants de Cham. Mais ces pourvoyeurs d'esclaves sont plutôt des brigands que des sectaires. Et, même au Soudan, ainsi que nous l'a appris le capitaine Binger, on trouve en majorité des

Musulmans chez lesquels l'esclavage n'est qu'une domesticité héréditaire ou une sorte de servage, et qui sont bienveillants et bien disposés pour les chrétiens qu'ils considèrent comme des Monothéistes.

L'intransigeance islamique a aujourd'hui pour refuge et pour foyer les villes saintes de l'Héjaz et la confrérie des Snoussia. C'est leur influence qu'il faut combattre pour amener à la tolérance et à la paix les Musulmans qui sont ou peuvent devenir nos sujets et nos protégés. Dans ce but, il convient de favoriser le plus possible les sectes et confréries qui professent la tolérance envers les Chrétiens.

Tel est en Algérie l'ordre des Tidjanya dont un grand Mogaddem réside à la Zaouia de Timassinin au sud-est de nos possessions algériennes; tel encore, l'ordre des Qadria fondé par Abd el Kader ben Djilali, dont le nom personnifie chez les Musulmans la compassion, la charité, et qui a professé une admiration passionnée pour Jésus à cause de sa bonté infinie. Tels enfin les Zianya, les convoyeurs du désert, analogues à nos religieux du mont Saint-Bernard.

Par ce qui précède, on voit qu'il peut exister au moins une bienveillance réciproque entre les Occidentaux et les Mahométans. Le moyen le plus efficace pour la développer est de faire connaître et aimer aux uns et aux autres ce qu'ils ont de commun dans leur histoire, leurs croyances et leurs aspirations. Les Anglais qui ont un si grand nombre de sujets musulmans l'ont bien compris et ils ont traduit fidèlement et publié à grands frais les livres musulmans qui remplissent cette condition. Tel est le Rauzat-us-Safa (Jardin de Pureté) du persan Mirkhond qui comprend l'histoire sainte, selon la foi musulmane, depuis la création du monde. Cette histoire nous apprend ce que savent ou croient les Mahométans sur l'ensemble et chacun des détails de notre Écriture sainte, ce qui est curieux et intéressant. On y voit, par exemple, que la récitation des psaumes de David, etc., était la dévotion la plus habituelle des prophètes, notamment de Salomon que tous les peuples orientaux, aussi bien que les Juifs, revendiquent comme leur appartenant. Les livres des psaumes sont donc sacrés pour les Musulmans comme pour les Chrétiens. On sait qu'il en est de même de l'Évangile et, par conséquent, de l'Oraison dominicale (le *Pater noster*) qu'il contient.

Sur les rives du Niger les Musulmans qui n'ont pas de mosquée vont prier et réciter les psaumes dans le temple de la mission protestante dont ne les éloigne aucune représentation anthropomorphique.

Comme les Protestants, aussi bien que les Juifs, n'ont point d'architecture religieuse, ils pourraient très bien en Afrique adopter la mosquée, type architectural bien approprié aux pays chauds. Alors le même édifice pourrait, au besoin, servir aux deux cultes successivement, le dimanche et le vendredi[1].

Puisque, théologiquement, les livres des psaumes et le *Pater noster*, cette prière admirée du monde entier, appartiennent aussi à l'Islam, il serait sans doute possible de les faire passer dans la pratique pieuse, sinon de tous les Musulmans, au moins d'une partie d'entre eux, par exemple des confréries tolérantes citées plus haut ou des nouvelles qui se fonderaient avec les mêmes tendances.

Il serait d'une bonne politique en Algérie de désigner les membres les plus intelligents de ces confréries pour des emplois dans la justice et dans l'enseignement scolaire. On pourrait avoir pour les écoles arabes des instituteurs indigènes

---

[1] En Hollande, dans quelques localités, le même édifice religieux sert aux catholiques et aux protestants.

ainsi choisis et mettre dans les mains de leurs élèves une édition à la fois française et arabe des psaumes et du *Pater*. Il y aurait avantage au point de vue moral, parce que les psaumes glorifient surtout la *Justice*, tandis que le Coran exalte surtout la puissance. Il serait bon aussi de répandre la traduction de Mirkhond comme ouvrage de lecture courante parmi les Arabes écoliers et adultes : une expérience constante démontre que les Croyants n'abjurent jamais, mais ils peuvent arriver d'eux-mêmes à un état religieux très peu différent de celui d'une secte protestante libérale. La prédestination n'est guère plus accentuée dans le Coran que chez Calvin et les Huguenots.

Les paroles :

« A la victoire je vous mène,
Ou je vous mène en Paradis, »

auraient pu être empruntées à Mahomet.

L'ouvrage de Mirkhond nous initie intimement, et sous une forme anecdotique et poétique très agréable, à tout ce que le Coran enseigne dogmatiquement et si sèchement que la lecture ne peut guère en être supportée que par les vrais Croyants ou des érudits.

La première partie qui forme la Bible de l'Islam nous attache comme un roman historique oriental, presque comme les contes des Mille et une Nuits.

En même temps, il nous donne une idée de la poésie et du goût littéraire de la Perse par de nombreuses citations de poètes et par des développements étendus sur les sujets de la Bible qui sont devenus les thèmes favoris des poèmes orientaux.

Tels sont les récits merveilleux concernant Adam et Ève,

Noé, Abraham le Patriarche, le grand Salomon, Job, Jésus et surtout Joseph, glorifié par tant d'auteurs musulmans pour son extraordinaire beauté, et loué par eux très faiblement et comme par convenance pour son extraordinaire vertu. Mirkhond lui consacre un nombre de pages dont la matière suffirait pour un roman de Zola.

La légende musulmane de Joseph nous montre les Mahométans comme bien plus indulgents que les Juifs pour les faiblesses des femmes; celle de Job est bien plus bienveillante pour elles et rend bien plus justice à leur constance et à leur dévouement que la version juive.

Tout récemment a paru un livre curieux d'Edwin Johnson, qui s'efforce d'établir que la littérature religieuse des Juifs et des Chrétiens est fondée sur le Coran et la chronique de Tabari, et que les enseignements de la Synagogue et de l'Église ont suivi les traditions de la Mosquée. L'auteur prétend que l'essor pris en Espagne par la littérature hébraïque, dans les dernières décades du x° siècle ou les premières du xi°, est un fait de première importance au point de vue du développement du christianisme. Selon lui, cet essor et ce développement sont intimement liés aux prédications islamiques et aux enseignements arabes de Cordoue et autres villes d'Espagne.

Bien que le Judaïsme, le Christianisme et l'Islam aient chacun leur ligne de prophètes bien arrêtée à partir d'Adam, Johnson soutient que c'est pur hasard et simple effet d'événements historiques accidentels, si nos docteurs en théologie ne nous servent pas aujourd'hui la Bible sous la forme musulmane, c'est-à-dire s'ils n'enseignent pas le Coran et les légendes arabes et persanes au lieu de l'Ancien et du Nouveau Testament.

Nous ne citons cette opinion singulière que pour montrer

l'intérêt qui peut s'attacher à la Bible de l'Islam. Au lieu de discuter ce paradoxe historique, nous nous contenterons de dire, comme le fait Mirkhond sur toute question embarrassante : « Allah sait mieux que personne la vérité. » Si quelque lecteur ne se trouvait point suffisamment édifié par cette pieuse réflexion, nous le renverrions aux œuvres de Renan sur le Judaïsme et l'établissement du Christianisme, et à ses études sur la langue et le génie des Sémites.

BIBLE DE L'ISLAM

I

PREMIÈRE CRÉATION : LES GÉNIES (DJINNS)

Le Maître de la gloire illumina de la splendeur de la beauté la lumière de Mohammed (Mahomet) qu'on nomme aussi l'essence blanche ; cette essence se divisa en deux parts : l'une, infiniment pure et lumineuse ; l'autre, inférieure aux yeux de l'intellect. La première fut appelée lumière ; la seconde, feu.

De la première furent créés les individus nobles et supérieurs, les corps célestes et les constellations, les âmes des prophètes et des saints et des élus de la main droite [1]. C'est donc la lumière de Mohammed qui a tout créé, et il est l'être le plus excellent.

Allah le Tout-Puissant a dit : « En premier lieu, nous avons créé les Génies avec le feu du Simoun [2]. »

Le père des Génies fut Asûm, surnommé d'abord Jan, puis Târnûsh, quand sa descendance se fut multipliée sur la terre. Allah leur donna une loi qu'ils observèrent pendant un cycle de récompense (24000 ans). Dans le cycle suivant la plupart

---

[1] Les êtres de la main droite sont ceux qui vont en paradis ; ceux de la main gauche vont en enfer.

[2] Le Simoun est le vent brûlant du désert. C'est de vent que les Jinns ou Démons furent créés. (Coran, ch. xv, 27.) Eblis (Satan) était d'abord un ange et il dit à Dieu : « Tu m'as fait avec le feu et Adam avec l'argile. »

Il est remarquable que toutes les Genèses commencent par « les Génies ».

désobéirent et furent punis; le reste reçut une nouvelle loi et, pour souverain, Haliaish. — Même chose eut lieu au commencement du troisième cycle, et le petit nombre resté fidèle eut pour souverain Maliga. De même, au commencement du quatrième cycle, les bons Génies reçurent pour chef Hamûs. Puis tous les Génies se corrompirent et Allah envoya contre eux une armée d'Anges qui les extermina. Quelques-uns se cachèrent dans les îles et dans les ruines des cités; les jeunes furent emmenés captifs au ciel. L'un d'eux, Eblis, fut élevé par les anges et fit de tels progrès qu'il devint parmi eux un maître illustre que tous s'empressaient de venir écouter. Après un grand nombre d'années, les Djinns échappés au massacre s'étaient multipliés et avaient repris possession du monde sans renoncer au péché. Eblis aspira à devenir leur chef et leur législateur, et fut agréé par eux en cette qualité. Il descendit sur terre avec une troupe d'Anges auxquels se réunirent un petit nombre de Djinns restés vertueux, et envoya vers les autres un prophète pour les inviter à obéir au Seigneur; mais ceux-ci le mirent à mort. Un second et un troisième envoyés eurent le même sort; un quatrième put y échapper et rendre compte à Azazi (Eblis). Celui-ci, avec une armée d'Anges, détruisit ou dispersa les rebelles; puis, enflé de ce succès, il proclama dans la cour céleste sa suprématie, comme possesseur de toutes les perfections théoriques et pratiques, indépendamment même du Tout-Puissant.

Pendant qu'il donnait ainsi carrière à son orgueil, quelques Anges qui étaient allés consulter « le Tableau réservé [1] » montrèrent un front soucieux. Interrogés par Eblis à ce sujet, ils lui apprirent que d'après ce « Tableau » un Chérubin de la

---

[1] Tableau secret de la destinée, écrit avec le Coran, de toute éternité, près du trône de Dieu.

demeure éternelle allait bientôt en être chassé pour être damné éternellement. Eblis aveuglé méprisa cet avertissement et, en conséquence, fut voué à l'éternelle perdition — dont puisse Allah nous préserver !

Alors l'Univers entendit ces paroles qui annonçaient l'avènement d'Adam : « Je vais mettre un remplaçant sur la terre. » (Coran, ch. II, 28.) L'impie Satan en fut remué jusqu'au fond des entrailles et s'écria : « Comment l'homme, fait de vase, peut-il prétendre à la supériorité, alors que la vase est dense et opaque, tandis que le feu (dont sont faits les Génies) est subtil et lumineux, et la lumière prévaut toujours sur l'obscurité. »

Les Anges, se méprenant sur le motif des paroles entendues, dirent (à Dieu) : « Tu mettras sur la terre quelqu'un qui fera le mal et versera le sang, et nous ici nous célébrerons tes louanges et sanctifierons ton nom. » (Coran, *ibidem.*)

Le Seigneur vit par là que les Anges ignoraient qu'Adam serait le dépositaire de ses mystères et le révélateur de ses attributs, et il leur répondit : « Je sais ce que vous ne savez pas. » (Coran, *ibidem.*)

Ainsi avertis de leur témérité, les Anges implorèrent leur pardon. Mais Eblis persista dans sa résistance.

Ce récit concernant les Génies est emprunté à la traduction du livre d'Adam par le sage Abu Ali Jafer. — Dieu seul en connait la vérité !

APPENDICE AU TITRE I

I. — Les Anges

D'après la croyance musulmane, les Anges ont un corps pur et subtil créé de feu et dépourvu de sexe et de fonctions matérielles. Ils ont différents emplois: les uns adorent Dieu en différentes postures; d'autres chantent ses louanges ou intercèdent pour le genre humain; quelques-uns écrivent les actions des hommes. Les quatre principaux sont :

Gabriel à qui ils donnent différents titres, entre autres ceux d'Esprit-Saint (Coran, chap. II) et d'Ange de révélation, parce que c'est par son intermédiaire que Dieu fait toutes ses communications (il n'y a eu d'exception que pour Moïse) et qu'il est employé à écrire les décrets de Dieu ;

Michel, l'ami et le protecteur des Juifs ; il combat les ennemis de Dieu ;

Azrayl ou Raphaël, l'Ange de la Mort ;

Izzafil, chargé de sonner la trompette le jour de la Résurrection.

Chaque personne est accompagnée de deux Anges gardiens qui écrivent ses actions et qui sont changés tous les jours. (Coran, chap. X.)

Ces traditions se trouvent aussi chez les Juifs, et ceux-ci reconnaissent les avoir reçues des anciens Persans. (Talmud Hieros in Rosh. Hashana.)

II. — Les Djinns ou Génies

D'après le Coran, les Djinns ou Génies sont un ordre de créatures intermédiaires entre les Anges et les hommes: créés de feu comme les premiers et, comme les derniers, mangeant, buvant, se propageant et sujets à la mort. Mahomet se prétend envoyé pour la conversion des Génies, aussi bien que pour celle des hommes. Les Orientaux croient qu'ils ont habité le monde plusieurs siècles avant la création d'Adam, qu'ils ont eu plusieurs souverains tous du nom de Salomon, qu'ils se corrompirent et qu'alors Eblis fut envoyé pour les conduire et les emprisonner dans un lieu écarté de la terre. Un ancien roi de Perse força ceux qui restaient à se réfugier dans les montagnes du Kâf ; il existe plusieurs histoires fabuleuses des souverains et des guerres de ces Génies qui sont de plusieurs espèces : Djinn, Péri ou Fées, Div (Devas ou Géants), Tacwins ou Destins.

Ils correspondent aux *Shedim* des Juifs, Démons ailés qui peuvent voler d'un bout du monde à l'autre et auxquels on attribue quelque connaissance de l'avenir ; les uns sont soumis et les autres rebelles à la loi de Moïse.

Voir, sur le Dualisme des esprits, notre *Introduction à L'Inde avant le Bouddha*.

II

ADAM LE PUR

Le Tout-Puissant ordonna à (Jesraïl) Gabriel de recueillir sur la surface de toute la terre une poignée de limon de diverses couleurs et qualités et de la lui apporter. Quand l'Ange étendit la main sur la Terre, celle-ci eut un horrible tremblement et, apprenant de Gabriel son dessein, l'adjura d'y renoncer, afin qu'il n'y eut point de nouveau dans le monde des êtres rebelles destinés à être châtiés et damnés, comme l'avaient été les Djinns. L'Ange s'en retourna auprès du Très-Haut qui envoya à sa place avec les mêmes ordres l'Archange (Micaïl) Michel. Celui-ci se laissa également attendrir. Enfin l'Ange Azrayl accomplit la mission du Très-Haut; malgré les supplications de la Terre, il ramassa sur toute la surface du globe une double poignée de limons de qualités et couleurs diverses et, après les avoir pétris ensemble, déposa le mélange entre Tayif et La Mecque. Les qualités et couleurs diverses des races humaines correspondent à celles des diverses sortes de limons ou terres. A cause de l'inflexibilité qu'il avait montrée, Azrayl fut désigné par le Seigneur pour être l'Ange de la Mort, maître de l'âme d'Adam [1] et de ses descendants. Il refusa d'abord cette

---

[1] Le nom d'Adam et celui de tout prophète est toujours, dans le texte persan, suivi de ces mots : « Que le Roi parfait répande sur lui la bénédiction et la paix ! » — Pour abréger, nous laissons au lecteur le soin de faire lui-même chaque fois mentalement cette addition.

charge qui devait le rendre odieux à tant de prophètes et de sages. Mais le Tout-Puissant lui dit : « J'affligerai les hommes de tant de maux qu'aucun d'eux ne t'en voudra d'y mettre un terme. »

Pendant plusieurs années, les nuées de la miséricorde du Tout-Puissant versèrent, sur le dépôt des limons mélangés, des ondées de miséricorde au moyen desquelles le Maître et Dispensateur de tous les dons heureux s'appliqua à adoucir le tempérament de l'homme avec la main de l'amour et de la compassion et à imprégner sa nature, selon sa prescience, de toutes les qualités nécessaires pour la succession à laquelle il l'appelait.

Lorsque Adam n'était encore qu'une sèche statue, Eblis passa, un jour, près de lui accompagné de quelques Anges, et frappa sur le ventre de la statue qui rendit un son creux. Il déclara alors : « Cet individu est vide, sa structure n'est ni substantielle ni solide; il sera sujet à la colique. » Et en lui-même il se dit : « Si Dieu place Adam au-dessus de moi, je ne lui obéirai pas; s'il le met sous mon autorité, je ferai tout pour le perdre. »

Lorsque le moment d'animer la statue fut venu, l'Esprit-Saint (le Verbe), par ordre du Tout-Puissant, se rendit près d'elle, accompagné de l'Ange fidèle (Gabriel); mais, comme à cette âme subtile et lumineuse (le Verbe) le corps d'Adam paraissait grossier et opaque, elle refusa de le prendre pour sa demeure jusqu'à ce que le Seigneur Suprême prononça ces mots : « Entre dans ce corps sans le vouloir; tu le quitteras aussi sans le vouloir. »

Alors l'âme entra en s'introduisant d'abord par la tête; à mesure qu'elle pénétrait, tout le corps d'Adam devenait chair et peau; avant qu'elle se fût infusée dans tous les membres,

Adam s'écria : « Seigneur, hâte-toi d'achever ma création avant la nuit. »

C'est pourquoi le Seigneur a dit : « L'homme est l'œuvre de la précipitation. » (Coran, ch. xxi, 38.)

Alors Adam éternua et, par une inspiration divine, dit : « Louange à Allah, le souverain des deux mondes! » Il fut honoré de cette réponse : « La miséricorde divine est sur toi [1]! »

Le Très-Haut ajouta : « Ma compassion a précédé ma colère. »

Quand Adam fut prêt, le Dispensateur de tous les dons lui enseigna les *Dénominations* [2]. Il apprit à Adam les noms de toutes les choses et les répéta aux Anges. » (Coran, ch. ii, 29.) Mais ceux-ci, sûrs d'être toujours les préférés du Seigneur à cause de leur précédence, et se contentant de la science puisée au « Tableau réservé » cité plus haut, avouèrent leur incapacité à répéter les noms et dirent : « Louange à Toi, nous n'avons d'autre science que celle qui vient de Toi, car Tu es savant et sage. » (Coran, ch. ii, 30.)

Adam était orné de la beauté extérieure et de la perfection intérieure. Les Anges du plus haut rang reçurent l'ordre d'adorer son essence, pour lui rendre honneur. Tous s'y soumirent excepté Eblis qui, « gonflé d'orgueil, refusa d'obéir et fut mis ainsi au nombre des non-croyants. » (Coran, ch. ii, 32.) En conséquence l'entrée du Paradis lui fut interdite, il fut exclus de la demeure de l'Éternel et maudit pour toujours.

L'Éden auquel Adam fut transporté sur un lit magnifique était sur le sommet inaccessible d'une montagne d'une immense hauteur. Il était situé à l'orient, et il y régnait une fraî-

---

[1] Formules en usage quand quelqu'un éternue.
[2] La philosophie et la théologie arabes, comme tant d'autres, attribuent aux noms une valeur substantielle et indépendante, en un mot objective.

cheur perpétuelle. Selon les poètes, le printemps était enchaîné à ce jardin délicieux. Les arbres avaient : pour tiges, le ligneux de l'aloès; pour feuilles, des émeraudes; pour fondement de leurs racines, la couche de Vénus; pour sol, l'ambre gris.

Le centre du parterre était occupé par un lac profond, serein comme le cœur du sage, limpide comme l'éloquence d'un orateur, pur comme un esprit et beau comme la science.

L'atmosphère autour était translucide et subtile comme le feu. Des poissons argentés s'y jouaient comme la lune vierge dans la sphère céleste.

III

ADAM ET ÈVE

Adam, dans le paradis, désira un compagnon, un ami intime. Dieu alors lui envoya le sommeil pour diviser son existence; puis, pendant son sommeil, il tira Ève de son côté gauche sans qu'il s'en aperçût. Quand Adam la vit à son réveil, il lui demanda : « Qui es-tu et pourquoi viens-tu? » Ève répondit : « Je suis un de tes membres et le Tout-Puissant m'a créée pour être ton amie et ta femme. » Adam rempli de joie offrit à Dieu ses prières en témoignage de gratitude. On célébra le mariage. Dieu lui-même récita l'oraison suivante :

« Au nom de Dieu, le Miséricordieux, le Clément! La louange est ma parure; la magnificence, mon manteau; la grandeur, mon voile; toutes les créatures sont mes serviteurs et mes servantes. Mohammed (Mahomet) est mon bien-aimé et mon prophète. J'ai accouplé tous les êtres pour qu'ils tendent à (reconnaître) mon unité. Je prends à témoins mes Anges, les habitants de mes cieux et ceux qui portent mon trône que j'ai marié à Adam Ève, ma servante, par le miracle de ma création et par un acte de ma Toute-Puissance, en lui donnant pour dot l'adoration, la louange de Moi-Même (Coran, ch. II, 33), la pureté, la sainteté. Elle rend témoignage qu'il n'y a de Dieu qu'Allah, l'unique, qui ne se partage point. O Adam et

Ève, habitez ensemble le paradis et nourrissez-vous de mes fruits; mais n'approchez point de mon arbre. Que la paix soit sur vous avec ma miséricorde et ma bénédiction! » (Coran, ch. ii, 33.)

Satan (Eblis), exclus pour toujours de la société des Anges, ne rêvait qu'aux moyens de s'introduire dans le paradis d'Adam pour le séduire et le faire chasser. Il demanda au paon de le cacher sous ses ailes, mais celui-ci le renvoya au serpent qui consentit à le prendre dans sa gorge et le fit ainsi entrer dans le jardin à la dérobée du gardien. Il se présenta à Adam et Ève, se lamentant et pleurant. Quoiqu'il fût inconnu d'eux, ils lui demandèrent la cause de son chagrin. « Je pleure, leur dit-il, sur votre destinée. Allah vous chassera de ce jardin; il vous privera même des jours de la vie pour vous livrer à la douleur et à la mort. » Et il s'éloigna, laissant le couple plongé dans la tristesse et l'inquiétude. Puis il revint et dit à Adam : « Je vais te montrer un arbre dont les fruits t'assureront un bonheur impérissable. » Et il lui désigna l'arbre dont le fruit lui était défendu. Adam refusa d'y toucher et ils se séparèrent.

Eblis vint trouver Ève au moment où elle était seule et parvint à la persuader à l'aide du serpent qui témoigna de sa véracité. Quand Adam fut de retour près d'elle, elle lui dit : « D'après le témoignage du serpent, je vais manger du fruit d'immortalité. S'il m'arrive malheur, tu intercéderas pour moi. Si c'est le contraire qui a lieu, tu feras comme moi, afin que nous soyons tous deux heureux. »

C'est ainsi qu'Ève mangea du fruit défendu et Adam après elle. Il n'était pas encore dans leur estomac que toute leur parure du paradis avait disparu, les laissant dans une nudité qu'ils s'efforcèrent de couvrir avec des feuilles de figuier. Alors retentit la Voix divine : « O Adam, sais-tu la cause de votre nudité ? » « Oui, Seigneur, répondit-il, nous t'avons désobéi par l'effet de la présomption d'Ève. » Ève, couverte de confusion, accusa le serpent.

Le Tout-Puissant changea la forme du serpent qui était le plus beau des animaux et le maudit : « Pour avoir conseillé ce crime, tu ramperas dans la fange et l'abjection, objet d'horreur. » Ève fut condamnée aux douleurs de l'enfantement, de la menstruation et de la soumission conjugale; Adam, à la peine de l'éloignement du Très-Haut, aux tourments de la faim, aux remords de la conscience et au travail pour gagner sa subsistance. L'expulsion du paradis fut signifiée à tous les coupables en ces termes : « Vous serez précipités sur la terre où vous serez ennemis. »

Suivant la tradition la plus accréditée, Adam tomba sur le mont Sérandib [1]; Ève, à Djeddah; Eblis, dans le Schistan; le serpent, à Ispahan; et le paon, dans le Kaboul. L'inimitié entre Eblis et les mortels, et entre l'homme et le serpent, durera jusqu'au jour de la résurrection.

Adam emporta du paradis un sac rempli de froment et de trente sortes de graines, le bloc de pierre noire [2] et une poignée de feuilles des arbres du paradis.

Adam vécut d'abord seul sur la terre, implorant son pardon, pendant trois cents ans, au bout desquels Gabriel le lui apporta, après qu'il eut adressé à Dieu cette prière : « Il n'y a pas d'autre Dieu que Toi; prends pitié de moi, Toi, le Miséricordieux par excellence. »

Adam fut toute sa vie déchiré par le remords de sa faute.

---

[1] Le pic d'Adam; on y montre la trace de son pied aux pèlerins.

[2] C'est l'aréolithe de forme cubique, enchâssé d'argent, que l'on voit fixé à l'angle sud-est de la Kasbah. Gabriel l'apporta, dit-on, à Abraham au moment où il construisit cette mosquée.

S'étant mis à la recherche d'Ève qui le cherchait de son côté, il la rencontra sur le mont Arafat toute noircie par le soleil. Il fallut l'intervention de Gabriel pour qu'ils se reconnussent. Ils se rendirent ensemble au pic d'Adam où Adam se livra à l'agriculture et à l'extraction du fer. Ils habitèrent tantôt l'Inde, tantôt l'Arabie. Leurs nombreux enfants fondèrent des colonies dans différents pays.

IV

ABEL ET CAIN

Chaque année, Ève mettait au jour deux enfants de sexe différent. Elle eut d'abord Caïn et Aglemia, puis Abel et Labuda. Quand ces deux couples jumeaux eurent atteint l'âge nubile, Adam, par ordre de Dieu, voulut marier Caïn avec Labuda et Abel avec Aglémia. Mais Caïn prétendit avoir cette dernière qui était très belle. Adam, lui ayant en vain opposé l'ordre de Dieu, prescrivit le « jugement de Dieu » entre les deux rivaux. Il consistait alors dans une offrande que chaque partie déposait au sommet d'une montagne. La partie dont l'offrande était consumée par le feu céleste était déclarée avoir droit. Abel, qui était pasteur, offrit une brebis grasse ; Caïn, qui était agriculteur, un sac de blé.

L'épreuve fut complètement favorable à Abel. Mais Caïn refusa encore de se soumettre et menaça son frère de le tuer. Celui-ci répondit : « Je n'opposerai à tes coups aucune résistance, car je crains le Seigneur. »

Adam étant parti en pèlerinage, Caïn tua Abel pendant son sommeil ; puis il l'enterra. Ce mode de sépulture lui fut enseigné, à l'instigation de Dieu, par l'exemple d'une corneille qui, grattant la terre, en recouvrit le corps d'une autre corneille qu'elle venait de tuer[1]. (Coran, chap. v, 31.)

---

[1] Ce passage donne l'origine et la justification de l'usage de l'inhumation des morts, telle qu'elle se pratique chez les Juifs, les Chrétiens et les Musulmans.

A son retour, Adam demanda à Caïn : « Où est Abel ? » Il répondit : « Est-ce que j'en avais la garde ? » (Genèse, chap. VI, 9.) Son troupeau a plusieurs fois dévasté mes champs ; il a eu peur de moi et il s'est enfui. »

Adam comprit ce qui était arrivé ; il aimait extrêmement Abel et composa sur sa mort une élégie en syrien fort répandue qui commence par les deux vers suivants :

« La contrée est souillée avec tout ce qu'elle renferme ;
« La face de la terre a été bouleversée. »

Adam maudit Caïn ; repoussé de tous, il devint un étranger pour le reste des hommes. Il errait dans les montagnes et les déserts, vivant de la chair des boucs sauvages qu'il tuait à coups de pierres. Il échappa à la peine du talion prononcée contre lui en se réfugiant dans les déserts de l'Yémen où, sectateur de Satan, il pratiqua et institua l'adoration du feu. Ses nombreux descendants dans cette contrée inventèrent les instruments de musique, l'usage du vin et les vices contre nature.

Par ordre du Très-Haut, Adam se rendit dans le Yémen pour ramener au vrai Dieu et à la vertu Caïn et ses adhérents. A l'aide des miracles dont le pouvoir appartient aux prophètes, il convertit un certain nombre de ses descendants et de ceux de Caïn ; mais le reste persista dans l'aveuglement, le péché et l'infidélité et fut damné pour toujours.

V

FIN D'ADAM. — SES ENFANTS

Quand Adam eut vécu mille ans, il connut que sa dernière heure était venue. Il rassembla autour de lui ses enfants et ses parents et leur commanda d'obéir au Miséricordieux et de repousser Satan et ses suggestions. Il leur désigna, pour être leur chef après lui, Seth, le plus intelligent et le plus beau de ses enfants; puis il envoya ce dernier au mont Sinaï demander à Dieu pour lui de l'huile et des olives du Paradis. Il s'oignit tout le corps avec cette huile et fut soulagé, mais seulement quelques instants. Bientôt après il dit à Gabriel qui était venu avec les Anges, apportant un drap mortuaire et un cercueil : « La violence de la douleur ne me permet pas de me lever pour réciter mes prières. » Puis il s'adressa à Ève qui se tenait debout derrière lui toute en larmes : « Va-t'en d'ici et laisse-moi avec les envoyés du Très-Haut; tous mes malheurs viennent de toi. » En conséquence Ève et ses filles se retirèrent et Azrayl se mit à prendre possession de l'âme d'Adam avec tous les ménagements et les égards dus, ainsi que le lui dit Gabriel, à celui auquel Dieu avait insufflé son esprit et destiné la première place dans le paradis. Quand l'Ange de la Mort eut fini, Gabriel revêtit Adam d'une robe et ensuite procéda à l'ablution et à l'ensevelissement du corps. Suivant la tradition la plus commune la tombe fut creusée sur le mont Abuquis (près de La Mecque). Les fils et les filles d'Adam avec Ève étaient rangés autour et Seth à la tête, pendant que Gabriel récitait des prières sur le corps qui fut descendu dans la fosse et recouvert de terre. Puis Gabriel adressa aux enfants d'Adam ces paroles : « Si vous conformez vos actes aux avis de votre père, vous ne vous égarerez jamais; sachez que personne n'échappe à la mort. Vous accomplirez pour chaque mort les mêmes purifications et cérémonies que pour Adam, car tel est l'ordre de Dieu. Vous ne reverrez ces Anges qu'au jour de la résurrection. Ainsi, adieu ! »

Adam avait une très haute taille (les Imans disent soixante coudées), les cheveux bouclés, point de barbe et le teint brun. Il surpassait en beauté tous les êtres créés. — Ève lui ressemblait parfaitement.

Adam fut le premier prophète. Son *Livre de la Loi*, contenait cinquante pages et prescrivait l'adoration d'Allah, la prière, le jeûne, l'abstinence du vin et de la chair de porc; il enseignait la philosophie naturelle, les substances utiles ou nuisibles, les remèdes, les moyens de maîtriser les Djinns et les Démons, la géométrie, l'arithmétique et les autres sciences.

Voici les principaux miracles qu'on lui attribue : il faisait sourdre l'eau des rochers et venir près de lui les arbres à son appel; il empêchait les fauves d'attaquer ses enfants et se transportait à travers les déserts et les mers, etc.

Adam mourut à La Mecque, un vendredi, après avoir vu quatre mille de ses descendants. Ève lui survécut sept ans et fut enterrée à côté de lui.

Seth était né de la lumière de Mohammed (Mahomet), cinq ans après la mort d'Abel pour la consolation d'Adam dont il eut la beauté et les vertus, et il fut le premier de ses enfants qui porta de la barbe. Adam lui recommanda de conserver ses os au moment du déluge. Il régna sur les hommes et les Génies avec la piété d'Adam. Le Tout-Puissant lui envoya cinquante pages traitant des mathématiques, de la philosophie, de la théologie, de l'alchimie, etc. On compte parmi les fils de Seth beaucoup de solitaires et de religieux. Du temps de Seth les hommes se divisaient en deux parts, les uns obéissant à Seth et les autres à Caïn. Seth vécut neuf cent douze ans ; il fut le second prophète et le maître du troisième, Enoch. Ce titre de prophète lui est déféré surtout par les Sabéens qui se considèrent comme ses descendants. Ils possèdent un livre renfermant cent vingt chapitres qu'ils appellent les premiers psaumes. On cite beaucoup de ses maximes, entre autres celle-ci : « Un roi est pour ses sujets ce que l'âme est pour le corps ; il veille incessamment sur eux, comme l'âme sur le corps. »

Seth eut pour fils et successeur Eros qui vécut de six à neuf cents ans.

Le fils de ce dernier, Génan, lui succéda et régna vertueusement quatre cents ans. Mahalaleel, fils de Genan, voyant les hommes, qui s'étaient extrêmement multipliés, se quereller et se nuire mutuellement, les répartit sur toute la surface de la terre et s'en vint avec les descendants de Seth dans la Babylonie où il fonda la ville de Sus. Il vécut neuf cent huit ans. Sous son fils Jared on commença à adorer des idoles. Jared eut plusieurs fils très intelligents dont l'un fut Enoch.

VI

LE PROPHÈTE ENOCH

Enoch naquit à Memphis, en Egypte. Il fut envoyé par Dieu avec le don de prophétie et de miracles pour rétablir le mariage et les bonnes mœurs, convertir les idolâtres, etc. Beaucoup écoutèrent sa prédication; il enseigna soixante-deux voies[1], fonda cent villes, leur donna des lois appropriées et les répartit entre quatre gouverneurs sous ses ordres. Il fit régner le monothéisme et la justice, institua des jeûnes, des prières, l'aumône et la guerre sainte; défendit l'usage de la viande de porc, d'âne et de chien, et de certaines herbes et de tout ce qui pouvait troubler le cerveau, comme les liqueurs spiritueuses, etc.; prescrivit des sacrifices au coucher du soleil et à certaines périodes astronomiques.

Il est l'auteur des premières observations et dénominations astronomiques. Il introduisit l'écriture, l'art du tailleur et la coutume d'attaquer et de réduire en captivité les Infidèles. D'un ascétisme extrême, il priait Dieu douze mille fois par jour. Il était en conversation continuelle avec les astres et en rapports fréquents avec les Anges. L'Ihvan Mustafa fait dire à Enoch :

---

[1] Cela veut dire que ses disciples formèrent soixante-deux écoles ou sectes. Le nombre 62 est cher aux Musulmans.

« J'ai parcouru les cieux avec Saturne pendant trente ans et ai appris toutes les secrètes particularités des régions supérieures ; je connais tous les mystères du monde invisible. »

Il construisit la pyramide d'Egypte nommée Gunbuzatran pour sauver du déluge les tombes de ses amis.

Il souhaitait ardemment de parvenir en paradis avant la résurrection générale et, dans cette vue, il multipliait ses austérités. Azrayl, connaissant son désir, descendit du ciel et se fit son ami intime, puis se dévoila à lui. Enoch lui demanda s'il était venu prendre son âme. Azrayl le rassura et lui permit de goûter le breuvage de la mort. Puis, sur sa demande, il lui fit voir l'enfer. Enfin, à sa prière et avec la permission de Dieu, il le transporta sur son aile, d'abord, au septième ciel et, ensuite, au paradis. Quand Enoch eut, pendant une heure, contemplé les rivières, les fruits, les houris, les palais, les jeunes habitants du séjour de la bénédiction, Azrayl voulut l'emporter, mais Enoch déclara qu'il ne quitterait ce lieu que sur un ordre exprès du Tout-Puissant, attendu que celui-ci a dit : « On ne sortira jamais du paradis. » En effet, le Très-Haut, consulté, décida qu'Enoch y étant entré avec sa permission devait y rester. Il avait alors quatre-vingt-deux ans.

Enoch était beau, grand et sec avec une forte charpente osseuse bien proportionnée ; il avait le teint brun, de fortes moustaches et une longue barbe. Il parlait peu et lentement, en faisant un geste avec l'index. Il se promenait les yeux baissés dans une continuelle méditation[1]. On cite plusieurs de ses sentences, notamment la suivante : « Le riche n'est nulle part un

---

[1] Ces détails sur Enoch se trouvent aussi dans le Talmud et les livres des Rabbins.

La Genèse dit, chapitre v, : « Enoch se promenait avec Dieu et Dieu le prit. »

étranger; le pauvre l'est partout. » Sheik Sadi l'a mise en vers:

« Le riche n'est un étranger ni sur la montagne, ni dans le désert, ni au milieu des solitudes. Partout où il va, il dresse sa tente et repose sa tête. Celui qui est déshérité des biens de ce monde est un étranger et un inconnu dans son propre pays. »

Des historiens rapportent qu'après la mort d'Enoch et après celle de quelques hommes pieux, Vood, Soova, Yagut, Yavug et Nasser[1], qui lui succédèrent, on fit leurs statues pour se consoler de leur perte.

Quand leurs disciples directs eurent disparu, les descendants de ceux-ci, à la suggestion de Satan, adorèrent ces statues; de là, l'idolâtrie. Satan introduisit l'adoration du feu en persuadant à des hommes que, le jour de la résurrection, le feu épargnerait ses adorateurs.

Quand Dieu donna Enoch pour compagnon aux Anges, ceux-ci le prirent pour Adam et dirent : « Que vient faire un pécheur parmi nous qui sommes sans tache. » Le Très-Haut les reprit : « Si vous aviez été à la place d'Adam, vous auriez péché comme lui. Désignez deux d'entre vous pour subir cette épreuve. » Harut et Marut furent choisis et descendirent sur la terre où ils régnèrent vertueusement jusqu'à ce que tous deux s'éprirent séparément d'une beauté sans égale, Zohra (nom de la planète Vénus). Elle promit à chacun d'eux ses faveurs à la condition qu'ils boiraient du vin. Puis elle profita de leur ivresse pour leur arracher le nom ineffable qui fait monter au ciel, pour leur faire adorer son idole et ensuite décapiter un homme qui, témoin de leurs deux premières fautes, aurait pu les accuser. Enfin elle monta au ciel par le pouvoir du nom ineffable.

[1] Le Coran mentionne ces cinq personnages comme des faux dieux. (Chap. LXXI, 32.)

Grâce à l'intercession de Gabriel, les deux Anges coupables échappèrent à la damnation éternelle ; mais on les descendit dans le puits de Babel où ils resteront jusqu'à la résurrection générale, tourmentés par les aiguillons de la chair avec une violence inouïe qu'ils ne peuvent calmer qu'en prononçant un mot enseigné par Gabriel.

On a retrouvé récemment au Caire un fragment étendu du livre d'Enoch en grec. C'est une traduction qui devait être très répandue à Alexandrie. Il y est question de l'immortalité, de la résurrection, du jugement dernier, de la gehenne, du séjour où les âmes attendent le jugement, du temple céleste avec ses parvis mystérieux, de l'arbre de vie destiné aux élus; croyances qui se développaient toutes dans l'Église et la Synagogue pendant les premiers siècles de l'ère chrétienne.

VII

NOÉ, LE CONFIDENT (DE DIEU)

Dieu envoya son prophète Noé prêcher aux hommes le retour au bien. Il s'y employa pendant neuf cent cinquante ans. (Coran, chap. xxiv, 13.) Mais bien peu l'écoutèrent, il fut persécuté et injurié malgré son inépuisable libéralité. Désespérant d'inculquer la foi, il pria pour les incrédules et demanda au Seigneur « de ne pas semer et multiplier les infidèles sur la terre ». Il lui fut répondu : « Commence la construction de l'arche ; je veux que ces insensés, ces criminels périssent par l'eau qui jusqu'aujourd'hui leur a apporté la vie. »

Noé se mit au travail avec ses trois fils à Kufah, près de La Mecque.

Selon le témoignage qu'en rendit Sem après sa résurrection par les prières de Jésus, l'arche, de 1,200 coudées de long sur 600 de large, présentait la forme d'un oiseau ayant la tête d'un paon, les yeux d'un aigle, la poitrine d'une colombe, la queue d'un coq[1]. Elle était calfatée et enduite à l'intérieur et à l'extérieur avec de la résine et de la poix.

Ensuite Noé exécuta un sarcophage en forme de coffre pour y placer les restes d'Adam.

---

[1] On a dit plus naturellement que l'arche avait la forme d'un poisson.

Gabriel réunit tous les animaux, un couple pour chaque espèce, et Noé les fit entrer dans l'arche. Il y monta lui-même avec sa famille et quelques fidèles.

Pendant quarante jours et quarante nuits, les sources de la terre et les nuages du ciel versèrent des torrents d'eau. La surface du globe fut submergée partout sous une hauteur de plus de 40 coudées. Kanaan, fils de Noé, refusa de monter dans l'arche, comptant se sauver sur une montagne; mais le flot l'atteignit et le noya. (Coran, chap. XI, 45.)

Partie de Kufah, l'arche fit sept fois le tour de la mosquée de La Mecque; ensuite, elle parcourut le monde et enfin s'arrêta sur le sommet du mont Judi (selon la tradition des Chaldéens). Pendant ces cinq mois, l'arche fut éclairée par deux disques lumineux que Dieu avait fixés aux parois intérieures de son coffrage, l'un semblable au soleil, l'autre pareil à la lune, et qui marquaient les heures des prières de jour et de nuit.

Comme il y avait dans l'arche beaucoup d'immondices dont il fallait se débarrasser, Noé, par ordre de Dieu, passa la main sur le dos de l'éléphant. Celui-ci donna naissance à un porc qui nettoya l'embarcation de toutes ces impuretés. Alors Eblis frotta avec les doigts le dos du porc et il sortit de son museau une souris qui se mit à faire des trous dans l'arche. Mais Noé, par ordre de Dieu, caressa la face du lion; il éternua aussitôt et projeta de ses narines un chat qui mit fin aux ravages des souris.

Quand la pluie eut cessé, le sol absorba les eaux. L'arc-en-ciel annonça à Noé qu'il pourrait bientôt sortir de l'arche. Il envoya un corbeau pour reconnaître la hauteur et l'état des eaux; mais cet oiseau de malheur se mit à dévorer un cadavre et ne revint pas; c'est pourquoi Noé le maudit et il fut condamné à se nourrir à l'avenir de cadavres. Noé lâcha ensuite une colombe qui revint bientôt apportant dans son bec un rameau d'olivier. (Genèse, chap. VIII, 7 à 11.) Il en conclut que le sommet des arbres émergeait; en conséquence, il bénit le pigeon qui devint ainsi le familier de l'homme. Il le renvoya plusieurs fois à la découverte et, lorsque l'oiseau revint les pattes imprégnées de limon fraîchement déposé, il fit sortir tout le monde de l'arche, en tout quatre-vingts personnes, qui s'établirent d'abord dans un village dit des Quatre-Vingts, puis périrent pour la plupart à cause de leur ingratitude. Il ne survécut que Noé avec ses trois fils et leurs femmes. Le Très-Haut jura de ne jamais punir ses serviteurs par un nouveau déluge. (Genèse, chap. VIII, 21.) Réjoui de cette promesse, Noé partagea la terre entre ses trois fils : à Sem, qui était le plus intelligent, il donna la Syrie, la Mésopotamie, la Perse, la Grèce, qui devinrent le centre de la civilisation. Japhet reçut la Chine, le Turkestan, le pays des Slaves, la région autour de la mer Caspienne, contrées où les habitants sont nobles et braves; Cham eut l'Afrique, l'Ethiopie, l'Abyssinie, l'Inde, le Sind et le pays des Nègres.

Un jour que Noé s'était endormi, Cham se moqua de la nudité accidentelle de son père; ses deux frères, au contraire, la couvrirent. A son réveil Noé maudit Cham et déclara que ses descendants seraient les esclaves des descendants de Sem et Japhet[1]. (Genèse, chap. IX, 21-27.)

Quelque temps après, la femme de Cham mit au jour ensemble deux enfants de sexe différent, tous deux noirs. Cham apprit alors par ses deux frères la malédiction prononcée contre lui et cessa pendant quelque temps ses rapports avec sa femme; puis il les reprit et eut encore deux enfants noirs. Alors il se résigna à sa destinée.

[1] Ce texte est devenu un dogme pour les Musulmans; partout ils réduisent les Noirs en esclavage.

Quand la terre eut repris un aspect prospère, Eblis vint trouver Noé et lui dit : « A cause du grand service que tu m'as rendu, je veux répondre sincèrement à toute question qu'il te plaira aujourd'hui de me poser. » Noé lui demanda : « Quel service t'ai-je rendu? » Eblis repartit : « Par ta prière, tu as fait décréter le déluge qui a précipité dans l'Enfer tous les hommes existants; tu m'as épargné ainsi beaucoup d'efforts. » Noé alors se repentit de sa prière.

Il vécut encore un grand nombre d'années. Quand il mourut ses enfants l'enterrèrent à Jérusalem.

Noé était de haute taille et corpulent, avec des bras et des jambes grêles. Il avait le teint noir, de grands yeux, la barbe et les moustaches raides, et était sujet à de violents accès de colère, ce qui n'excluait point chez lui une grande longanimité. Il était très reconnaissant, très vertueux et d'une générosité sans limites.

On lui attribue de nombreux miracles, notamment d'avoir guéri de la stérilité une de ses filles en posant un doigt sur son nombril.

On l'a surnommé le chef des prophètes et le confident d'Allah.

VIII

LES FILS DE NOÉ ET LEUR POSTÉRITÉ

I. — Japhet

Quand Japhet, qu'on dit avoir été un prophète, prit congé de Noé, au pied du mont Judi, il lui demanda de lui apprendre une prière au moyen de laquelle il pourrait à volonté obtenir la pluie.

Noé s'adressa à Dieu et Gabriel lui apporta, de la part du Très-Haut, le nom ineffable que Noé grava sur une pierre, « la pierre de pluie ».

Japhet parcourut tout son empire, en menant la vie nomade et instituant de bonnes coutumes. On dit qu'il fonda une des grandes villes de la Chine.

Il eut onze fils : Turk, Karz, Rus, Az, Sagallâb, Kamari, Chin, Khalj, Sadsan, Baraj et Manschaï.

Turk, son successeur et le plus intelligent de ses fils, brave, honnête et perspicace, fut le premier qui explora ces contrées (du Turkestan). Il s'établit dans une vaste et magnifique plaine renfermant un lac d'eau chaude. Il inventa les tentes faites de peaux de bêtes et régna glorieusement. Son fils Fuduk fut le premier qui mit du sel dans les aliments.

Karz s'établit au nord et inventa la crémation des morts [1].

[1] Karz, ville d'Arménie, que se sont disputée les Russes et les Turcs.

Quelque temps après, Rus vint au pays de Karz et, de son consentement, s'établit dans les contrées voisines.

Az occupa la Bulgarie et y fonda des villes. Mais, ayant pris par ruse à Turk « la pierre de la pluie », il eut à le combattre. Depuis lors, les descendants de ces deux princes sont restés ennemis.

Sagallâb, n'ayant pu obtenir des terres ni de Rus ni de Kamari, dut s'enfoncer dans l'extrême nord au 61ᵉ degré de latitude et occupa la région au-delà des sept climats[1]. Le froid l'obligea d'avoir des habitations souterraines (les Lapons, les Esquimaux, etc.).

Kamari, joyeux compagnon, grand chasseur, s'établit sur les confins de la Bulgarie et inventa les vêtements et les fourrures de peaux de bêtes.

Chin édifia une grande ville dans la contrée à laquelle il a donné son nom. Très industrieux, très habile, il inventa le dessin, la confection et la peinture de différents tissus, la culture des vers à soie et toutes les industries qu'exercent les Chinois. Son fils Machin enseigna l'art de filer et de tisser la laine et la soie ; grand chasseur, il prit un jour un anka, oiseau merveilleux, et adopta ses plumes pour aigrettes des guerriers.

La descendance de Japhet devint si nombreuse qu'elle se divisa en nations qui parlaient trente-six langues ; un certain nombre d'entre elles restèrent nomades, comme les Turcs, les Mongols, les Tartares, les Rapjaks, etc.

II. — *Cham*

Cham eut neuf fils : Hind, Sind, Zanj, Nuba, Kanaan, Kush, Gabat, Berber et Habsh, desquels sont issus les nègres

---

[1] La région hyperboréenne.

d'Afrique et les peuples de l'Abyssinie, de Zanzibar et de l'Inde.

III. — Sem

Sem fut un des plus grands prophètes et le fils préféré de Noé qui lui transmit tous les secrets de la prophétie et de l'apostolat, commanda à toute sa descendance de lui obéir et lui attribua toutes les régions tempérées du globe où devaient naitre, issus de lui, la plupart des saints, des prophètes, des rois, des chefs, des peuples et des dévots. Il eut neuf fils, notamment Arfaksbad, le père des prophètes, et Kammarth, le père des rois, qui régna sur toute la race de Sem. Après que cette race se fût multipliée dans la Babylonie, le Yémen, l'Haddramant, les deux Médies et la Perse, les Sémites émigrèrent à l'est et à l'ouest ; ils se mêlèrent aux enfants de Japhet et de Cham et construisirent des villes et des villages.

IV. — *Le prophète Hud et sa mission chez le peuple d'A'ad*

Le peuple d'A'ad était une tribu d'Arabes d'une taille, d'une force et d'une bravoure extraordinaires. Les plus grands avaient 100 coudées, et les plus petits 60. Très cruels, ils étaient adonnés à l'idolâtrie et à beaucoup de vices. Le prophète Hud, envoyé vers eux, essaya en vain de les convertir, par la prédication et l'aumône d'abord, puis par la famine. Dans leur détresse, ils envoyèrent une députation à La Mecque, comme c'était alors l'usage chez les Infidèles, aussi bien que chez les Croyants. Après s'être attardés dans les plaisirs, ces envoyés demandèrent à Dieu le don d'un nuage. Le Très-Haut leur laissa le choix entre trois nuages de couleurs différentes. Ils prirent le gris, et ce nuage composé de cendres brûlantes anéantit la tribu ; et, comme elle persista jusqu'à la fin dans l'impénitence, un vent violent la précipita dans l'Enfer. Hud se réfugia dans la Mésopotamie avec quatre cents convertis et les établit dans le pays d'Haddramant. Quelques-uns le suivirent à La Mecque où tous finirent leurs jours. Leurs tombes sont situées entre la maison de l'Assemblée et la porte du Prophète. On raconte que tous les prophètes qui reviennent saufs de la guerre contre les Infidèles se fixent à La Mecque où ils vivent (secrètement) jusqu'à la fin des temps. Hud ressemblait beaucoup à Adam et avait tout le corps très velu. Son nom en hébreu est A'abud[1].

Il était très aumônieux et faisait quelquefois du commerce. Il suivait la loi de Noé. Il opéra beaucoup de miracles, notamment celui-ci : Il changea de vastes étendues de sables arides en de superbes prairies pour l'usage des A'ad qui lui avaient promis de se convertir à ce prix et manquèrent à leur parole.

On rattache à Hud la légende du roi Shadad. Hud lui avait promis le Paradis s'il voulait se convertir ; pour réponse, le roi, à l'aide de ses immenses richesses, avait fait exécuter par son architecte un Paradis sur la terre. Mais, au moment où Shadad, revenant d'une guerre, allait jouir de la vue de cette demeure, rivale de celle de Dieu, Azrayl, l'Ange de la Mort, s'empara de lui sans lui laisser le temps d'y donner un coup d'œil et le précipita dans l'enfer avec toute son armée. Depuis lors, cette demeure merveilleuse n'a été vue que par Mahomet et ne sera vue par nul autre jusqu'à la résurrection. (Voir l'appendice au titre VIII.)

---

[1] On croit que c'est le Heber de la Genèse. (Chap. x, 24.)

V. — *Salah, prophète du peuple de Thamud*

Fils d'Aaber et petit-fils de Sem, Salah était de la tribu de Thamud qui habitait l'Hijar, situé entre l'Hejaz et la Syrie. Après la destruction des A'ad, cette tribu occupa et repeupla leur pays ; puis elle se révolta contre le Seigneur qui l'avait comblée de bienfaits. Dieu envoya Salah pour la ramener à l'obéissance à sa loi. Celui-ci, luttant de miracles avec les prêtres des idoles, transforma une pierre en une chamelle allaitant son petit. Mais deux méchantes femmes, Anezah et Sadaf, firent par des affidés tuer la mère et fuir le chameau. Des Anges lapidèrent les auteurs du crime ; mais les deux femmes perverses persuadèrent aux Infidèles de mettre à mort le prophète. Mais celui-ci leur annonça que leur figure allait devenir jaune un jour, rouge le lendemain et noire le surlendemain, et qu'ensuite Dieu les détruirait. Cela eut lieu en effet. Salah emmena au pays des Philistins le petit nombre de fidèles qui se trouvaient parmi eux.

Dans ses voyages lointains, Salah vit un ermite habitant seul les ruines d'une ville qui avait été détruite à cause de son impiété, et un autre dans une île dont les habitants avaient eu un sort pareil.

Salah était beau et grand ; il avait le teint blanc et les cheveux noirs, la barbe et la moustache raides. Il était éloquent ; on a conservé beaucoup de ses prédications.

Il allait toujours pieds nus et, de sa vie, ne voulut reposer sous un toit. Il s'occupait de commerce. Il vécut deux cents ans. Sa tombe se trouve à La Mecque dans la mosquée de l'Assemblée, près du sanctuaire.

VI. — Gog et Magog, Zulgarneen

Manshaj [1], fils de Japhet, eut deux fils, Gog et Magog [2], pères de deux nations de ce nom qui comptaient chacune cent tribus, au nord-est de la mer Caspienne.

Aucun des hommes de ces nations ne mourait avant d'avoir vu mille de ses descendants. Ils se partagaient en trois classes : dans la première, la taille était de 120 coudées et la largeur du corps moindre ; dans la seconde, la taille et la largeur étaient de 120 coudées ; dans la troisième, celle des nains, la taille variait entre 1 pouce et 4 pieds, et les oreilles étaient très longues.

Ni l'éléphant, ni le rhinocéros, ni aucune espèce de carnassiers ne pouvaient lutter contre eux. Ils étaient anthropophages, mais se nourrissaient principalement de crabes très abondants dans le pays ; ils n'avaient ni foi ni loi et vivaient comme des bêtes.

Pour préserver ses sujets de leurs déprédations, Zulgarneen, roi voisin, fit construire avec un alliage de fer, de cuivre et de plomb, coulé sur place, une muraille de 50 milles de largeur, 450 milles de longueur et 800 coudées de hauteur, qui s'élevait jusqu'au faîte des montagnes formant la limite de ses États, en fermant tous les débouchés [3].

Zulgarneen, que des écrivains confondent avec Alexandre,

---

[1] Équivalent probable de Mandchoux.
[2] Gog et Magog. Coran, chap. xviii, 93, et chap. xxi, 96. — Gog I. chro., chap. v, 4 ; Ezék., chap. xxxviii, 2, 3, 16, 18 ; Rev., chap. xx, 8. — Magog, Genèse, chap. x, 2 ; 1 chro., chap. i, 5 ; et Ezék., chap. xxxviii, 2.
[3] Il existe à Derbend, sur la Caspienne, des ruines que les Musulmans prétendent être celles de ce rempart ou muraille.

conquit l'univers, puis fonda Macédoine, ville merveilleuse munie d'une tour haute de 600 coudées, au sommet de laquelle était un miroir magique dans lequel se réfléchissait toute troupe ennemie venant de n'importe quelle partie éloignée du monde ; c'est sur ses ruines qu'a été plus tard édifiée Alexandrie.

Enfin, Zulgarneen se fit ermite pour le reste de ses jours. Il était de taille moyenne, avait le teint vermeil, une grosse tête, de grands yeux et des cheveux noirs. Il était batailleur et très ardent pour la guerre contre les Infidèles. Il vivait très sobrement avec sa famille du métier de vannier et donnait aux pauvres tout son superflu.

APPENDICE AU TITRE VIII

Paradis

Le paradis est situé dans le septième ciel, immédiatement au-dessous du trône de Dieu. La terre en est de la plus fine farine de froment ; ses pierres sont des perles et des hyacinthes ; ses murs sont d'or et d'argent. Le tronc de tous les arbres est d'or. Le plus remarquable, l'arbre Tuba ou *du bonheur*, est dans le palais de Mahomet ; mais dans la maison de chaque vrai Croyant s'étendra une branche de cet arbre (Coran, chap. XIII) qui s'abaissera au gré du bienheureux, pour lui présenter non seulement toutes sortes de fruits délicieux et de mets d'un goût exquis inconnu aux mortels, mais encore des habits de soie, des animaux sellés et bridés, couverts de riches harnais, pour lui servir de montures. Cet arbre est si vaste que le cheval le plus léger, au galop, mettrait plus de cent ans à sortir de son ombre.

Des racines de cet arbre sortent toutes les rivières du paradis dont une partie sont de lait, de vin et de miel. En outre, ce jardin est arrosé d'une infinité de sources et de fontaines dont les cailloux sont des rubis et des émeraudes ; la terre est de camphre, les lits de musc, les bords de safran[1].

Les filles du paradis, appelées Hûr el oyûn, à cause de leurs grands yeux noirs, sont créées de musc pur. Elles sont exemptes de toutes les impuretés et imperfections et de tous les accidents de leur sexe ; elles sont d'une parfaite modestie et cachées aux regards par des pavillons faits de perles creuses d'une immense grandeur.

Dieu donnera à chaque bienheureux la force de cent hommes pour jouir pleinement de ces filles ; des Anges attachés au service de chacune d'elles dans ce but particulier leur rendront après chaque nuit de félicité des soins qui leur restitueront en quelque sorte leur virginité.

Le plus haut degré de félicité sera dévolu aux prophètes ; le second, aux docteurs et à ceux qui enseignent la religion ; le troisième, aux martyrs, et le quatrième, au reste des justes suivant leur sainteté. Les pauvres entreront en paradis six cents ans avant les riches. Le plus grand nombre des hôtes du paradis sont des pauvres, et le plus grand nombre des damnés sont des femmes.

Chacun sera conduit à la demeure qui lui est destinée. Celui qui jouira du moindre bonheur aura huit mille domestiques, soixante-douze femmes prises d'entre les filles du paradis, outre celles qu'il avait dans ce monde, s'il les désire, et une fort grande tente de perles, d'hyacinthes et d'émeraudes.

Il sera servi à table par trois cents personnes dans des plats d'or, au nombre de trois cents à chaque service. On lui présentera dans des vases également d'or, autant de sortes de liqueurs et de vins non susceptibles d'enivrer. Il mangera et boira à son gré, sans craindre d'indigestion, toutes les superfluités se dissipant et étant emmenées et sans évacuation par la transpiration ou par une sueur de l'odeur du musc, après laquelle l'appétit revient.

Les bienheureux seront vêtus de la soie la plus riche et de brocard, principalement de couleur verte que fourniront les fruits du paradis et les feuilles de l'arbre Tuba. Ils porteront des bracelets d'or et d'argent et des couronnes de perles d'un éclat incomparable ; leurs tapis seront de soie ;

---

[1] Comparer cette description à celle du paradis d'Amitaba. Voir dans notre livre sur le Japon.

leurs lits, leurs coussins et leurs autres ameublements seront richement brodés d'or et de pierres précieuses.

Ils auront toujours l'apparence et la vigueur de l'âge de trente ans ou environ. Quand ils entreront en paradis, ils auront la taille d'Adam (60 coudées). Leurs enfants, s'ils en désirent (car ce ne sera qu'en ce cas que leurs femmes concevront), auront tout d'abord cet âge et cette taille.

Les élus seront délectés par la mélodie incomparable de la voix de l'ange Krafils, par les chants délicieux des filles du paradis et par l'harmonie divine des arbres célébrant les louanges du Tout-Puissant. Des cloches suspendues à ces arbres seront mises en mouvement par un vent qui soufflera chaque fois qu'on voudra entendre de la musique ; l'agitation seule de ces arbres produira un murmure ravissant (paradis d'Amitaba Bouddha).

La jouissance suprême, réservée aux plus éminents, sera de voir, soir et matin, la face de Dieu[1].

Les ignorants croient que les femmes n'ont pas d'âme, mais les Musulmans instruits admettent généralement que celles qui auront été vertueuses iront, non en paradis, mais dans un lieu séparé où elles jouiront de toutes sortes de plaisirs.

Mahomet a été plus favorable aux femmes qu'on ne le croit généralement.

C'est une opinion très répandue qu'il a prescrit à tout bon Musulman d'avoir autant de femmes qu'il peut en entretenir. Cependant le nombre de quatre femmes parait être adopté par beaucoup d'Arabes fortunés, avec d'autant plus de raison que chaque femme a droit à un minimum de galanterie conjugale appelé la part de dieu. Une obligation semblable est imposée aux Juifs. Un chef Arabe auquel je demandais des nouvelles de sa santé se plaignit à moi de l'affaiblissement causé par l'âge (cinquante ans) : « Je ne puis, me dit-il, voir qu'une fois par nuit chacune de mes quatre épouses. »

C'est seulement lorsque les Musulmans étaient conquérants et riches qu'ils ont eu un grand nombre de femmes.

---

[1] C'est la béatitude chrétienne. Les autres plaisirs du paradis se trouvent partie chez les Juifs, partie chez les Orientaux. Les anciens Perses avaient des houris.

IX

ABRAHAM, L'AMI DU MISÉRICORDIEUX, EN MÉSOPOTAMIE EN ÉGYPTE ET EN SYRIE

Nemrod, fils de Kanaan et petit-fils de Kush, qui, lui-même, était petit-fils de Sem, régna avec justice pendant de longues années sur l'immense empire de Babel (Babylonie), jusqu'à ce que Satan lui suggéra de se faire adorer comme un dieu. Peu après, le chef de ses astrologues lui déclara, en présence de toute sa cour, que, dans sa capitale, allait être conçu un homme qui, à l'aide de cinq pouvoirs merveilleux dont il serait doué, abolirait ce culte. Alors Nemrod ordonna à tous les hommes de sortir de la ville en y laissant leurs femmes ; lui-même campa dehors avec toute sa cour. Quelques jours après, pour un motif particulier, il envoya en ville son confident le plus sûr Azar, en lui faisant jurer de n'avoir aucun rapport avec sa femme. Azar ne resta auprès d'elle que peu d'instants, mais ne put résister à sa passion. Le lendemain matin, avisé par ses devins de la conception de l'enfant redouté, Nemrod ordonna de mettre à mort tous les enfants qui naîtraient dans l'année[1]. Mais la femme d'Azar cacha dans une grotte, à proximité, son enfant, merveille de beauté, qui n'était autre qu'Abraham. Quand elle ne pouvait

---

[1] On voit par là que le massacre des Innocents est une histoire plus vieille qu'Hérode. Elle a un grand fond de vraisemblance. Il faut songer que, dans l'Inde, on laissait, et on laisse peut-être encore aujourd'hui, périr les enfants nés avec un mauvais horoscope.

venir l'allaiter, il suçait du miel d'un de ses doigts et du lait d'un autre. Sevré à l'âge de dix ans, il sortit de la grotte en l'absence et malgré la recommandation de sa mère qui l'avait avisé du danger suspendu sur lui. Il admira successivement la planète Vénus, la lune et le soleil ; mais, voyant que tous ces astres disparaissaient sous l'horizon chacun à son tour, il reconnut qu'aucun d'eux n'était le Père Tout-Puissant et s'écria : « Je tourne ma face vers Celui qui a créé le ciel et la terre. Je suis orthodoxe et je n'adore point les idoles. » (Coran, ch. vi, 79.)

Informé qu'Abraham prêchait l'orthodoxie, Nemrod le manda à son palais.

Il se présenta au roi sans l'adorer, déclarant qu'il n'adorait que le Père Tout-Puissant.

« Quel est-il ? » interrogea Nemrod. « Celui qui donne la vie et la mort », répondit le jeune homme. Nemrod se fit amener deux prisonniers, commanda de tuer l'un et de libérer l'autre, puis il dit à Abraham : « Je viens de dispenser de la vie et de la mort. » Abraham repartit : « Mon Maître tout-puissant fait lever le soleil à l'est ; toi, fais-le lever à l'ouest ! »

Abraham continua à prêcher et convertit une foule de personnes. Le jour d'une grande fête des idoles, après la fin des cérémonies, il entra dans le temple vide (Coran, chap. xxi, 58) et brisa avec une hache toutes les idoles, excepté la plus grande au cou de laquelle il laissa la hache suspendue. Devant Nemrod, Abraham nia son action et accusa la grande idole. « Qu'elle se justifie ! » dit-il. Il démontrait ainsi que les idoles étaient impuissantes pour le bien comme pour le mal.

On le remit en liberté et il continua à prêcher contre le culte idolâtrique. Inquiet de ses succès, Nemrod le fit mettre en prison et le condamna à être brûlé vif. Au pied de la montagne qui domine la ville, Nemrod fit exécuter une enceinte de

60 coudées de longueur, 40 de largeur et 60 de hauteur, et ordonna que, à titre d'offrande aux idoles, chaque habitant apporterait dans l'enceinte la charge de bois d'un âne. De cette manière l'enceinte fut remplie et on jeta sur le bois de la naphte et du soufre, puis on mit le feu et la flamme s'éleva jusqu'au ciel au point que les oiseaux ne pouvaient plus passer au-dessus du bûcher et que personne n'osait s'en approcher. Dans l'embarras où l'on se trouvait pour y jeter Abraham, on construisit, à la suggestion et sur les indications d'Eblis, un catapulte pour lancer le prisonnier dans le brasier et on le plaça tout enchaîné sur cet engin. A cette vue les Esprits des mondes supérieur et inférieur poussèrent des cris d'effroi. Les Anges demandèrent à Dieu l'autorisation de sauver Abraham dont la mort causerait la ruine de la foi monothéiste. Dieu leur permit d'aller à son secours, mais leur fit observer qu'il serait déplacé qu'Abraham les appelât et semblât avoir besoin d'eux. Alors les deux Anges de la pluie et du vent vinrent offrir à Abraham d'éteindre ou de disperser le brasier. Abraham refusa et fut lancé par le catapulte. Au moment où il allait tomber dans le feu, Gabriel vint lui demander s'il désirait quelque chose. Abraham lui répondit : « Rien de toi ! » Alors Gabriel lui proposa d'être son intermédiaire pour obtenir l'assistance du Très-Haut. Abraham dit : « Informe-Le de ma situation, de sorte que ma délivrance soit accordée à ma demande. »

   Si je ne me livre pas aux flammes de l'amour, que puis-je faire ?
   Si je ne risque pas ma vie pour mon amour, de quoi suis-je capable ?
   On me dit : « Pourquoi te brûler comme une mouche [1] ? »
   Puisque je suis l'amant de la lampe splendide, puis-je faire autrement ?

[1] Dans le soufisme, on regarde Dieu comme l'idéal de la beauté et on lui adresse des compositions enflammées de l'amour le plus ardent. Dans le quatrain ci-dessus, Dieu est la lampe et Abraham la mouche qui vient s'y brûler

Alors le Tout-Puissant commanda : « O feu, deviens froid et sois le salut d'Abraham. » (Coran, chap. xxi, 69.) Les Anges prirent Abraham par les bras et le déposèrent doucement sur le sol ; Gabriel le revêtit d'une robe brillante du paradis, et, par l'ordre du Seigneur, un carré de 20 coudées de côté, rempli de plantes aromatiques et de fleurs éclatantes, entoura l'ami de Dieu ; il était arrosé par une fontaine délicieuse. En outre, le Créateur envoya, pour tenir compagnie à Abraham, un Ange qui lui ressemblait et ordonna à Esrayl d'apporter du paradis un tapis de fleurs et de l'étendre sous les pieds de l'Ami de Dieu qui ainsi foula par avance le sol du paradis. Esrayl fut aussi chargé d'apporter, matin et soir, à Abraham les mets savoureux du paradis.

Après une huitaine de jours, le brasier s'éteignit et Nemrod, placé dans une position dominante, aperçut Abraham et son compagnon assis au milieu des roses près d'une pure fontaine. L'aspect de ce lieu, plus beau qu'un jardin du paradis, lui inspira le désir de monter au ciel pour que le Très-Haut lui donnât aussi des témoignages de ce pouvoir qu'il venait de faire éclater en faveur de son ami. Il consulta à cet égard ses docteurs ; ils lui assurèrent qu'on ne pouvait monter aux régions célestes qu'à l'aide de Boraq [1].

Nemrod cependant s'obstina et, pour exécuter son projet, fit construire la tour de Babel. Lorsqu'elle atteignit les nues, il y monta et reconnut que l'aspect du ciel au-dessus était toujours le même. Le lendemain, la tour s'écroula avec un tel fracas que les habitants de Babel s'évanouirent d'épouvante. Lorsqu'ils revinrent à eux, ils avaient oublié leur langue commune et ils se mirent à parler soixante-deux langues diffé-

---

[1] Le quadrupède surnaturel, sur lequel Mahomet a fait son ascension au ciel.

rentes. La ville fut nommée Babel à cause de cette confusion des langues.

Malgré cet échec, Nemrod jura qu'il irait voir le roi du ciel. Dans ce but il éleva quatre aiglons en les nourrissant de viande et leur faisant boire du vin. Quand, par ce régime, ils eurent atteint une taille et une force qui ne pouvaient être dépassées, il fit exécuter une cage pouvant recevoir deux personnes et pourvue de deux portes, l'une s'ouvrant dans le haut, et l'autre dans le bas; aux quatre coins supérieurs de la cage, on fixa quatre crochets à chacun desquels on suspendit par une corde un morceau de viande. On fit jeûner les aigles jusqu'à ce qu'ils fussent affamés, et, alors, le roi s'assit dans la cage avec un ami. Lorsque les aigles aperçurent les morceaux de viande au-dessus de leur tête, ils s'élancèrent pour les saisir et ainsi enlevèrent la cage en s'envolant vers les régions supérieures. Quand ils se furent élevés ainsi un jour et une nuit, Nemrod ouvrit la porte supérieure et regarda. Le ciel lui présenta le même aspect que vu d'en bas. Puis il ouvrit la porte inférieure et vit que toute la terre paraissait une mer sur laquelle surnageaient des fourmis à la place des montagnes. Ils poursuivirent leur ascension encore un jour et une nuit et ils ouvrirent de nouveau les portes. Le ciel présentait toujours le même aspect; mais, au-dessous d'eux, il n'y avait que des ténèbres. Nemrod effrayé ordonna à son compagnon de placer les morceaux de chair dans une direction inverse, c'est-à-dire de haut en bas. Alors les aigles descendirent vers la terre, mais leur vol fut accompagné d'un bruit si terrible que les deux aéronautes crurent que le ciel s'effondrait sur eux. La terre elle-même en fut ébranlée et les montagnes faillirent s'écrouler. Quand Nemrod mit pied à terre, il était honteux et confus. Un Ange envoyé par Dieu lui dit: « Renonce, esclave impuissant! renonce à des tentatives criminelles, et repents-toi de tes mauvaises actions, car tu as jeté au feu Abraham et tu l'as exilé de son pays natal ; puis tu as voulu monter au ciel et tu y aurais réussi, si tu n'avais pas péché sur la terre. Malgré cela, le Tout-Puissant t'a accordé quatre cents ans de règne. Crains donc le Seigneur qui a un pouvoir et une armée immenses, tandis que ceux que tu possèdes proviennent de lui. Il peut, s'il lui plaît, te faire anéantir par la plus petite de ses créatures. » Nemrod répliqua : « Il n'y a d'autre roi que moi. Si le Roi du ciel a des troupes, dis-Lui qu'Il les envoie me combattre. » L'Ange repartit : « Mets ton armée sur pied, car celle du Seigneur est prête. » En quelques jours Nemrod réunit une puissante armée et la rangea en bataille. Abraham se présenta seul devant elle. « Où est ton armée ? » lui demanda Nemrod. Abraham répondit : « Voici que le Dieu de l'Univers l'envoie contre toi. » Au même moment des nuées de cousins qui voilaient le soleil s'abattirent sur l'armée de Nemrod et mordirent ses soldats si cruellement qu'ils prirent la fuite. Le même Ange dit alors à Nemrod, abattu par cette défaite : « Esclave impuissant ! les plus chétives créatures de Dieu ont mis en fuite ton armée ; crains-Le enfin et crois. Autrement, tu vas périr. » Nemrod méprisa ce dernier avertissement. Alors une mouche venimeuse le mordit à la lèvre inférieure, et il y vint une pustule très douloureuse ; puis, le même insecte le mordit à la lèvre supérieure et il s'y produisit une autre pustule. Enfin l'insecte pénétra jusqu'à son cerveau et se mit à le dévorer. De là, un terrible mal de tête qui ne diminuait que lorsqu'on frappait sur le crâne. Peu à peu la douleur s'étendit au point qu'il fallut tenir près du roi un certain nombre de marteaux de fer. Chaque personne qui venait à la cour devait, avant de baiser la terre (pour saluer le roi), prendre un de ces marteaux et en frapper le crâne du roi aussi longtemps qu'il pouvait le supporter. Ceux qui s'acquittaient de cette tâche à sa plus grande satisfaction en étaient récompensés par des honneurs et des faveurs. Après quarante ans de souffrances Nemrod sortit enfin de cette vie de passage pour entrer dans celle du châtiment.

Après avoir opéré de nombreuses conversions à la foi monothéiste, Abraham quitta les États de Nemrod (la Mésopotamie), selon les uns pendant son règne et par son ordre, selon les autres après sa mort. Accompagné de son cousin Loth, « fils de Haran, et de sa cousine Sarah, fille du même, une des femmes les plus intelligentes de l'époque, il se rendit au district de Haran, y resta quelques jours et épousa Sarah. Il partit ensuite pour l'Égypte, laissant le prophète Loth se diriger sur le Mutafaka [1]. »

Abraham était à peine arrivé en Égypte que Avan, fils du gouverneur, apprit par le bruit public qu'il avait amené avec lui une épouse d'une beauté sans égale. Il fit venir Abraham et lui demanda quelle sorte de liens l'unissaient à Sarah. Abraham, craignant que, s'il la reconnaissait pour sa femme, Avan ne le fît périr ou divorcer, répondit : « C'est ma sœur, » ajoutant mentalement : « dans la Foi ». Sarah avisée déclara de son côté qu'Abraham était son frère.

Alors Avan voulut porter les mains sur elle. Mais, par un miracle qu'opéra la prière de Sarah, les deux mains se desséchèrent ; elles revinrent à leur état naturel par l'effet de la prière de Sarah. Deux fois encore il renouvela sa tentative et avec le même résultat. Enfin, à titre de réparation de son offense, il fit présent à Sarah d'une esclave nommée Hajar et ordonna à Abraham de quitter l'Égypte. Celui-ci vint au pays des Phi-

[1] Nom que les écrivains musulmans donnent habituellement aux « villes de la plaine » de l'Égypte. (Genèse, II, chap. XIV, 29.)

listins, province de Damas, dans un lieu sans eau ni culture. Il creusa un puits d'où l'eau s'élança jusqu'à la surface du sol ; ensuite il s'en alla à la recherche de quelque blé. Il ne trouva rien et, pour ne pas laisser voir qu'il revenait sans provisions, il remplit son sac de sable et de gravier et, arrivé dans sa tente, se mit à dormir. Quand Sarah ouvrit le sac elle le trouva plein de blé.

Des Arabes vinrent s'établir autour du puits miraculeux et y fondèrent la ville d'Abrahamabad qui obéit d'abord à Abraham, puis se révolta contre lui. Alors il se rendit à Gasat et s'y établit. Le puits miraculeux se dessécha et les habitants d'Abrahamabad, repentants, accoururent au prophète qui les invita à placer sept flèches sur le puits; l'eau remonta ainsi.

Abraham passa le reste de ses jours à Gasat. Des écrivains rapportent qu'il régna sur une partie de la Syrie et qu'il possédait d'immenses richesses de toute nature.

X

LOTH

En se séparant d'Abraham, Loth, par ordre de Dieu, se rendit en Syrie à proximité du Ardan (Jourdain), au pays de Mutafaka, plaine qui contenait les cinq villes de Sodome, Adom, Assoaïm, Adhoma et Zhar, comptant chacune plus de cent mille guerriers et dont les habitants étaient adonnés à l'idolâtrie, au brigandage et à la sodomie. Ce furent eux, dit-on, qui connurent les premiers ce vice. Voici comment Eblis l'introduisit parmi eux :

Il prit une forme humaine, pénétra dans un jardin et le dévasta. Quand le propriétaire voulut le saisir, il s'enfuit, puis il revint quand celui-ci se fut éloigné. Il continua ce manège malgré tous les efforts faits pour l'en empêcher. Un jour il dit à l'homme : « Veux-tu que j'abandonne ton jardin ? » Celui-ci répondit : « A quoi bon me le demander ? Je voudrais que tu n'y fusses jamais venu. » Eblis reprit : « Tu n'obtiendras ce que tu désires qu'en prenant pleine possession de mon âme que je te livrerai. » C'est ainsi que le propriétaire accepta l'offre de sa personne et commit l'acte obscène.

Eblis opéra de la même manière successivement dans tous les jardins et parvint ainsi à rendre l'abomination commune parmi les habitants. Quelque temps après, la famine désola plusieurs parties de la Syrie, et, comme le pays de Mutafaka était dans l'abondance, beaucoup d'étrangers vinrent y chercher leur subsistance. Les gens du pays tinrent conseil pour se débarrasser d'eux. Eblis apparut soudain dans leur réunion et leur suggéra de commettre sur les étrangers l'acte coupable qu'il avait enseigné aux propriétaires des jardins; on suivit son conseil et les étrangers s'éloignèrent. Mais la coutume resta dans cette ville de traiter ainsi tout étranger qui y venait. Avec le temps, l'impiété et le vice y firent de tels progrès que Loth fut envoyé par le Seigneur pour remettre les habitants dans la bonne voie. Il prit pour épouse une femme de la ville et fit tous les efforts imaginables, par prières, menaces et exhortations, pour réformer les mœurs et convertir les infidèles au monothéisme. Il ne réussit qu'à exciter leur haine. Pendant qu'ils complotaient son éloignement ou sa perte, Loth continuait sa prédication et, fidèle à l'exemple d'Abraham, il exerçait les devoirs de l'hospitalité. Les misérables habitants de la ville vinrent pour outrager ses hôtes, et alors Loth implora Dieu contre leurs méfaits. Le Maître de l'Unité accueillit sa prière et envoya Gabriel avec une bande d'Anges supérieurs pour exterminer ce peuple. Ceux-ci, sous la forme de beaux jeunes gens imberbes, rencontrèrent dans les faubourgs de la ville les filles de Loth qui les conduisirent chez lui. L'une d'elles prit le devant et prévint son père de l'arrivée de plusieurs hôtes, les plus beaux jeunes hommes qu'elle eût jamais vus. Loth comprit de suite la nécessité de les soustraire aux regards des impurs et donna aux gens de la maison des ordres pour que rien ne révélât au dehors leur présence. Mais il fut trahi par sa femme non croyante, et les chefs de la ville envoyèrent vers Loth dix hommes qui le sommèrent de livrer ses hôtes, faute de quoi on les prendrait de force. Loth offrit ses deux filles pour qu'on lui épargnât le déshonneur de trahir l'hospitalité.

Mais le peuple repoussa cette offre, et on apporta à Loth cette réponse : « Nous ne voulons rien de tes filles et tu sais bien ce que nous voulons. » Loth dit aux envoyés que, si on connaissait la résistance qu'il pouvait faire, on n'oserait pas lui parler de la sorte. Alors deux de ces hommes voulurent entraîner Gabriel, mais il souffla sur eux et les frappa de cécité. (Genèse, chap. xix, 10.) Sur quoi, les envoyés s'en allèrent déclarer au peuple que les hôtes de Loth étaient des sorciers, puisqu'ils avaient aveuglé deux d'entre eux.

On adressa alors à Loth l'invitation de quitter la ville immédiatement ; faute de quoi, on viendrait, cette nuit même, l'aveugler ainsi que tous ses adhérents. Loth effrayé crut que ses hôtes étaient réellement des sorciers et les en accusa. Ceux-ci alors se dévoilèrent à lui et lui apprirent leur mission. Loth commença de suite ses préparatifs de départ et, avec l'aide de Gabriel, quitta la ville au milieu de la nuit, emmenant ses biens les plus précieux et toute sa famille composée de quatorze personnes. L'Ange lui enjoignit de ne point regarder en arrière du côté du Mutafaka, car Dieu avait dit : « Fuis cette ville avec ta famille, le reste de la nuit, et qu'aucun de vous ne se retourne pour la regarder, excepté ta femme qui doit partager son sort. » A l'aube, Loth était sorti du pays de Mutafaka et se dirigeait vers la demeure d'Abraham, tandis que quelques-uns des siens prenaient la route de Safat, ainsi nommée parce que ses habitants, la tribu de Safira, n'avaient point participé aux abominations des Infidèles.

Quand le jour parut, Gabriel déploya ses ailes et, enfonçant les extrémités en terre, il arracha les villes du Mutafaka de leurs fondements et les enleva vers le ciel avec leurs habitants et leurs troupeaux à une hauteur telle que les Anges entendaient les chants des coqs et les aboiements des chiens. Puis il les retourna sens dessus dessous et les précipita ainsi qu'il est écrit : « A l'heure de l'accomplissement de nos décrets, nous retournâmes ces villes le haut vers le bas. » (Coran, chap. XI, 84.) A ce moment, disent les savants, des matières sulfureuses montèrent de terre, et une épaisse fumée descendit du ciel. Ces deux sortes de substances se rencontrèrent et se pénétrèrent au milieu des airs et alors l'atmosphère roula des flots comme l'Océan. Il en résulta une conflagration générale qui réduisit tout en cendres. En même temps un tremblement de terre brisa tout ce qui était à la surface. Dieu soit loué qui infligea ce terrible châtiment aux habitants prévaricateurs [1] !

Une roche ardente atteignit à la tête la femme de Loth qui regardait le désastre de sa ville natale et l'associa au châtiment général [2]. Les citoyens qui, à ce moment, voyageaient à l'Étranger éprouvèrent le même sort. Tous les prévaricateurs furent précipités dans l'enfer. L'un d'eux se trouvait dans le sanctuaire de La Mecque ; la pierre qui devait le tuer resta suspendue en l'air pendant tout le temps qu'il y resta et le frappa à sa sortie.

Loth rejoignit sans retard Abraham et habita avec lui ; sept ans après la destruction des villes maudites, il fut reçu dans le sein de la Miséricorde divine, le vendredi, deuxième jour du mois de Rabi (le premier de l'an).

Loth avait le teint plein de fraîcheur et de santé, la taille

---

[1] Aux yeux des géologues, le désastre ici décrit est une éruption volcanique très puissante et très étendue. La version qu'ont adoptée les Sémites a évidemment pour but de flétrir le vice oriental. Mais, si le but a été atteint chez les Juifs, il ne l'a guère été chez les Musulmans, qui pratiquent ce vice ouvertement. Voir la Genèse, page 12, chap. XIX, 1 à 28 inclus.

[2] Selon la Vulgate, la femme de Loth fut changée en sel pour s'être, par curiosité, retournée malgré la défense faite. Un poëte latin moderne a composé, à cette occasion, un distique épigrammatique contre le beau sexe : « Si toutes les femmes curieuses étaient punies comme celle de Loth, il n'y aurait rien au monde de plus commun que le sel. » *Sale nihil toto vilius orbe foret.*

moyenne, les yeux noirs, le corps symétrique, les jambes et les bras longs. Il était extrêmement pieux, aumônieux, patient et hospitalier. Il s'adonnait à l'agriculture.

Un de ses miracles consistait à produire la pluie sans nuages ; un autre à laisser l'empreinte de son corps sur la pierre où il s'était reposé. Sa mission dura trente-sept ans, sa tombe est près de celles d'Abraham, de Sarah et d'Isaac. Que la bénédiction d'Allah soit sur eux tous !

XI

ISMAEL

Après avoir comblé Abraham de toutes sortes de biens, le Seigneur voulut lui donner un fils qui pût hériter de sa dignité de prophète et de son apostolat sur la terre. Sarah qui était stérile, ne sachant comment satisfaire son désir d'avoir un fils, se décida à lui faire présent d'Hajar dans l'espoir que son souhait s'accomplirait. En effet, Hajar, qui était jeune et très belle, devint de suite enceinte et mit au jour un fils d'une merveilleuse beauté et d'un naturel excellent qu'on nomma Ismaël. Abraham l'adorait et le portait constamment dans ses bras ou sur son dos. Sarah en conçut une telle jalousie contre Hajar qu'elle jura de lui couper trois membres. Celle-ci, l'ayant appris, se prépara à fuir et se cacha. Abraham intercéda pour elle auprès de Sarah et en obtint que, pour accomplir son serment, elle se bornât à percer les deux oreilles de Hajar et à lui couper un morceau de la partie secrète. Hajar se soumit à ce traitement et ce fut l'origine du précepte de percer les oreilles des femmes et de les circoncire.

Loin de s'apaiser, la jalousie de Sarah s'exalta au dernier point; elle exigea d'Abraham qu'il transportât et abandonnât dans un lieu désert Hajar et son enfant. Abraham avait à Sarah des obligations qui lui rendaient impossible un refus; d'ailleurs Dieu lui ordonna de se rendre à sa demande. En conséquence, il monta sur un coursier rapide comme l'éclair, plaça Hajar et Ismaël sur un chameau et se dirigea vers La Mecque en compagnie de Gabriel. Lorsqu'ils arrivèrent à Zemzem, Gabriel dit à Abraham que, d'après l'ordre de Dieu, il devait laisser la mère et l'enfant dans ce lieu aride et absolument désert. En conséquence, il les abandonna à l'ombre d'un arbre que le Tout-Puissant avait fait miraculeusement pousser et verdir dans cet endroit. Abraham resta trois jours dans une tribu d'Amalécites, qui alors campait près du sanctuaire. L'air était embrasé, le sol brûlant et rouge comme des rubis. Hajar dit à Abraham : « Je suis une faible femme ; mon fils est dans la première enfance ; le désert est effroyable. A qui nous confies-tu ? Veux-tu nous abandonner ? Où vas-tu ? » Abraham ému répondit : « Je vous confie à la garde de Dieu qui veillera sur vous et, par sa grâce, vous sauvera tous deux. » Hajar dit alors : « Je me résigne à sa volonté et j'ai confiance en lui. »

Arrivé sur les hauteurs de La Mecque, Abraham jeta un regard de désespoir sur Hajar et Ismaël et, les yeux pleins de larmes, s'écria : « Seigneur, j'ai donné pour demeure à mon enfant une vallée sèche et désolée près de l'emplacement futur de la Maison Sainte (la Kaabah) ! »

Lorsque Hajar et Ismaël eurent épuisé leur eau et leurs provisions, Hajar monta successivement sur le mont Safa et sur le mont Marva et n'y trouva ni eau, ni culture. Elle répéta sept fois cette double ascension, comme les pèlerins le font actuellement. Chaque fois elle venait voir son fils pour s'assurer qu'aucun fauve ne le menaçait. Puis elle entendit une voix venant du Safa, puis une autre partant du Marva, enfin des rugissements de fauves du côté de son enfant. Mais, quand elle arriva près de lui, elle vit qu'une source délicieuse avait émergé dans cet endroit.

Alors une voix d'En-Haut lui dit : « Le Souverain Dispensateur fait naître pour ton fils cette source[1] qui ne doit jamais tarir ; ton fils sera un prophète, et, de concert avec son père, l'Ami du Miséricordieux, il édifiera près de ce puits une Maison Sainte à laquelle tous les Croyants se rendront en pèlerinage. »

La tribu de Joram, alliée à Abraham, qui habitait l'Yémen, ayant appris l'existence du puits de Zemzem par quelques-uns de ses membres qui se rendaient en Syrie en passant par cet endroit, vint, avec la permission d'Hajar, s'établir autour de ce puits ainsi que la tribu de Gatora qui avait pour chef Samoa, fils d'Aumer. Maza, chef de la tribu de Joram, campa sur les hau-

---

[1] De même qu'Isaac et Ismaël, les Hébreux et les Arabes ou Ismaélites sont des frères ennemis. Il est fort intéressant de comparer les traditions des uns et des autres sur Ismaël. Pour faciliter aux lecteurs cette comparaison, nous donnons une traduction des deux chapitres de la Genèse où il est question d'Ismaël.

GENÈSE, *chap.* XVI. — 1, 2, 3. Sarah, épouse d'Abraham, était restée stérile et avait une esclave égyptienne nommée Agar, qui depuis dix ans habitait la terre de Chanaan.

Elle dit à Abraham : « Unis-toi à ma servante pour qu'elle me donne des fils. »

4. Agar conçut et témoigna du mépris à sa maîtresse.

5. Sarah dit à Abraham : « Tu agis mal à mon égard ; je t'ai livré ma servante, et maintenant qu'elle a conçu elle me méprise. Que le Seigneur juge entre toi et moi. »

6. Abraham répondit : « Ta servante t'appartient ; use-s'en avec elle à ton gré. »

Agar maltraitée s'enfuit.

7. L'Ange du Seigneur vint la trouver se tenant seule près de la source qui est sur la route du Sud dans le désert et lui dit :

9. Retourne chez ta maîtresse et humilie-toi sous sa main.

10. Je multiplierai tes descendants et on ne pourra en compter le nombre.

11. Tu engendreras un fils qui s'appellera Ismaël, parce que Dieu a consolé ton affliction.

12. Ce sera un guerrier redoutable, attaquant les hommes et les ayant tous pour ennemis. » Abraham avait quatre-vingt-six ans, lors de la naissance d'Ismaël.

Chap. XXI. — 9. Sarah voyant son fils Isaac jouer avec le fils d'Agar dit à Abraham :

teurs, et Samoa dans la plaine; ils construisirent des maisons dans cette contrée bénie et pourvurent avec joie aux besoins d'Hajar et d'Ismaël. Ceux-ci trouvèrent une assistance dévouée dans la tribu de Joram où Ismaël fut élevé et apprit la langue arabe.

Informé par Gabriel de la situation d'Hajar et d'Ismaël, Abraham prit l'habitude de les visiter tous les ans. Il montait sur Boraq, se rendait à La Mecque, y voyait ses parents et s'en retournait aussitôt après. A l'âge de quinze ans Ismaël perdit sa mère; la tribu de Joram l'enterra dans l'endroit qu'elle avait elle-même désigné, près l'Hijar, à La Mecque[1].

10. « Chasse cette servante et son fils, car le fils d'une esclave ne doit point hériter de toi avec mon fils. »

11. L'amour paternel d'Abraham se révolta.

12. Alors Dieu lui dit: « Ne résiste point à la demande de Sarah au sujet d'Agar et de son fils, car c'est la descendance d'Isaac qui sera appelée ta postérité.

13. Mais du fils de l'esclave je ferai naitre un peuple très nombreux, car tu es son père. »

14. Abraham se leva donc de grand matin, prit un pain et une outre, en chargea l'épaule d'Agar, lui remit son enfant et lui donna congé. Elle s'en alla et se mit à errer dans la solitude de Bersabé.

15. Lorsque l'eau de son outre fut épuisée, elle déposa l'enfant au pied d'un des arbres qui croissaient là.

16. Et elle s'éloigna, jusqu'à la distance d'un jet de flèche, en disant: « Je ne le verrai pas mourir. » Puis elle s'assit la face tournée à l'opposé, poussa un cri et fondit en larmes.

17. Dieu entendit la voix de l'enfant et son Ange adressa du ciel à Agar ces mots: « Que fais-tu, Agar? ne crains rien; Dieu a entendu la voix de ton enfant.

18. Lève-toi; prends l'enfant par la main; il sera la souche d'un peuple nombreux.

Et Dieu lui ouvrit les yeux; elle aperçut un puits, alla remplir son outre et donna à boire à son fils.

20. Elle resta avec lui. Il vécut et grandit au désert et, jeune homme, devint un archer.

21. Et il habita dans le désert de Pharaon et sa mère lui donna une épouse née sur la terre d'Egypte.

[1] D'après le plan annexé au Coran de Sales et d'après son discours préliminaire sur le côté nord de la Kasbah, dans une enceinte demi-circulaire de 50 coudées de diamètre se trouve « la pierre blanche » dite le tombeau d'Ismaël.

Pour consoler Ismaël et le retenir dans le pays, ses amis le marièrent avec une fille de la meilleure famille de la tribu de Joram. Il devint alors grand cavalier, archer habile et grand chasseur ; il errait constamment dans les montagnes et le désert.

Quand l'Ami du Miséricordieux (Abraham) vint à La Mecque, il y apprit à la fois la mort d'Hajar et le mariage d'Ismaël, et s'empressa de se rendre à sa demeure où il ne pouvait s'arrêter la nuit parce que Sarah le lui avait défendu[1]. La femme d'Ismaël l'informa que son mari était à la chasse. Ne connaissant point Abraham, elle ne lui fit aucune politesse, en sorte que celui-ci la trouva mal élevée et la chargea de dire à son mari : « Un personnage qui a tel extérieur est venu te voir et il t'invite à changer le seuil de la porte de ta maison, parce qu'il n'est point convenable. »

La jeune étourdie répéta ces paroles à son mari qui lui dit : « Ce personnage est mon père ; le seuil de la porte de ma maison, c'est toi. Il faut donc que je divorce d'avec toi. »

Ismaël prit pour épouse, à sa place, une jeune fille de bonnes manières. Quand Abraham se présenta à elle, l'année suivante, elle l'accueillit de son mieux, en l'absence de son mari, et, bien qu'il ne voulût pas quitter sa monture (Boraq), elle lui servit ce qu'elle avait de meilleur et voulut lui laver la figure et les cheveux. Abraham, pour lui complaire, posa un pied sur une pierre qui en garda une empreinte profonde, pendant que l'autre pied restait sur l'étrier. A la fin, il la chargea de dire à son mari : « Que le seuil de la porte de sa maison était très convenable et qu'il devait le conserver et lui donner tous ses soins. »

---

[1] Remarquons qu'Abraham se soumettait à toutes les exigences de Sarah, en ce qui concerne Agar ; cela prouve que, dans ces temps reculés, la femme légitime avait des droits étendus, comme cela a eu lieu de tout temps chez les Juifs.

En conséquence Ismaël aima cette épouse toute sa vie et n'en eut jamais d'autre.

APPENDICE AU TITRE XI

La Kaaba

Le temple de La Mecque, Masjab el Alhâram (Temple inviolable), est situé au centre de la ville, et ce qui le rend sacré est principalement la Kaaba, bâtiment sensiblement carré, de pierre, qui porte encore le nom de Beit-Allah, la Maison de Dieu.

Le temple et la Kaaba existaient plusieurs siècles avant Mahomet. Quelques années après sa naissance, la Kaaba, qui avait été plusieurs fois réparée, fut rebâtie sur ses anciens fondements par les Koreish. Elle a 24 coudées de longueur du nord au sud et 23 de largeur de l'orient à l'occident. La porte, qui est du côté oriental, est élevée de 4 coudées sur le terrain, et son seuil inférieur est de niveau avec le plancher du temple.

La pluie qui tombe sur la Kaaba est recueillie par une gargouille d'or qui se décharge dans la pierre blanche placée sur le côté nord et qu'on dit être le tombeau d'Ismaël. Autour de cette pierre est un enclos demi-circulaire de 50 coudées de tour.

La Kaaba a un double toit, soutenu en dedans par trois piliers octogonaux de bois d'aloès, entre lesquels des lampes d'argent sont suspendues à une barre de fer.

A l'extérieur les murs sont couverts d'un riche damas noir orné d'une bande brodée d'or, envoyée tous les ans par le Sultan.

La Kaaba est entourée à quelque distance sur la plus grande partie de son pourtour par une enceinte circulaire de piliers réunis ensemble en bas par une petite balustrade, et dans le haut par des barres d'argent.

En dehors de cette enceinte, trois bâtiments situés au midi, au nord et à l'occident du temple, servent d'oratoires aux trois sectes orthodoxes;

la quatrième secte a pour oratoire la station d'Abraham. Au sud-est se trouvent : le bâtiment du trésor, le dôme de Abbas et l'édicule dont le dôme couvre le puits du Zemzem. Les pèlerins boivent avec une dévotion particulière l'eau de ce puits, et elle est envoyée en bouteille dans tous les pays musulmans.

Autour de ces édifices est une aire spacieuse terminée par un portique magnifique ou colonnade carrée semblable à celle de Nîmes, mais beaucoup plus vaste et couverte de petits dômes. A chaque angle s'élève un minaret avec un double rang de galeries ornées d'aiguilles et de croissants dorés, comme ceux des dômes qui couvrent le portique et les autres bâtiments. Entre les piliers de cette enceinte, aussi bien que de la petite, sont suspendues un grand nombre de lampes qu'on allume à l'entrée de la nuit.

Non seulement le temple est sacré, mais aussi toute la ville qui a près d'une lieue de long sur une demi-lieue de large, et tout son territoire, qui est divisé en zones par des tours placées de distance en distance, dont les unes sont éloignées de la ville de 5 milles, d'autres de 7 et d'autres de 10. Dans cet espace, il n'est pas permis d'attaquer un ennemi, de chasser de quelque manière que ce soit (ce qui fait que les pigeons de La Mecque sont considérés comme sacrés), et même de couper quelque branche d'arbre.

XII

SACRIFICE D'ABRAHAM

Les Anges envoyés avec Gabriel pour punir Sodome s'arrêtèrent d'abord dans la demeure d'Abraham qui leur offrit l'hospitalité. Ils lui firent part de leur mission et, en même temps, lui annoncèrent que Sarah lui donnerait bientôt un fils. Elle le désirait ardemment à cause du dédain que lui témoignait Hajar depuis qu'elle avait donné le jour à Ismaël. Cependant elle se récria : « Comment, à notre âge, pourrons-nous avoir un enfant! » Gabriel lui répondit : « Rien n'est impossible au Miséricordieux. » Abraham fit vœu que, si ce prodige avait lieu, il offrirait un de ses fils en sacrifice au Seigneur. Mais il perdit de vue cette promesse après la naissance d'Isaac.

Beaucoup d'historiens sacrés et profanes ont décrit le sacrifice d'Abraham et diffèrent sur la victime qui fut désignée. Selon les uns, ce fut Isaac ; selon les autres, Ismaël. La dernière version est certaine aujourd'hui (aux yeux des Musulmans).

Abraham oublia son vœu jusqu'au moment où une forme humaine lui apparut en songe et lui dit : « Allah ordonne que tu sacrifies ton fils. » Au réveil, Abraham se demanda si ce rêve lui avait été envoyé par Satan ou par le Tout-Puissant. Mais il eut encore le même songe les deux nuits suivantes. Enfin, pendant son sommeil, il entendit ces paroles : « Abraham, Satan te persuade de désobéir au Tout-Puissant ; mais, toi, exécute son ordre. »

Le matin, Abraham dit à Hajar : « Peigne la chevelure de ton fils et oins-la d'huile, et mets-lui une robe neuve. Hajar le fit et remit à Ismaël un couteau et une corde pour rapporter un fagot de la gorge de la montagne où se rendait Abraham suivi d'Ismaël. Sur sa route, Eblis, sous la forme d'un vieillard, l'aborda et lui dit : « Satan t'a trompé pour que tu sacrifies Ismaël. » Mais Abraham le reconnut et lui dit : « Loin d'ici, ennemi d'Allah, j'accomplis les ordres du Très-Haut. » Alors Eblis s'adressa à Ismaël. « Sais-tu où ton père te conduit ? A-t-on jamais vu un père sacrifier son propre fils ? » L'enfant répondit : « Mon père obéit au Seigneur et, moi, j'obéis à mon père. » Chassé à coups de pierres, Eblis vint trouver Hajar : « Abraham emmène Ismaël pour le sacrifier, s'imaginant que Dieu le lui a commandé. » Hajar répondit : « Que la volonté de Dieu soit faite ! » Eblis se retira confus et un Ange gardien l'empêcha de faire aucun mal à Abraham et à sa famille.

Quand Abraham fut dans la gorge, il dit : « Mon fils, Dieu, pendant mon sommeil, m'a commandé de t'offrir en sacrifice, que faut-il faire ? » « Obéir à Dieu, répondit Ismaël, je serai une victime résignée. » (Coran, chap. XXXVII, 102.) Et il ajouta : « Ne me lie pas les mains, afin que je ne me débatte pas et que ma robe ne soit pas ensanglantée. C'est un cruel moment. Aiguise ton couteau sur une pierre pour finir vite. Place-moi la face tournée en bas, afin de ne point t'attendrir et de ne point te rendre coupable envers le Seigneur qui est insondable. Rapporte mes cheveux à ma mère pour qu'elle se console en respirant l'odeur de leur parfum. » Abraham dit alors : « Mon Dieu ! tu as daigné accorder un fils à ma vieillesse et maintenant tu me commandes de m'infliger moi-même la douleur de la séparation et de le sacrifier. Si tel est ton désir, qui suis-je pour oser te désobéir? » La prière d'Abraham émut jusqu'aux larmes les Anges du monde supérieur et du monde inférieur, et lorsque, après avoir aiguisé son couteau contre une pierre, il le plongea dans la gorge d'Ismaël, plus il fit d'efforts pour la trancher, moins le fil coupait.

> Quand même l'épée de l'univers serait tirée,
> Elle ne couperait pas une veine contre la volonté de Dieu.

Trois fois il aiguisa et enfonça le couteau qui trois fois recula. Enfin une voix du monde invisible fit entendre ces paroles : « O Abraham, tu as fait ce que le songe t'a prescrit. Regarde derrière toi, et ce que tu apercevras sacrifie-le pour le rachat de ton fils. » Abraham se retourna et aperçut un bélier qui arrivait de la montagne. Il se mit à sa poursuite, laissant Ismaël lié, et de chacun des trois tas de gravier qui sont nommés le premier, le second et le grand tas, il prit sept morceaux qu'il lança contre le bélier et l'abattit ainsi. Il l'emporta à Mina, lieu consacré aux sacrifices près de La Mecque et l'immola. Entre temps, Gabriel délia les pieds et les mains d'Ismaël et lui apprit que, s'il avait quelque demande à faire au Très-Haut, il devait choisir ce moment. Ismaël alors tendit les mains vers la demeure céleste, en disant : « Seigneur, pardonne à tous tes serviteurs les Croyants qui reconnaissent l'unité de Dieu ! » A ce moment Abraham, de retour, félicita Ismaël et une voix d'En-Haut leur adressa cette louange :

« O Abraham, le plus véridique des prophètes, et Ismaël, le plus résigné des patients, vous avez répondu pleinement à notre attente dans les épreuves auxquelles nous vous avons soumis. Nous vous donnerons un haut rang dans le jardin d'Eden et, dans les deux mondes, la voix de la vérité. C'est ainsi que nous récompensons les cœurs droits. O Abraham, parmi tous les Êtres, tu es mon Ami, et, toi, Ismaël, parmi les créatures, tu es le Pur par excellence. » Le vénérable père et son fils remercièrent et louèrent le Tout-Puissant.

En confirmation de ces paroles Dieu donna à Abraham et Ismaël une tâche glorieuse. Ayant décidé que la Kabah serait érigée de nouveau dans l'emplacement où elle l'avait été primitivement par les mains d'Adam et, plus tard, par celles de Noé, il voulut que l'honneur de la construction définitive appartînt à la famille d'Abraham. Brûlant de réaliser cette œuvre, Abraham se rendit en toute hâte à La Mecque en compagnie de Gabriel.

L'amour de la Kabah enflamme mon cœur au point que les chardons du désert me semblent de la soie.

A son arrivée, il aperçut Ismaël assis au pied d'une montagne et occupé à tailler des flèches. Il lui apprit l'ordre du Tout-Puissant et le remplit ainsi de joie. Ils se mirent à l'œuvre en suivant les instructions de Gabriel.

Ismaël apportait la terre et les pierres pendant qu'Abraham maçonnait. Lorsque les murs furent à une certaine hauteur au-dessus du sol, Abraham monta sur une pierre pour continuer à les élever; les empreintes de ses pas sont restées sur cette pierre qui, jusqu'à nos jours, s'est appelée la place d'Abraham.

Quand la construction atteignit la hauteur à laquelle se trouve aujourd'hui la pierre noire, les Anges qui, au moment du déluge, avaient emporté cette pierre sur le mont Abubis, la rapportèrent et Abraham la fixa dans l'endroit qu'elle devait occuper pour servir de signe aux hommes.

Cette pierre était sortie du paradis, blanche comme le lait et peu à peu, à force d'être touchée par les pécheurs et les idolâtres, était devenue noire et opaque comme leurs cœurs.

Quand l'édifice fut achevé, ils adressèrent à Dieu leurs remerciements et leurs prières. Alors Gabriel descendit vers eux et leur enseigna les cérémonies du pèlerinage et tout ce qui devait être fait à Arafat, comme la course, le jet des pierres, le sacrifice, tels qu'ils sont pratiqués jusqu'à nos jours.

Lorsque le père et le fils eurent fa... ur de la maison d'Allah et accompli les cérémonies, Abraham confia à Ismaël le gouvernement de cette noble contrée et lui donna ses instructions pour la régir. Au moment de retourner à son pays natal, il monta au sommet du mont Arafat songeant à Ismaël et à sa glorieuse descendance dont l'avenir lui était révélé par la lumière prophétique ; il ne vit que sables et roches arides dans ce district dont les montagnes apparaissaient à ses yeux presque aveuglés, nues, sans eau ni gazon. Tout cela était bien différent de la Syrie avec ses beaux arbres, ses fruits délicieux, son doux climat, ses eaux excellentes et sa nombreuse population de races diverses. Vivement ému par cette comparaison, il éleva ses mains et sa prière vers Dieu et lui demanda pour Ismaël et sa postérité l'affluence des hommes et des biens. Puis revint au sanctuaire pour inviter, conformément à l'ordre reçu, tous les hommes à y venir en pèlerinage. Il prit sa place sur la pierre dont nous avons parlé et qui, pour cette occasion, prit les dimensions d'une montagne, et, Allah lui servant de porte-voix jusqu'au bout du monde, il tourna d'abord sa face vers le Yémen et proclama : « Allah, par sa bonté et sa grâce, m'a fait édifier pour vous une Maison Sainte et vous invite à y venir en pèlerinage et à en faire le tour. Hâtez-vous d'obéir pour que votre pèlerinage soit agréé, vos efforts couronnés et vos péchés pardonnés. » Ensuite il se tourna vers l'est et les autres points de l'horizon et répéta la même invitation. On lui répondit de partout : « Nous attendons vos ordres. » Tous ceux qui firent cette réponse obtinrent pour eux et pour leur postérité les grâces attachées à un pèlerinage à la Kabah. Elles furent au contraire refusées à tous ceux qui alors gardèrent le silence. « Accordez-nous, ô Seigneur, d'aller en pèlerinage à la Maison Sainte et à celle de Mahomet ! » (Voir l'appendice du titre XII.)

Lorsque l'Ami du Miséricordieux eut terminé cet appel, il désigna Ismaël pour son successeur à La Mecque et retourna en Syrie. L'année suivante, il vint en pèlerinage avec Sarah et Isaac. Ismaël les reçut et les servit comme ses hôtes, particulièrement Sarah qui en fut... satisfaite. Chaque année, Isaac revint en pèlerinage et resserra son amitié avec Ismaël. Celui-ci passait le reste du temps avec ses parents. Sarah mourut à l'âge de cent trente ans et fut enterrée dans « le champ d'Haran », propriété d'Abraham.

APPENDICE AU TITRE XII

Pèlerinage de La Mecque

Tout Musulman doit venir en pèlerinage à La Mecque, au moins une fois en sa vie si sa santé et ses ressources le lui permettent. Les femmes même n'en sont pas dispensées. Les pèlerins se rassemblent près de La Mecque en différents endroits, suivant les pays d'où ils viennent. Là ils revêtent l'Ihram ou habit sacré, qui consiste en deux pièces de laine, dont l'une s'entortille autour du milieu du corps pour cacher les parties naturelles, et l'autre est jetée sur les épaules. Ils ont la tête nue et aux pieds des sandales. C'est dans cette tenue qu'ils entrent sur le territoire sacré et s'avancent jusqu'à La Mecque. Ils observent si rigoureusement la défense de chasser qu'ils respectent même la vie de leurs puces. Ils peuvent cependant pêcher et tuer quelques animaux nuisibles comme les scorpions et les chiens dangereux. Pendant toute la durée du pèlerinage, on doit veiller attentivement à toutes ses paroles et actions, éviter tout propos injurieux ou obscène, n'avoir aucune relation avec les femmes et s'occuper uniquement de l'œuvre sainte qu'on accomplit.

Aussitôt arrivés à La Mecque, les pèlerins visitent le temple et y entrent avec les cérémonies prescrites qui consistent principalement à faire en procession le tour de la Kaaba, à courir entre les monts Safà et Merva, à faire une station sur le mont Arafat, à égorger des victimes et à se raser la tête dans la vallée de Mina.

Partant de l'angle de la Kaaba où se trouve la pierre noire, les pèlerins en font sept fois le tour, les trois premières fois à pas petits et rapides, les quatre dernières avec gravité. Chaque fois qu'ils passent près de la pierre noire, ils la baisent ou ils la touchent avec les mains qu'ils baisent ensuite.

La course entre Safà et Merva se fait aussi sept fois. Les pèlerins marchent gravement jusqu'à un endroit entre deux piliers ; là ils prennent leur course qu'ils interrompent pour marcher de nouveau ; ils regardent de temps en temps derrière eux et s'arrêtent quelques instants, comme s'ils avaient perdu quelque chose, pour figurer Hagar cherchant de l'eau pour son fils, car on fait remonter jusqu'à son temps cette cérémonie.

Le dixième du mois de Dhu'lhajja, après la prière du matin, les pèlerins quittent la vallée de Mina où ils étaient venus la veille et font précipitamment et sans ordre l'ascension du mont Arafat (Coran, chap. II) où ils restent en dévotions jusqu'au coucher du soleil (Coran, chap. II), puis ils se rendent à Mozdalifa, oratoire situé entre *Arafat* et *Minat*, et ils y passent le reste de la nuit à prier et à lire le Coran.

A l'aube du lendemain, ils visitent el Masher el Haran, le monument sacré, et, partant de là avant le lever du soleil, se rendent à la hâte, par Batn Mohasser, à la vallée de Mina, pour y jeter sept pierres à trois marques ou piliers, en souvenir de celles que, dans ce lieu, Abraham a lancées contre Eblis qui le dissuadait d'immoler son fils.

Cette cérémonie finie, les pèlerins immolent leurs victimes dans cette vallée de *Mina* ; ce doivent être des moutons ou des boucs, ou bien des vaches ou des chamelles d'un âge fait. Une partie de la chair est mangée par celui qui fait offrande et par ses amis, le reste est donné aux pauvres. Les sacrifices achevés, les pèlerins se rasent la tête, rognent leurs ongles et enterrent les résidus au même endroit. Les dévotions sont alors complètes et il ne reste plus aux pèlerins qu'à venir prendre congé de la Kaaba.

XIII

LES TROIS PROPHÈTES : ABRAHAM, ISMAEL ET ISAAC

I. — Abraham

Après la mort de Sarah Abraham épousa une Chananéenne qui lui donna six fils dont la progéniture se répandit sur toute la terre, mais aucun de ces derniers n'eut la dignité de prophète conférée à Ismaël et Isaac. Le bétail d'Abraham se multiplia au point qu'il fallait quatre mille chiens pour le garder contre les loups.

A la fin de la cent cinquantième année de la vie d'Abraham apparurent les signes de la vieillesse ; sa noble moustache blanchit, ce qui n'était arrivé à personne auparavant. Abraham s'en attrista beaucoup. Quand le Tout-Puissant eut épuisé pour lui tous les biens physiques et spirituels, il lui envoya l'Ange de la Mort avec ordre de prendre son pur esprit, mais avec son propre consentement, autrement il devait s'en revenir. L'Ange expliqua sa mission à Abraham qui demanda un délai pour mettre ordre à ses affaires temporelles et spirituelles, et désigna Isaac pour son successeur en Syrie. A l'expiration du délai fixé, Azrayl se présenta de nouveau ; alors Abraham s'écria : « A-t-on jamais vu un ami donner l'ordre d'ôter la vie à son ami ? » L'Ange remonta au ciel et en rapporta ces paroles de Dieu : « A-t-on jamais vu un ami ne pas désirer d'être réuni à son ami ? » Dès qu'elles lui furent répétées Abraham pria Azraył d'exécuter immédiatement l'ordre reçu. Celui-ci prit son pur esprit, et son corps parfumé comme l'ambre fut enterré à côté de Sarah, dans le champ de Haran, en Syrie.

Toute la vie d'Abraham fut consacrée à l'agriculture. Il travailla aussi avec ardeur à fonder des villes et à coloniser des contrées dont beaucoup ont atteint une haute prospérité pendant sa vie ou celle de ses descendants.

Il se circoncit lui-même à l'âge de dix-huit ans et institua cette pratique pour toujours. Il introduisit aussi l'usage des caleçons parce que le Seigneur lui avait dit : « Tu es mon bien-aimé et il ne convient pas que le sol voie tes parties cachées pendant ta prière. » Il fut le premier après le déluge qui fit la guerre sainte. Il établit la coutume de combattre avec des épées, de partager le butin, de se raser la lèvre, de nettoyer et aiguiser les dents, de se gargariser la gorge, d'épiler les aisselles, de raser les parties secrètes, de tailler les ongles, de se purifier avec de l'eau, de nourrir les pauvres ; il institua la propriété, l'héritage, l'hospitalité, l'usage d'inviter des convives. Il ne mangeait jamais seul. Un jour il ne trouva à inviter qu'un vieillard et, lorsqu'il sut que c'était un infidèle, il le renvoya à jeun. Alors le Miséricordieux lui adressa ce reproche: « Ce serviteur rebelle, malgré sa désobéissance et ses péchés, n'a jamais été pendant sa vie exclu du banquet de mes bienfaits et, aujourd'hui qu'il attendait de toi sa nourriture, tu l'as renvoyé affamé et déçu.

Je l'ai nourri cent ans
Et tu ne l'as pas sustenté un seul jour. »

Abraham, ému de ce blâme, ramena le vieillard avec mille excuses, et, sur sa demande, lui expliqua la cause de son changement de conduite ; alors celui-ci s'écria : « Louange à Allah qui blâme son ami en faveur de son ennemi ! » Il se convertit et fut sauvé. C'est pourquoi le Cheik Sadi a écrit :

> Comment pourrais-tu repousser un ami
> Toi qui fais du bien même à un ennemi ?

Comme Abraham a inventé les lois de l'hospitalité, les règles concernant les convives seront observées dans le lieu de sa sépulture jusqu'au jour de la résurrection ; toutes les langues le béniront et le loueront pour avoir, dans ces premiers âges, conduit à la pure source de la connaissance ceux qui étaient égarés dans le désert de l'exclusion. Dans sa première jeunesse et dans la force de son âge mûr, il se voua à établir dans le monde l'adoration de Dieu ; il convainquait les disputants et triomphait des vainqueurs. Il fut le premier qui dut fuir pour la religion du Seigneur, et il sera le premier paré d'ornements dans le paradis. Il est l'Iman de la race des hommes, selon la parole de Dieu : « Je t'ai désigné pour Iman des hommes. »

Abraham était de haute taille ; il avait le teint blanc et vermeil, les yeux d'un gris sombre et la poitrine largement développée. Il possédait toutes sortes de qualités et de vertus et beaucoup d'excellentes pratiques. Nous n'en donnerons pas le détail parce qu'elles sont devenues habituelles pour les Musulmans.

Le livre qui fut révélé à Abraham contenait de la morale et de la philosophie. On remarque les passages suivants : « O roi puissant et arrogant, je t'ai envoyé non pour amasser des richesses, mais pour m'épargner les plaintes des opprimés, car je ne les rejette pas, quand même elles me viennent des Infidèles. »

« Plusieurs philosophes déclarent que les juges doivent,

sous peine d'encourir la colère divine, rechercher les actes d'oppression pour les punir. Comme il est impossible aux juges de s'enquérir personnellement de tous les cas divers, il faut d'abord choisir pour décider sur toutes choses des hommes éclairés, intègres et à l'abri de toute séduction, puis leur adjoindre une police sûre, chargée de s'informer et de rendre compte secrètement de tout sujet légitime de plainte que de pauvres opprimés ne feraient pas connaître, en étant empêchés par divers obstacles. »

« Le sage, lorsqu'il émet un jugement, doit être en pleine possession de son esprit et savoir manier et contenir sa propre langue. Il doit se réserver quatre heures par jour : une pour le Père céleste, une autre pour la méditation de ses œuvres, une troisième pour l'examen secret de sa conscience, et la quatrième pour se nourrir des aliments permis [1]. »

« Le plus éminent de tous les êtres créés (Mahomet) a, malgré la noblesse parfaite de son esprit et sa haute dignité, reçu l'ordre de suivre la loi d'Abraham, exprimé dans le vers suivant :

Suis la religion orthodoxe d'Abraham. »
(Coran, chap. xxvi, 124.)

II. — Ismaël

Quand Abraham eut construit la Kaabah avec l'aide d'Ismaël, Dieu, à sa prière, ordonna aux archanges Gabriel et Michel (Mikael) d'emporter de Syrie les pays de Tayit et de Ramby et de les déposer près de La Mecque.

Après la mort de son père, Ismaël vint en Syrie pour visiter sa tombe et recueillir sa part de son héritage. C'est alors qu'il fut investi de la dignité de prophète et chargé par le Tout-Puis-

---

[1] Il existait un testament d'Abraham, sans doute fort anciennement connu. On a retrouvé au Caire le texte de la traduction grecque et il vient d'être édité à Londres dans un in-8° de 186 pages.

sant de convertir une colonie de Pharaonites qui avaient émigré d'Égypte et s'étaient établis dans le Yémen. Mais il ne put atteindre le but de sa mission qui dura trente-cinq ans.

Il eut douze fils ; l'aîné, Thabut, continua avec Gidâr à habiter près du sanctuaire de la Kaabah ; les autres se dispersèrent dans toute l'Arabie. Quand Ismaël se sentit très affaibli par l'âge, il désigna Gidâr pour son successeur et, peu de temps après, fut appelé aux délices du paradis. Il avait alors cent trente-sept ans, dont quatre-vingt-dix écoulés pendant la vie de son père. Sa tombe fut placée dans l'Hijar, près de celle d'Hajar.

Il ressemblait beaucoup à Abraham. Il était fidèle ami et très patient ; il tenait rigoureusement sa parole. On raconte qu'il attendit trois jours en un lieu fixé pour rendez-vous d'affaire. Il opéra beaucoup de miracles pour affirmer sa mission prophétique.

Après lui ses descendants continuèrent pendant longtemps les pèlerinages à la Kaabah et les cérémonies prescrites ; mais ils oublièrent en partie la loi d'Abraham et, aveuglés par Satan, se livrèrent à l'idolâtrie. Asaf et Naïla, tous deux de la tribu de Joram, commirent ensemble l'adultère dans la Kaabah et furent, sur le fait, changés en pierre. Pour que leur châtiment servît d'exemple aux prévaricateurs, les habitants de La Mecque emportèrent les deux corps pétrifiés et installèrent celui d'Asaf sur le sommet du Safâ, et celui de Naïla au sommet du Marva. Après un certain temps, on adora ces deux statues. Ce fut A'mru qui inaugura ce culte. Ce fut lui aussi qui apporta de Syrie la statue de Hobal et l'érigea près de La Mecque sur une montagne où elle devint l'idole principale des Koreish. Après lui, l'idolâtrie devint la religion des Arabes. Les tribus de Zu A'ineen et de Ansâr adoraient l'idole de Manah dans un temple sur le bord de la mer. A Nakala on éleva à l'idole d'Uzza un temple où les

Béni Khazaa et les Koreish vinrent en pèlerinage. Les Thaquyif, une des plus nobles tribus, adorèrent Lat[1]. L'idolâtrie fut en faveur parmi les Arabes jusqu'au moment où Mahomet leva l'étendard de la vraie foi.

III. — *Isaac*

Lorsqu'il s'arrêta chez les Philistins, Abraham envoya son fils Isaac au pays de Kanaan. Ayant reçu sa mission pendant la vie de son père, il se mit à enseigner et guider les habitants, épousa Rufgah (Rébecca), la fille de son oncle, qui mit au jour deux frères jumeaux A'ïs (Esaü) et Ya'gub, ainsi nommé parce que, quand A'ïs naquit, il se trouva que Ya'gub (Jacob) tenait le talon d'A'ïs (a'gub signifie talon). (Genèse, chap. xxv, 26.)

Les deux frères furent élevés ensemble, mais Isaac préférait A'ïs, et Rufgah (Rébecca) Ya'gub. Isaac dans sa vieillesse devint presque aveugle. Un jour il pria A'ïs, qui était grand chasseur, de tuer, de faire rôtir et de lui apporter du gibier, moyennant quoi il prierait le Tout-Puissant d'accorder à A'ïs ses faveurs et la félicité. A'ïs partit aussitôt avec son arc et ses flèches. Mais Rufgah (Rébecca), voyant ce qui allait se passer, invita Ya'gub à tuer un cabri et à le placer rôti devant Isaac en ayant soin de couvrir son bras de la peau du cabri, afin qu'Isaac prit ce bras pour celui d'A'ïs, qui était extrêmement velu. Lorsque Ya'gub, imitant la voix d'A'ïs eut fait manger ce mets à son père, celui-ci satisfait lui dit : « Puisse Allah bénir tes enfants et leur accorder le rang de prophètes et le livre de révélation ! » Les historiens nous apprennent que soixante mille des descendants de Ya'gub furent honorés de la dignité de prophètes. Quand

---

[1] Toutes ces idoles sont mentionnées dans le Coran, chap. LIII, 19-20, et décrites dans le discours préliminaire de Sale, dixième section.

A'īs, de retour de la chasse, servit à son père son gibier en lui disant : « Voici ce que tu m'as demandé. » Isaac comprit qu'il avait été trompé et dit à A'īs : « Le bénéfice de ma prière est acquis à Ya'gub et ses descendants ; mais je demande au Seigneur qu'il multiplie ta postérité, et qu'elle compte des rois puissants, des souverains illustres et un prophète modèle de résignation. » (Ayáb ou Job.)

Depuis ce moment A'īs fut dévoré de jalousie et de ressentiment. Il invita un jour son frère à dîner chez lui et, à la fin du repas, lui fit de nombreux présents, en chevaux, chameaux, moutons, etc. ; puis, quand ils prirent congé l'un de l'autre, en embrassant Ya'gub, A'īs le mordit à la gorge pour le tuer. Mais le Tout-Puissant amollit les dents d'A'īs qui devinrent comme de la cire. Voyant l'inutilité de ses efforts, A'īs s'écria : « J'implore le pardon de Dieu et je me repents du péché que j'ai commis contre lui. C'est avec sa permission, je le reconnais, ô mon frère, que tu m'as devancé dans la bénédiction accordée. Retourne maintenant chez toi sous la garde et dans la paix de Dieu, car le fruit de cette bénédiction t'appartient.

Après avoir été prophète pendant de longues années, Isaac, à l'âge de cent trente ans, fut atteint d'une maladie qui, en peu de jours, l'enleva du séjour des ténèbres pour le transporter dans la demeure de la lumière de la gloire.

A'īs lui rendit les honneurs funèbres et enterra son corps à Qasah Halil auprès de son père et de sa mère.

Isaac avait une haute taille, des yeux noirs, le teint vermeil ; il était appliqué à la prière, pieux, bon et miséricordieux. Il fit beaucoup de miracles, entre autres celui-ci : il posa la main sur le dos d'une brebis en prononçant une bénédiction, et celle-ci devint féconde au point de donner naissance à soixante-dix agneaux.

XIV

YA'GUB (JACOB), LE ESRAIL (ISRAEL, ÉLU) DE DIEU

Ya'gub fut un des grands prophètes inspirés et la plupart de ceux-ci furent ses descendants.

Isaac avait défendu à Ya'gub de prendre pour femme une Kananéenne et lui avait commandé d'épouser la fille de son oncle maternel qui demeurait à Gadâm, en Syrie. Comme A'ïs était devenu son ennemi depuis le stratagème imaginé par Rufgah, Ya'gub, peu après la mort d'Isaac, partit pour la Syrie, la nuit, d'après le conseil de sa mère. A cause de cela, on le surnomma Esraïl, de *Asra*, s'avancer, et *rail*, la nuit. Pendant ce voyage, il se reposa, la tête sur une pierre, et s'endormit de fatigue. Dans son sommeil, lui apparut une échelle unissant la terre au ciel et sur laquelle des anges montaient et descendaient ; une voix céleste prononça ces paroles : « Je suis le Dieu qu'il faut adorer, le Dieu de tes pères, et il n'y a pas d'autre Dieu. Je t'ai désigné toi et ta descendance pour posséder cette terre sainte. J'accorderai à tous ceux de vous qui seront vertueux l'honneur et la bénédiction de guider les hommes, je leur donnerai un livre et la loi de prophétie ; je vous garderai et je vous protégerai si vous revenez en ce lieu, si vous y élevez un édifice, la Maison Sainte, où vous et votre postérité puissiez jouir de la faveur de m'adorer. » Quand Ya'gub s'éveilla, il fut très content parce qu'il avait acquis ainsi la certitude des bénédictions qu'Esahaq (Isaac) avait appelées sur lui. Alors il se leva et continua sa route.

D'après la tradition, ce fut dans une année de sécheresse que Ya'gub rendit visite à Laban. L'eau du puits qui servait à abreuver le troupeau de Laban avait considérablement diminué. Informé par Laban de cette circonstance, Ya'gub tira du puits un seau d'eau, but et rejeta le reste de l'eau dans le puits. Aussitôt après, par le pouvoir du Très-Haut, il y vint une grande affluence d'eau. Laban, émerveillé, engagea son neveu à rester avec lui. Il y consentit et, quelques jours après, se mit à faire la cour à Rahil (Rachel), fille cadette de Laban. Et, comme il ne possédait rien, il s'engagea à servir Laban pendant sept ans pour prix de la main de sa fille. (Genèse, chap. xxix, 20.)

Laban exigea que cette convention restât secrète et, le terme échu, lui amena, la nuit, sa fille aînée. Au jour, Ya'gub reconnut la fraude et adressa des reproches à son oncle. Celui-ci lui répondit : « On ne doit point marier une fille cadette avant son aînée ; mais, si tu es amoureux de Rahil, sers-moi encore sept ans et ensuite tu cueilleras les fruits d'un autre arbre et tu boiras à une autre coupe. »

Au bout de sept ans Ya'gub épousa Rahil. A cette occasion Laban lui envoya par surer. deux jeunes esclaves : l'une Filha (Bilhah), pour servir Lia ; l'autre Zilfah (Zilpa), pour Rahil. Ya'gub eut de Lia six fils : Rubih (Rheuben), Shima'ûn (Siméon), Yahuda (Jûdah), Lavi (Lévi), Zabulun (Zébulon) et Yashkar (Issachar). De Rahil il eut Yusuf (Joseph) et Ebn Yamin (Benjamin). Filha donna naissance à Van (Dan) et à Tha'baly (Naphtali). Zilfa eut deux fils : Gad et Ashir. Jacob eut donc douze fils d'où descendent les douze tribus. Quand Ya'gub voulut retourner au pays de Kanaan, Laban lui dit : « Si tu veux rester ici un an, je partagerai mon troupeau en deux moitiés dont je te laisserai l'une et tous les agneaux mâles qui en naîtront t'appartiendront. » Ya'gub accepta et, d'après le conseil de Gabriel, répandit sur le parcours qui lui était attribué une grande quantité de feuilles de certains arbres que l'Ange lui indiqua. Tous les agneaux qui vinrent au jour furent des mâles, au grand étonnement de Laban. Alors il pria de nouveau son neveu de rester encore un an, lui promettant les agneaux mâles qui naîtraient de l'autre moitié du troupeau. Ya'gub consentit et obtint par les mêmes moyens les mêmes résultats. Enfin il partit pour le pays de Kanaan emmenant sa famille et tout ce qu'il possédait. Lia fit prendre l'idole qu'adorait Laban par un de ses fils qui la cacha dans son bagage. Dès qu'il s'aperçut de la disparition de l'idole, Laban monta sur un coursier rapide, atteignit Ya'gub et lui réclama son idole. (Genèse, chap. XXXI, 30.) Ya'gub lui répondit : « Quel pouvoir a un dieu qui se laisse dérober, je n'ai point pris ton idole et je ne sais qui des miens a pu la prendre. » Laban l'adjura par leurs liens de parenté de faire déceler le voleur et l'objet volé à l'aide d'une prière. A peine fut-elle prononcée que le chameau qui portait l'idole se mit à sauter et l'idole tomba à terre avec le fils de Ya'gub. Celui-ci dit alors : « Oncle, crois en Dieu qui a exaucé si rapidement ton désir. » Laban répondit : « Je ne puis abandonner ma religion ni croire qu'un autre Dieu est meilleur que le mien. » Et il emporta son idole.

Quand Ya'gub atteignit sa dernière étape, A'ïs était à la chasse, exercice auquel il s'adonnait pour dissiper le violent chagrin que lui causait l'éloignement de son frère ; il aperçut tout à coup le campement de Ya'gub et se dirigea vers lui. Ya'gub qui le reconnut de loin eut peur de lui (Genèse, ch. XXXII, 7) et se cacha après avoir recommandé à ses gens de faire aux questions du chasseur cette réponse : « A'ïs, fils d'Esahaq, avait un frère nommé Ya'gub qui s'en est allé en Syrie où il a demeuré plusieurs années. Il revient maintenant avec tous ses biens qui sont la propriété d'A'ïs, puisque tout ce que possède un esclave appartient à son maître. »

Quand il entendit cette explication, A'ïs fondit en larmes et s'écria : « Ya'gub n'est pas mon esclave, mais mon frère; et il m'est aussi cher que la vie. » Ya'gub entendit ces paroles et courut à son frère. A'ïs s'évanouit et tomba à terre, mais se releva bientôt après. Au comble de la joie, les deux frères passèrent ensemble cette nuit dans le plaisir et l'amusement. Le lendemain Ya'gub, suivi de tout son monde, vint avec A'ïs à Kanaan, et ils eurent le bonheur de revoir tous leurs amis.

Un an après le Tout-Puissant donna à Jacob Ebn Yamin (Benjamin) dont la mère, Rahil, mourut en lui donnant le jour. L'enfant fut confié aux soins de sa tante Lia.

Dieu ordonna à Jacob de prendre la direction des habitants de Kanaan, et A'ïs lui dit: « Frère, tu as été assez longtemps en exil; maintenant c'est mon tour.

« Je pars en te recommandant à la garde et à la protection de Dieu. Consacre-toi à ce pays et prends soin de la sépulture de nos pères et de nos parents. » Ayant ainsi pris congé, il se rendit dans la contrée de Rûm (de là les Roumis [1]).

A'ïs eut de la fille de son oncle Esmaïl cinq fils dont l'un s'appela Rûm ; tous les Rûmis sont ses descendants, et, comme il avait le teint jaune, on a nommé ceux-ci les fils du Jaune (Beni Alassar). Tous les souverains sont de la race d'A'ïs, fils d'Esahaq.

Il vécut cent cinquante-cinq ans et mourut dans le pays de Rûm, le même jour que Ya'gub, en Égypte. Son corps fut transporté au champ de Haran et enterré à côté de ses ancêtres.

[1] On a donné ce nom d'abord à l'empire de Byzance, puis à la Turquie (chez les Musulmans).

XV

YUSUF (JOSEPH) LE VÉRIDIQUE, VENDU PAR SES FRÈRES

Yusuf et ses frères sont des preuves de la puissance divine pour convaincre ceux qui en demandent. (Coran, chap. xii, 7.)

Yusuf le Véridique fut un grand voyant et le plus grand des vrais prophètes.

On rapporte que le Très-Haut fit de la beauté dix parts égales, en répartit une entre l'ensemble des habitants du monde et attribua les neuf autres à Yusuf qu'il revêtit de la robe de la perfection.

Un jour qu'il dormait à côté du lit de Ya'gub, il se réveilla soudain tremblant comme la feuille de rose que secoue le zéphir et agité comme le vif-argent chauffé par le soleil. Il dit à son père: « Je viens d'avoir un songe dont les présages m'ont effrayé. Je me trouvais au sommet d'une haute montagne entourée de nombreux ruisseaux, d'une verdure abondante, d'une quantité d'arbres, de fleurs innombrables et de toutes sortes, et de plantes odorantes, et je vis le soleil, la lune et onze étoiles descendre soudainement du ciel et m'adorer. » (Genèse, chap. xxxvii, 9.) Ya'gub devina que la haute montagne figurait la prospérité future de Yusuf s'élevant jusqu'au ciel; les cours d'eau étaient les flots de son heureuse fortune roulant dans le fleuve de sa haute dignité; les beaux jardins étaient les prairies de sa félicité où fleuriraient perpétuellement les roses de ses désirs, lorsque le trône de la béatitude éternelle serait orné par la présence de son fils bien-aimé, quand les onze tribus d'Israël représentées par les onze étoiles, flambeaux du ciel glorieux et des sphères de la prophétie, se prosterneraient devant lui en signe de soumission et qu'à elles se joindraient dans cet hommage deux prophètes éminents indiqués par le soleil et la lune. Cependant Ya'gub défendit à Yusuf de révéler cette vision à ses frères, de peur qu'ils ne complotassent contre lui, sous l'inspiration de Satan. Car Satan, lui dit-il, est l'ennemi de l'homme (Coran, chap. XII, 5) et le Très-Haut doit bientôt te donner les insignes de son élection, répandre à profusion ses faveurs sur toi et les tiens et t'élever au rang sublime de tes pères et de tes ancêtres. »

Cependant les frères de Yusuf, quelque temps après, eurent connaissance de ce songe et en conçurent une grande jalousie, et vinrent exposer le cas à Rubih qu'ils considéraient comme le plus judicieux d'eux tous.

Rubih ne s'inquiéta point de leur récit et s'efforça de rassurer ses frères sans y parvenir entièrement.

Un an après Yusuf eut un autre songe: il vit de l'eau s'échapper en abondance de l'extrémité de ses doigts, monter et s'étendre en nuages, puis retomber en pluie sur la tête de ses frères ; ce que Ya'gub interpréta ainsi : « Il arriverait une disette pendant laquelle Yusuf nourrirait ses frères. »

Cette fois encore Ya'gub recommanda le secret à Yusuf. Cependant ses frères furent informés de ce rêve ; leur jalousie augmenta, en même temps que Ya'gub témoignait sa prédilection à Yusuf en lui donnant la canne qu'Abraham avait reçue du paradis, avec la cloche et la robe d'honneur dont le Tout-Puissant avait fait présent à Esahaq (Isaac).

Yusuf raconta à sa sœur un autre songe: « Je rêvais que je

ramassais du bois avec mes frères, chacun faisant son tas à part. Les tas de mes frères étaient noirs et adoraient le mien qui était blanc. Survint un homme dont la tête touchait le ciel, et qui portait une balance. Il mit dans un des plateaux tous les tas de mes frères, et dans l'autre mon tas qui fit descendre le plateau ; alors mes frères m'adorèrent.

Un an plus tard il eut encore deux autres songes semblables, le dernier est décrit dans le vers suivant du Coran :

Je vis le soleil et la lune et onze étoiles. Ces astres me rendirent hommage. (Coran, chapitre XII, 4, et Genèse, chap. XXXVII, 9.)

Décidés à perdre Yusuf, ses frères demandèrent à Ya'gub la permission de l'emmener avec eux dans le désert. Mais celui-ci refusa. Alors Eblis, sous la forme d'un vieillard, se présenta à eux et leur donna ce conseil : « Au printemps, lorsque tout invite à s'éloigner dans la campagne, faites naître chez votre frère le désir de vous accompagner dans vos excursions au désert. Livrez-vous devant lui à des jeux et à des exercices agréables, de telle sorte qu'il demande lui-même à votre père la permission de vous suivre pour son plaisir. »

Les frères jaloux suivirent ces instructions, puis ils prièrent leur père de laisser emmener Yusuf suivant son désir. Mais Jacob avait dernièrement vu en songe Joseph, poursuivi par des loups au pied d'une montagne, se réfugier près d'une fontaine, puis disparaître dans la terre qui s'entr'ouvrit sous lui au moment où Ya'gub accourait à son secours. Il objecta à ses fils ses craintes d'un accident et la douleur et l'inquiétude qu'il éprouverait pendant l'absence de Yusuf.

A ce moment survint Yusuf qui unit ses prières à celles de ses frères, et, comme son père refusait toujours, fondit en larmes.

Alors Ya'gub se laissa attendrir et consentit, à la condition que Yusuf serait ramené par ses frères eux-mêmes.

Le jour du départ, dès l'aube, Ya'gub fit venir Yusuf, pleura pendant une heure, l'habilla d'une robe de laine d'une blancheur immaculée, lui mit sur la tête le turban d'Esahaq et sur les épaules le manteau de Seth, lui donna les sandales d'Adam le Pur et le bâton de Nûh (Noé) le Confident, et l'accompagna jusqu'à l'arbre des adieux.

C'était à cet arbre, situé près de la porte de la ville, que les amis avaient coutume de se séparer. Ya'gub, prenant Yusuf entre ses bras, dit à Yahuda (Juda) : « Je confie Yusuf à tes soins, j'espère que tu le garderas et que tu veilleras incessamment sur lui. » Puis il dit à Yusuf : « Mon fils, écoute mes recommandations, car notre séparation peut durer plus que tu ne penses. N'oublie pas ton père et ne souris à personne avant d'avoir revu ma face, parce que ton père n'aura de sourire que lorsqu'il reverra ton aimable figure. » Puis il le recommanda à Dieu, l'embrassa et s'éloigna. Mais à peine eut-il fait quelques pas qu'il jeta un cri de douleur et s'évanouit.

Ses fils accoururent et le relevèrent ; il trempa de ses larmes la robe de Yusuf, puis s'en retourna en exprimant sa douleur par les vers suivants :

Comment mon cœur peut-il tenir ferme dans les rangs de l'amour aujourd'hui que ton départ a brisé l'armée de mon cœur ? Le cyprès de mon cœur tremble comme un saule pleureur par la crainte d'être séparé de toi ; ô cœur cyprès (en deuil), tu es le homaï de bonne augure à l'essor élevé [1]. Par amour pour toi, la colombe du cœur abaisse son vol [2].

[1] Le homaï, oiseau du paradis ou phénix, est d'un heureux présage. Il ne touche jamais la terre et n'ombrage que des têtes couronnées.

[2] Nous avons traduit ces vers comme spécimen de poésie persane. Nous traduirons également les citations en vers suivantes pour donner à la fois une idée et des poètes persans et du genre de dévotion du soufisme.

Aussitôt que les frères de Yusuf furent hors de la vue de leur père, ils changèrent de conduite à son égard et le maltraitèrent. Ils le frappèrent au visage, le firent courir devant eux de toutes ses forces, lui refusèrent l'eau et la nourriture quand il était dévoré et abattu par la faim et la soif. A ses plaintes désespérées ils répondirent: « Inventeur de faux songes, demande maintenant protection aux étoiles fixes et mobiles qui étaient, la nuit (de ton rêve), si empressées à te servir. »

Ya'gub avait remis à Shima'ûn un pot de lait coupé d'eau pour servir de boisson à Yusuf. Quand celui-ci demanda à son frère un peu d'eau, Shima'ûn en répandit à terre le contenu en lui disant: « A quoi te plaindre tant de la soif? Je vais couper les fils de ta vie avec les ciseaux de la vengeance! » A ces menaces de mort Yusuf se mit à trembler comme une corde mince suspendue dans un puits et fit cette prière : « Toi qui secours ceux qui t'implorent, aie pitié de mon état de faiblesse et d'abandon et arrache-moi du gouffre de la destruction. » Puis il s'adressa à Rubih: « Tu es meilleur et plus humain que mes autres frères, j'espère que tu me donneras une goutte d'eau pour éteindre ma soif brûlante. » Rubih cependant lui répondit par un refus et par une menace. Alors il se tourna vers Yahuda : « O frère, notre père m'a confié à tes soins et a eu confiance dans ta bonté. Dis-moi: quelle offense, quel péché ai-je commis? » « Ton existence même, répondit Juda, est un péché plus grand que tout autre péché. » Cependant le malheur de Joseph fit vibrer la corde fraternelle dans Yahuda, et le lion montra les dents pour le défendre. Quand le visage de Yahuda s'enflammait de colère, le poil de tout son corps se hérissait comme des chardons et sa voix de tonnerre faisait accoucher avant terme les femmes enceintes.

Quand il découvrit les mauvaises intentions de ses frères

contre Joseph, il leur résista et s'écria : « Yusuf, sois tranquille ; tant qu'il me restera une étincelle de vie, personne n'attentera à tes jours. Vous ne le tuerez pas, déclara-t-il à ses frères, car ce serait un énorme péché. Il faut le ramener à notre père. » Ses frères lui firent remarquer que cela était impossible parce que Yusuf rapporterait à son père les menaces dont il avait été l'objet. Alors Yahuda proposa de le jeter dans un puits ; il périrait si tel était son destin, ou bien il en serait tiré par quelqu'un qui l'emmènerait. Dans les deux cas ils atteindraient leur but sans donner la mort. Tous se rangèrent à cet avis et amenèrent Yusuf au puits du *Bien*, creusé par Sâm (Sem), fils de Noé, à la profondeur de 70 coudées, à une distance de trois farsakhs de Kanaan. Ils lui lièrent les pieds et les mains et le laissèrent complètement nu et souillé de fange. Aux supplications qu'il leur adressa au nom de l'âge avancé de son père et de son propre âge si tendre, ils répondirent : « Demande aux étoiles de tes songes de te donner un manteau de leur propre tissu, au soleil et à la lune de placer sur ta tête un diadème de gloire et de splendeur. »

Comment le Ciel n'a-t-il lapidé ces hommes d'un cœur si dur ?
Comment, à la vue de leur forfait, les sphères n'ont-elles pas arrêté leurs révolutions ; le ciel refusé sa clarté, le soleil ses rayons ?

Quand les frères de Yusuf l'eurent jeté dans le puits, ils en couvrirent l'ouverture avec une pierre très lourde. Dans sa chute Yusuf n'était pas encore arrivé à la moitié de la profondeur du puits que Gabriel, par l'ordre de Dieu, le saisit et le fit asseoir sur une pierre blanche qu'il avait tirée du fond du puits. Quand les reptiles aquatiques le virent installé sur la pierre, ils se dirent entre eux : « Restons tranquilles à nos places, car un des grands hommes de ce temps est venu dans notre demeure ; »

et ils ne bougèrent point tant que Yusuf resta là. A cette occasion, Gabriel apprit à Joseph la prière de la coupe [1].

À la nuit, Yahuda, se cachant de ses frères, vint au puits s'informer de Yusuf qui lui dépeignit sa lamentable situation et ajouta : « Frère, toute personne qui va mourir fait son testament ; voilà mes dernières volontés: C'est que tu ne voies jamais un jeune homme sans te rappeler ma jeunesse, un orphelin sans penser à mon abandon, un étranger sans songer à mon exil. » A cette demande, Yahuda éclata en sanglots si violents qu'il fut entendu de ses frères. Ils vinrent à lui, lui firent des reproches et fixèrent une très grande pierre sur le puits. Yusuf se voyant perdu implora Dieu qui envoya Gabriel pour lui tenir compagnie pendant une heure. Gabriel descendit de la voûte céleste sur la surface hexagonale de la terre, se montra à Yusuf dans le puits, lui servit la table des grâces et le breuvage de la bonté, tira de son enveloppe la robe qu'Ebrahim avait portée par ordre du Maître glorieux pendant qu'il était exposé au feu par Nemrod et dont Ya'gub avait fait un amulet pour le bras de Yusuf, et en revêtit son corps béni. En même temps il lui annonça que bientôt sa misère serait changée en prospérité et que ses frères de ses tyrans deviendraient ses esclaves.

Revenus à leur tente, les frères de Yusuf tuèrent un cabri, tachèrent de son sang la robe de Joseph et reprirent le chemin de la maison paternelle.

Ya'gub, inquiet de leur retard, était venu à leur rencontre, guidé par la jeune esclave Satra. Celle-ci, par son ordre, les appelait. Ils répondirent par des cris : « Hélas! Joseph! hélas! notre favori! » En même temps ils déchiraient leurs vêtements et se couvraient la tête de poussière.

---

[1] Coupe divine dont il sera question plus loin.

Satra expliqua ces cris à Ya'gub qui s'évanouit.

Sans toi, que pourrais-je faire de ce cœur consumé, de cette vie tranchée par la flèche de la séparation ? Avoue-le. Il sera infiniment difficile de conserver sans toi la vie et le cœur habitués à ta présence.

Quand les frères arrivèrent, ils trouvèrent leur père gisant à terre. Yahuda se précipita et serra sa tête dans ses bras et adressa à ses frères les plus vifs reproches. Ya'gub, rapporté chez lui, passa toute la nuit sans connaissance. Le matin, revenu à lui, il jeta un regard sur ses enfants et s'écria : « Mes enfants, où est la lumière de ma vue, la prunelle de mon œil? » Ils répondirent tous ensemble : « Père, pendant que nous courrions des courses ensemble, nous avons laissé Yusuf avec notre bagage et un loup l'a dévoré. » Jacob défaillit de nouveau. Puis, égaré, il demanda : « Mes enfants, où sommes-nous? Pourquoi sommes-nous si troublés? » Il ajouta : « Où est mon Yusuf? » On lui répéta : « Il est absent. » Il repartit : « Alors qui peut être présent? »

Je veux tenir dans mes mains ses deux boucles de cheveux; tout le reste n'est rien pour moi. Je ne désire que lui. Je veux que le monde entier soit beau comme son visage. Je veux la couleur et le parfum réunis dans un rosier.

Puis il se fit présenter la robe de Yusuf tachée de sang et s'écria : « Voilà un singulier loup qui a mis Yusuf en pièces, sans déchirer sa robe. Qu'on me l'amène! » On lui amena un loup dont on ensanglanta la bouche. Alors Ya'gub lui demanda : « As-tu dévoré mon favori, la prunelle de mon œil? » Le loup répondit en très bons termes : « Salut à toi, prophète d'Allah! Dieu me garde d'avoir commis ce crime. Nous ne devons même pas nous approcher de tes moutons et attaquer ton troupeau. Comment pourrions-nous avoir blessé ton fils bien-aimé? Il nous est défendu, à nous, animaux de proie, de manger la chair des prophètes et des saints. Attaquer leurs excellences est dans notre religion un grand péché et un crime épouvantable. » Ensuite le loup demanda aux fils de Ya'gub: « M'avez-vous vu dévorer Yusuf? » Voyant son éloquence, ils craignirent d'être convaincus de mensonge et répondirent: « Nous ne t'avons pas vu le dévorer; mais, comme nous savions qu'un loup l'avait fait et, comme nous t'avons vu rôder de ce côté, nous en avons conclu que tu as commis cette sottise. » Le loup baisa la terre et dit: « Prophète d'Allah! je suis étranger et viens d'Égypte; j'ai entrepris ce voyage pour visiter mon frère qui habite Sana'a. Alors Ya'gub dit à ses fils: « Voilà un loup qui vous enseigne l'amour fraternel; » — et au loup: « Reste avec moi, tu pleureras ton frère absent, pendant que je pleurerai mon fils perdu. » Le loup s'excusa: « Prophète d'Allah! Je serais très heureux d'être ton serviteur, mais j'ai des enfants qui ne peuvent vivre sans moi. » Ya'gub lui ayant rendu la liberté, il monta sur une hauteur et cria: « O loups de cette contrée, malheur à vous si vous avez tué le fils de Ya'gub. Si vous êtes innocents de ce meurtre, venez vous justifier. »

Ils vinrent tous autour de la maison du prophète, au nombre de plusieurs milliers, et protestèrent de leur innocence avec la langue des circonstances[1]. Ya'gub accepta leurs excuses et dit à ses fils: « Votre mauvais caractère vous a fait commettre un acte affreux. » Puis se tournant du côté de la vallée: « Yusuf, mon enfant! Dans quel puits t'ont-ils jeté? Dans quels flots t'ont-

---

[1] Les écrivains orientaux font souvent parler aux êtres animés et inanimés *langage des circonstances*, et on est tenu de l'admettre comme si ce témoignage était écrit ou parlé.

ils noyé ? De quel glaive t'ont-ils percé ? Dans quelle contrée est ta sépulture ? »

> Tu m'as quitté, mais ton image est restée dans mon cœur.
> Mon triste cœur garde ton amour.
> Ma vie que l'amertume abreuvera désormais,
> Hélas ! ne s'est pas écoulée tout entière lorsque nous étions ensemble!

Pendant qu'il se lamentait, Gabriel vint lui dire : « O prophète d'Allah, tu as ému jusqu'aux larmes tous les habitants des régions supérieures. Tout s'arrange par la patience, tout se perd par la précipitation. » Jacob répondit : « Je prends mon refuge dans le Maître de la patience et je le prie de m'accorder la résignation. » Après que Yusuf fut resté trois jours et trois nuits dans le puits, recevant des consolations de Jebraïl (Gabriel), arriva une caravane de marchands qui, se rendant en Égypte, sous la conduite de Malek, fils de Za'r de la tribu de Khosa's, avaient perdu leur route. Ils campèrent dans cet endroit et Malek envoya deux esclaves puiser de l'eau. L'un d'eux nommé Basher, aidé par Gabriel, tira du puits Yusuf qui avait pris place dans un seau et saisi la corde.

Un homme, que les frères de Yusuf avaient laissé en observation près du puits, courut les avertir. Ceux-ci affolés se précipitèrent et, en un clin d'œil, atteignirent la caravane et réclamèrent Joseph comme un esclave fugitif. Les gens de la caravane objectèrent : « Cet homme ne peut être un esclave. Ce joyau a été extrait de la mine d'une race noble et ancienne ; ce rejeton a tous les caractères de la provenance d'un haut arbre (généalogique). » Les frères répliquèrent : « C'est un esclave élevé dans le sein d'une famille riche par une nourrice d'ancien lignage. Depuis quelque temps, il s'est montré infidèle. » Le Véridique (Yusuf), présent à cette discussion, garda le silence, ne voulant point accuser ses frères. Alors ceux-ci dirent aux gens de la caravane : « Nous voulons vendre cet esclave à cause de ses fautes ; il faut ou que vous nous l'achetiez ou que vous nous le rendiez. » Yusuf interrogé déclara, par crainte qu'il n'arrivât quelque chose de pis[1], qu'il était esclave, fils d'esclave. Alors Malek eut envie de l'acheter et en demanda le prix. A ce sujet, les frères s'en rapportèrent à lui à la condition que Malek s'engagerait par écrit à tenir l'esclave dans les fers jusqu'au moment de son arrivée en Egypte. Yusuf demanda à prendre congé de ses frères, les embrassa avec amour, leur baisa les pieds et les mains, bien qu'ils restassent insensibles à tous ces témoignages d'affection. Ce voyant, Malek lui dit : « Pourquoi montres-tu tant de tendresse à des hommes qui n'ont pour toi ni affection ni pitié. » Joseph répondit : « Chacun donne ce qu'il possède. »

> Je ne peux vouloir de mal à personne
> Car le bien et le mal de ce monde sont passagers [2]

Quand la caravane passa près du champ de sépulture de la famille de Jacob, Yusuf ne put résister à son désir de prier sur la tombe de sa mère ; il sauta à bas de son chameau et adressa à sa mère le quatrain suivant :

---

[1] On voit par là que, d'après la doctrine musulmane, pour éviter un mal, on peut taire ou déguiser la vérité. On a généralement recours alors à un sous-entendu mental : par exemple, ici Joseph sous-entendait les mots : « de dieu », à la suite de celui de : « esclave », ce qui faisait : esclave de dieu.
On sait combien le faux témoignage est commun chez les Sémites.

[2] Ce livre prête à Joseph, en particulier, et à tous les prophètes, en général, une bonté infinie, une charité sans limite. C'est l'esprit de quelques ordres religieux musulmans, notamment celui de la confrérie des Qadréa.
Il est probable que l'auteur de cet ouvrage appartenait à cette confrérie dont il met constamment la doctrine en action. Voir notre écrit sur les *Origines et tendances diverses des ordres religieux de l'Algérie* (*Annales de l'Extrême-Orient*).

> Tu nous a quittés emportant toute notre gloire
> Mon cœur consumé par la douleur l'a recueillie comme un temple de
> J'ai couvert ma tête de poussière et je dis : [feu
> « Où est la brise qui m'apportera ton parfum? »

L'esclave qui gardait Yusuf, irrité de ce qu'il avait quitté son chameau, le battit et le frappa au visage; mais, Yusuf ayant, dans le même moment, détourné par une prière une tempête de sable qui menaçait la caravane, Malek fit ôter ses fers, et l'invita à châtier son brutal gardien. Yusuf lui pardonna.

Les soins et les égards dont il fut l'objet pendant le reste du voyage lui rendirent sa santé et sa bonne mine et, quand il arriva en Égypte, il était dans tout l'éclat de sa beauté qui rayonnait devant lui jusqu'à la distance d'un jour de marche, en sorte que, de toutes parts, on accourait pour le voir et que le bruit de cette merveille se répandit dans toute l'Égypte.

Malek mit Joseph en vente à la criée, et celui-ci, pendant les enchères qui montèrent très haut, trahit sa haute origine. Qattirnaï (Putiphar), surnommé A'ziz, trésorier du roi d'Égypte, avait pour épouse Râail, surnommée Zuléika, perle de beauté, qui avait été informée des perfections et de la beauté extraordinaires du Véridique; elle demanda à son mari d'acheter Yusuf; il objecta que tous ses biens ne suffiraient pas pour faire son prix. Alors Zuléika offrit de faire l'appoint avec tous ses bijoux et son trésor particulier. A'ziz consentit, mais en l'avertissant que le fils du roi était sur le point de faire cet achat. Zuléika se rendit immédiatement auprès du roi et obtint de lui la permission de faire l'acquisition souhaitée et réalisa son désir en donnant tout ce qu'elle possédait.

Yusuf se fit donner par Malek l'acte de vente, afin de pouvoir, un jour, confondre ses frères. Quand A'ziz l'amena, il recommanda à Zuléika de lui donner une bonne place, car, dit-il, nous pourrons l'adopter pour notre fils. Zuléika pensa que son cœur était la meilleure place qu'elle pût lui assigner et brûla de le voir :

> Ce joyau que ses frères avaient jeté dans la boue
> Une étrangère le recueillit dans son cœur.
> Ils l'avaient vendu pour de la monnaie hors de cours
> Mais Zuléika le reçut dans son sein.

A mesure que l'esprit de Joseph mûrissait, le Munificent l'ornait de tous les dons de l'esprit et d'un caractère aimable, ainsi qu'il est écrit : « Lorsqu'il atteignit l'âge de la force, nous lui accordâmes la sagesse et la science. (Coran, ch. XII, 22.) Selon les théologiens les plus accrédités, *l'âge de la force* est dix-huit ans.

A'ziz avait recommandé à Zuléika de tout faire pour Yusuf ; en conséquence elle fit faire, pour orner sa taille symétrique et semblable à la tige du Tuba[1], soixante-dix robes de couleurs différentes ; elle plaça sur son noble front un diadème d'or digne d'un puissant monarque ; elle prit un vif plaisir à lui mettre au cou un collier d'or orné de pierres précieuses. Plus elle le parait aux yeux de tous, plus la servante de l'amour déployait sa beauté au cœur de Zuléika ; plus Yusuf se montrait beau, plus le cœur de Zuléika se remplissait d'amour.

> Sa beauté augmentait de jour en jour.
> Et il ravissait les cœurs de plus en plus.

Zuléika n'avait qu'un désir, garder près d'elle celui qui rendait jalouses les houris aux grands yeux, ses suivantes assi-

---

[1] Tuba, arbre du paradis.

dues dans son palais. De son côté, Yusuf se plaisait à errer dans le désert où il espérait rencontrer quelqu'un qui lui donnerait des nouvelles de son père tant aimé. Quand Zuléika s'aperçut de son goût pour des excursions, elle attacha à sa personne une troupe de serviteurs dévoués, excellents cavaliers, chargés de veiller constamment sur lui. Un jour Yusuf rencontra, en effet, un arabe qui venait des lieux servant de parcours à la famille de Jacob. Celui-ci lui donna sur son père les informations les plus détaillées et se chargea pour Jacob d'un message qui le remplit de consolation et lui rendit l'espérance.

XVI

JOSEPH ET LA FEMME D'A'ZIZ (PUTIPHAR)

Le souverain de l'amour se rend maître de la forteresse du corps de la reine de l'empire des grâces, Zuléika ; le Véridique refuse de commettre une trahison ; il est tenu en prison pendant plusieurs années.

L'auteur de cette aimable histoire la soumet aux connaisseurs dans les artifices de l'éloquence et aux maîtres dans l'art de la narration.

Zuléika qui était la reine du harem de la distinction, la constellation de la sphère de l'élégance, la lumière des yeux de l'intelligence et le flambeau de la création, mettait tant de chaleur dans son amour pour Joseph et tant de zèle dans ses soins que les plus habiles ont renoncé à le décrire. Un poète a fait ce modeste essai :

Chaque jour, à la nouvelle aube,
Elle lui faisait présent d'une nouvelle robe.
Lorsque le souverain à la couronne d'or (le soleil) se levait,
Elle ornait son front d'un nouveau diadème.
Quand son cyprès promeneur élevait sa tête (quand il voulait aller se
Elle ceignait ses reins d'une nouvelle ceinture.   [promener],
La joue de ce soleil des ravisseurs de cœurs
Ne se montrait jamais deux jours de suite avec le même collier.
Ce frais vert cyprès du bosquet des roses du mystère
Ne portait pas deux fois sur sa tête le même diadème.
Cette lèvre (sucrée) de miel n'usait point de ceinture,
Pour ses reins, excepté (d'une mince) comme (la pelure) pour une
                                              [canne à sucre.

Quand le feu de l'amour pour Joseph eût été allumé dans le four de l'esprit de Zuléika, ses flammes luirent en haut et tous les souhaits de cette tulipe se concentrèrent dans le désir de jouir avec Joseph des plaisirs de la jeunesse dans le jardin de la sécurité et dans le printemps de la vie. Quand Joseph s'aperçut de son intention, il évita sa société, mais cette réserve ne fit qu'augmenter son amour ; sa pleine lune devint un croissant, et sa taille, semblable à un cyprès uni et luisant, devint un cure-dent[1].

> N'espérez pas trouver le plaisir dans l'amour.
> Le bonheur de la vie n'est pas dans l'amour.
> Elle commence par le chagrin et la douleur,
> Elle finit par l'abandon de soi-même et la mort.

La voyant ainsi dépérir, sa nourrice, qui lui portait une grande affection, lui en demanda la cause. Zuléika lui fit part de ses avances à Yusuf et de la froideur obstinée de ce dernier ; alors la nourrice lui suggéra un stratagème qu'elle mit aussitôt à exécution. Elle fit construire un palais, le plus beau qu'on eût jamais vu. Elle y fit arranger un appartement décoré de peintures représentant des choses curieuses et merveilleuses parmi lesquelles se trouvaient répétées, dans toutes les parties de l'appartement, les images de Joseph et de Zuléika étroitement unis. Cette préparation fut complétée par des meubles appropriés et par tout ce qui pouvait servir à la satisfaction de tous les sens, comme un tapis brodé de rubis de la plus belle eau et de différentes pierres précieuses et qui contenait également l'image du couple.

Zuléika saisit une occasion, ferma les portes et les issues, se plaça sur un lit, fit venir Joseph sous un prétexte et s'efforça

---

[1] Le cure-dent est un symbole d'émaciation.

de l'amener à s'unir charnellement avec elle. Mais Yusuf répondit : « Dieu m'en garde ! J'ai trouvé le bonheur sous le toit de mon maître. » A Zuléika : « Comment pourrais-je souiller la robe de l'innocence et de la pureté avec la vase de la concupiscence et du péché ? Comment pourrais-je, moi, le fils d'Esraïl et le fruit de l'arbre de l'Ami (de Dieu), commettre des actes défendus et déloyaux ? Comment payer d'ingratitude la faveur et les bienfaits d'A'zis qui t'a ordonné de me respecter ? »

Zuléika cependant ne voulut écouter aucune excuse et, perdant toute retenue, manifesta son amour à Joseph avec une extrême chaleur. Mais Yusuf lui dit :

« N'espère pas prendre dans les pièges sataniques le paon du Miséricordieux, et par les appâts de la chair détourner de son chemin celui qui suit la voie droite. » Zuléika insista : « Ne crains pas de commettre une infraction à la loi de tes pères ; j'ai des trésors inépuisables pour racheter notre péché par des aumônes, et Dieu le pardonnera. » En ce moment, le perfide Eblis enflamma les sens de Joseph en lui montrant partout son image charnellement unie à celle de Zuléika et en lui suggérant des excuses. Zuléika l'étreignit de ses caresses ; il mollissait lorsque Dieu vint à son aide, ainsi qu'il est écrit : « Elle avait résolu de jouir de lui et il aurait voulu jouir d'elle, s'il n'avait pas vu l'avertissement manifeste du Seigneur. » (Coran, chap. XII, 24.)

C'était un appel ainsi conçu :

« Qu'une infamie ne tache point un nom inscrit sur la liste des prophètes ! »

Des théologiens ajoutent que Joseph, apercevant l'idole de Zuléika, qu'elle avait voilée pour la circonstance, lui dit : « On ne voile pas mon Dieu. »

Il écarta la mèche des deux branches du bec ;
Et échappa ainsi au Camphre de la lampe d'argent.

Il s'arracha des bras qui l'étreignaient, s'enfuit de l'appartement secret, ouvrit violemment six portes étroitement fermées, mais, à la septième et dernière, Zuléika l'atteignit, saisit par derrière son manteau et le tira jusqu'à ce qu'il se déchirât. Tout à coup A'ziz se présenta à la porte, accompagné de son frère, son secrétaire particulier. Zuléika toute confuse s'écria : « Quel traitement mérite celui qui a voulu faire le mal chez toi? N'est-ce pas la prison et un châtiment sévère? » (Coran, chap. XII, 25.)

Yusuf, à son tour, accusa Zuléika. « Elle voulait que je dormîsse avec elle. » (Coran, chap. XII, 26.)

A'ziz, qui était très jaloux, tira son épée et allait tuer Yusuf, lorsque son frère lui dit : « Examine le manteau de Yusuf : s'il est déchiré par devant, Yusuf est coupable; s'il est fendu par derrière, c'est Zuléika. » A'ziz reconnut ainsi l'innocence de Joseph, lui fit des excuses et le pria de taire cette aventure pour éviter les mauvais propos. Puis il dit avec colère à Zuléika : « Demande pardon de ton péché, car tu as menti à ton époux et voulu commettre l'adultère. Tu n'as plus maintenant qu'à faire les prières ordinaires pour la rémission du péché. » (Coran, chap. XII, 27.)

Toujours avide de contempler le soleil de la beauté de Yusuf, Zuléika le fit garder à vue et isoler par jalousie, de telle sorte que les femmes d'Egypte devinrent à leur tour jalouses d'elle et ne se firent pas faute de médisances et de brocards :

> Elles décriaient ses qualités bonnes et mauvaises,
> Elles n'ouvraient la bouche que pour l'attaquer,
> Elles minaient sa réputation et sa bonne renommée
> (en disant) : « Son cœur est épris d'un esclave juif,
> Et le plus étrange, c'est qu'il la repousse
> Et n'éprouve pour elle aucune sympathie.

Peu à peu les commérages et les caquets devinrent publics et circulèrent dans toutes les bouches ; Zuléika l'apprit et voulut couvrir de confusion ses principaux détracteurs.

Elle donna un repas splendide auquel elle invita les femmes de la cour, entre autres : celles de l'échanson du roi, du chambellan, de l'intendant de sa table et de celui de ses écuries, et du joaillier en chef. Pour chacune de ces cinq dames on dressa un lit orné de soie brochée et un siège élevé décoré de joyaux.

Elle avait fait venir une troupe de chanteurs, de musiciens et de joueurs d'orgues pour égayer et amuser la réunion. Zuléika fit commencer par des propos amoureux pour mettre en éveil ces femmes aux méchants propos, ivres du vin de la curiosité au sujet de Joseph et du désir de dénigrer Zuléika et de découvrir ses secrets, — un couteau luisant et une orange délicieuse.

> Elle leur dit : Chères amies !
> Vous qui occupez les premières places dans la réunion des bons,
> Pourquoi me blâmez-vous si amèrement ?
> Et condamnez-vous mon amour pour l'esclave juif ?
> Si je permettais qu'il se présentât ici,
> Je lui apprendrais votre sentiment à cet égard.
> Toutes dirent d'une seule voix : Laissons toutes les histoires,
> Nous ne désirons que lui.
> Faites-le venir se promener ici,
> Afin qu'il jette sur nos têtes le réseau de la séduction,
> Car nous soupirons ardemment après lui de cœur et d'âme ;
> Nous n'avons pas vu son visage ; et cependant nous sommes éprises
> [de lui.

Zuléika donna des ordres pour que la pleine lune, dont la beauté couvrait de confusion le soleil jaloux, fût tirée de sa retraite et que le voile qui la cachait fût écarté. Quand celui que jalousait la rose de Sura (fleur du paradis) sortit de son cabinet et que les messagers de l'aube de sa beauté se furent élevés de l'horizon du rideau, Zuléika dit:

> Voilà le favori,
> Pour lequel je suis un bouclier (qui reçoit tous les traits du blâme).

Quand ceux qui avaient condamné Zuléika eurent jeté un regard sur la personne de Yusuf, ils la plaignirent et s'accusèrent eux-mêmes. Quands ils voulurent couper des oranges, ils étaient tellement occupés à regarder Joseph qu'ils se coupaient les mains et se considéraient comme justement punis pour le vol d'un seul coup d'œil [1].

Tous de s'écrier: « Ce n'est pas un homme, c'est un ange du ciel! »

Les femmes reconnurent leur injustice et leurs torts envers Zuléika. Alors celle-ci leur dit: « Venez-moi en aide, car je meurs d'amour pour ce Kananéen. »

Deux amies dévouées restèrent près d'elle et s'offrirent comme intermédiaires, car elles n'imaginaient point que Yusuf fût un faucon blanc dont les yeux étaient fermés aux plaisirs charnels, dont la nourriture était exclusivement spirituelle et que Satan ne prendrait jamais dans le filet de la luxure. Elles lui dirent en plaisantant: « Heureux jeune homme, ne te réjouis pas du chagrin de Zuléika; réjouis-toi, au contraire, de ta bonne fortune. C'est un ange que son amour pour toi a détaché du ciel. »

> Sur la voûte bleue, scintillante du ciel,
> La lune est humiliée par sa beauté.
> L'univers lui apporte en offrande à sa face splendide
> Tout l'or des étoiles disposées en échelles.

---

[1] Allusion à la punition édictée par le Coran (chap. v, 42). Si un homme ou une femme vole, coupe-lui les mains en punition.

Quand elle montre les joyaux (les dents) de sa cassette de perles (sa
Le cœur est réjoui, l'esprit éclairé, [bouche).
Sa conversation est une gomme au milieu de rubis limpides ;
Sa bouche est un atome dans le soleil[1].
C'est un cyprès qui s'émeut dans le jardin des grâces,
C'est une fraîche rose éclose de la fontaine de la vie ;
C'est une noble personne créée de l'essence des génies,
C'est à la fois le lustre et la lumière de la vue.

« O Yusuf ! tu es certainement le soleil, et elle la lune ; la conjonction de ces deux astres est inévitable ; il faut qu'elle soit ta fiancée et toi son seigneur. »

Yusuf répondit :

« La lune, pour avoir toute sa splendeur, doit s'éloigner du soleil. Nous ne pouvons garder la pureté de notre essence, si nous entrons dans la demeure impure de la luxure ; nous ne pouvons cueillir des fruits de salut dans la zone qui entoure l'enfer.

La doucereuse conseillère se tut, mais sa compagne se fâcha et menaça : « Mon cher ami, il ne te sied point d'avoir du dédain et de l'orgueil pour Zuléika qui est belle comme la lune et radieuse comme le soleil. Tu dois obéir à ta bienfaitrice et, si tu persistes dans ta maussaderie comme un sabot de cheval desséché, tu seras traité comme un criminel et jeté en prison. » Yusuf répliqua : « Le lion des plaines de la prophétie ne peut être égaré par les ruses de renards (vulpines) des libertins ; l'Homaï à l'essor sublime n'abandonnera pas le nid de la proximité de l'Éternel pour tomber dans les pièges de ceux qui ont les mœurs des rouges-gorges et la nature des moineaux[2]. »

Les deux dames conseillèrent à Zuléika de réduire Yusuf par des sévérités. En conséquence, elle persuada à A'ziz de le tenir

---

[1] Si les rubis sont les lèvres de Zuléika, et comme sa face est pareille au soleil, sa bouche très petite est comme un atome sur sa surface.
[2] Ces deux oiseaux sont considérés comme très salaces.

dans les fers. La prison à laquelle on l'envoya était un séjour de deuil et de misère, l'antichambre du supplice, la demeure de la poignante angoisse.

Les prisonniers plongés dans le désespoir et ensevelis dans un tombeau reçurent une nouvelle vie de l'éclat de la beauté de Joseph.

> Quand ce cœur vivant entra dans la prison,
> Il infusa sa vie dans ces cadavres.
> Le bruit (du mouvement) se réveilla dans ce lieu d'affliction,
> On entendit l'acclamation des prisonniers.
> A l'arrivée du roi de la beauté,
> Tous les prisonniers secouèrent leurs chaînes.

Zuléika ordonna au geôlier de détacher les fers de Joseph, de lui donner un appartement agréable, de beaux habits et tout ce qu'il pouvait désirer. Yusuf employa son temps à faire ses dévotions, à visiter les prisonniers et à expliquer leurs songes conformément à ce vers : « Nous ferons de lui un interprète des songes. » Il rendait courage aux malheureux et aux désespérés ; il devint l'ami de tous et porta à tous des consolations efficaces.

Même il épargnait pour eux une grande partie des mets qui lui étaient servis. Il communiquait sa gaieté à presque tous les prisonniers et leur faisait oublier pour un temps leurs misères. Ainsi occupé, Yusuf remercia Dieu de le tenir à l'abri des séductions féminines.

De son côté, Zuléika se consumait dans le feu de la séparation.

> Quand ce cyprès (Joseph) quitta ce jardin de roses (Zuléika),
> Le jardin de roses devint plus sombre qu'une prison.
> Quel repos peut-il y avoir dans le jardin ?
> Quand la Rose est absente et les épines restent seules ?

Lorsque la Rose disparut du jardin,   [enveloppe.
Elle déchira ses vêtements, comme le bouton qui éclot crève son

Mais, comme son mal dont elle était l'auteur était sans remède, elle se consola par le quatrain suivant :

Mieux vaut pour le sage être abreuvé d'amertumes en ce monde,
Parce qu'une vie douce se termine dans l'amertume.
Celui qui vit ici-bas dans la douleur et le chagrin
Sourira à sa mort comme une lampe qui brûle avec un vif éclat.

XVII

LES SEPT VACHES GRASSES ET LES SEPT VACHES MAIGRES. — JOSEPH EST MIS EN LIBERTÉ ET ÉLEVÉ AU TRONE DES DIGNITÉS, DE LA MAGNIFICENCE ET DE LA GLOIRE

L'empereur de Rûm avait envoyé au roi d'Egypte un ambassadeur pourvu de beaucoup d'or et d'un poison mortel; l'or était destiné à corrompre la cour, le poison à faire périr le roi. L'intendant de la table se laissa séduire par cet envoyé, mais l'échanson repoussa ses offres. Le roi, informé que l'un des deux devait attenter à ses jours, les fit garder tous deux en prison jusqu'à ce qu'on eût reconnu quel était le coupable.

Dans la prison ils virent que Joseph interprétait les songes et se dirent entre eux : « Éprouvons au creuset de l'expérience cet or raffiné, de manière à dissiper tous nos doutes et craintes. » Pour faire cette épreuve ils lui racontèrent leurs songes en les priant de les interpréter. L'échanson dit : « Je tenais des grappes de raisin et j'en exprimais du vin. » L'autre : « Je portais sur ma tête des pains, et des oiseaux vinrent les manger. » « Explique-nous ces songes, car nous voyons que tu es un homme de bien. » (Coran, chap. XII, 36.) Yusuf répondit : « On ne vous aura pas encore apporté votre nourriture journalière que je vous aurai expliqué vos songes avant qu'ils se réalisent. (Coran, chap. XVII, 37.) Ils objectèrent : « C'est l'affaire des magiciens et des diseurs de bonne aventure, où les as-tu vus? Quand as-tu appris d'eux ce métier? » Joseph répliqua: « Dieu me garde d'avoir fréquenté ces gens et d'avoir appris d'eux cette science; mais mon esprit est fortifié par l'assistance céleste et est inspiré par les révélations divines auxquelles le Père Tout-Puissant m'a initié. » Alors Joseph refusa de donner une interprétation et les invita à suivre la religion d'Ibrahim (Abraham), Isaac et Ya'gub, et leur prêcha l'unité de Dieu. Comme ils insistèrent pour avoir une interprétation Yusuf leur dit: « Vos songes signifient que, dans trois jours, l'un de vous sera rétabli dans son emploi et que l'autre sera pendu à un gibet où les oiseaux viendront manger sa cervelle. » Alors les deux prisonniers déclarèrent à Joseph qu'ils n'avaient eu aucun songe et qu'ils avaient inventé, tout éveillés, ceux qu'ils lui avaient racontés. Yusuf répliqua: « Votre sort est décrété et le décret de Dieu est immuable[1]. » (Coran, chap. XII, 12.) Il pria l'échanson de vouloir bien, quand il ferait son service près du roi, saisir une occasion favorable pour l'entretenir du pauvre esclave juif (Coran, chap. XII, 42.) Et celui-ci le lui promit. Trois jours après, la prédiction de Joseph se réalisa de tous points; le diable fit oublier à l'échanson sa promesse (Coran, chap. XII, 42; Genèse, chap. XI, 23), et Joseph resta encore sept ans en prison.

Alors le roi d'Egypte, Rian-B.-Valūd, eut un songe singulier. Il vit sortir du Nil d'abord sept vaches grasses, puis sept vaches maigres qui dévorèrent les premières sans qu'aucun changement se montrât dans leur corps. — Il vit également sept épis de blé beaux et verts et très fournis de grains, puis sept épis desséchés qui vinrent se pencher sur les premiers et les desséchèrent au point qu'il n'y resta ni grain ni verdure.

---

[1] Doctrine du fatalisme et de la prédestination.

A son réveil, le roi, profondément troublé, manda les magiciens, les devins, etc., mais ceux-ci ne trouvèrent aucune explication. (Coran, ch. XII, 44, 45 ; Genèse, chap. XLI). Alors l'échanson se souvint de Joseph et dit : « Je connais quelqu'un qui peut interpréter la vision de Sa Majesté ; laissez-moi me rendre près de lui, je vous apporterai son interprétation. » En même temps il raconta au roi ce qui lui était arrivé en prison, l'informa en détail de tout ce qui concernait Yusuf. Le roi s'empressa d'envoyer l'échanson à la prison où Yusuf lui déclara : « Les vaches grasses et les épis bien nourris figurent sept années fertiles pendant lesquelles le peuple sera dans l'abondance ; les sept vaches maigres et les sept épis desséchés annoncent sept années de famine et de misère. (Coran, chap. XII, 46.) Pendant sept années il faut cultiver et ensemencer la terre sans relâche et emmagasiner tout le grain qui n'est pas indispensable pour vivre. Les sept années suivantes, on consommera toutes les réserves, sauf ce qui sera nécessaire pour les semences de la dernière année qui sera prospère. »

L'échanson rapporta l'explication du Véridique au roi qui fut convaincu de son exactitude et renvoya l'échanson vers Yusuf pour l'amener à son palais. Mais Joseph refusa de sortir de prison avant que la preuve de son innocence fût faite.

Alors le roi fit comparaître en sa présence, avec Yusuf, A'ziz, Zuléika et ses deux amies. Toutes les trois avouèrent la vérité. Zuléika déclara : « J'ai sollicité Yusuf de satisfaire mes désirs : c'est un homme vertueux et véridique. » (Coran, chap. XII, 51.) Alors Yusuf dit : « Je voulais uniquement convaincre A'ziz que je ne l'avais pas trahi pendant son absence et qu'Allah n'inspire pas les complots des trompeurs. Je ne prétends point être exempt de fautes, car tout homme est porté au mal. » (Coran, chap. XII, 53.

En quittant la prison Yusuf se purifia, se para et se rendit au palais dans tout l'éclat de sa jeunesse et de sa beauté. Sur la demande du roi, il lui décrivit si minutieusement et fidèlement sa vision que celui-ci, frappé d'étonnement, lui donna toute sa confiance et lui demanda ce qu'il avait à faire. Yusuf conseilla d'inviter tous les cultivateurs à donner tous les soins à leurs travaux, afin d'éviter les plus grandes calamités, et d'ordonner aux classes moyennes et hautes de se contenter du nécessaire pour leur nourriture et d'emmagasiner tout le grain superflu dans des greniers à l'abri des attaques des insectes. Riân (le roi) devint fort perplexe: « Où trouverais-je, dit-il, un homme assez habile et assez fidèle pour accomplir une tâche aussi difficile et aussi importante ? » Yusuf répondit : « Charge-moi de déterminer les revenus et de fixer les prélèvements à faire sur la récolte pendant sept ans et préviens les préposés et collecteurs que je vérifierai leurs calculs. » Allah a dit : « Confie-moi les magasins de blé; j'en serai l'habile gardien. » (Coran, chap. xii, 55.)

Riân accepta l'offre de Yusuf et, en même temps, l'associa à la direction générale des affaires, en lui conférant la plus haute dignité. A la mort d'A'ziz, il le désigna pour son successeur.

Le Véridique choisit, dans un district de l'Egypte dont le climat était sec et tempéré, une grande surface, où il édifia des magasins hauts comme le rempart d'Alexandrie (voir, plus haut, page 32) et que le sommet des Pyramides.

Aux années d'abondance succéda une famine comme on n'en avait jamais vu en Egypte. Le roi lui-même criait la faim, la nuit. Joseph tenait tous les jours un repas prêt à midi pour Riân et ses serviteurs, mais lui-même ne satisfaisait point son appétit, afin de ne pas oublier la condition des pauvres et des malheureux. Grands et petits, riches et pauvres, forts et faibles, tous ressentirent les tourments de la faim ; des gens affolés s'imaginaient que les étoiles étaient des greniers du ciel inaccessibles et que la voie lactée était formée de gerbes dont ils ne pouvaient saisir les épis.

La souffrance était si terrible que des hommes dévorèrent des hommes comme les loups.

Le pauvre n'avait d'autre nourriture que le disque du soleil dans le ciel.

Le voyageur étranger sur la route n'avait d'autres mets que les rayons de la lune. Le pain ne réjouissait pas le cœur. Cet aliment n'apaisait pas l'estomac.

La première année, on se nourrit de tout ce qu'on put avoir d'aliments usités ou inusités ; la deuxième année, on dépensa tout l'argent disponible et le prix de la vente de l'or et des bijoux ; la troisième année, on vendit parures, meubles, lits et ustensiles ; la quatrième, les esclaves des deux sexes et tout le bétail qui restait ; la cinquième, tous les biens, meubles et immeubles ; on n'achetait plus le blé que par mesures extrêmement petites ; la sixième, les pères de familles vendirent leurs femmes et leurs enfants contre du blé et de l'avoine ; la septième, les hommes mourant de faim se vendirent eux-mêmes à Yusuf, comme ils lui avaient auparavant vendu leurs biens.

Quand la famine eut cessé, Joseph proposa au roi de rendre la liberté à tous ceux de ses sujets qui s'étaient aliénés, lui faisant remarquer que cet acte de générosité serait célébré par l'histoire jusqu'au jour de la résurrection. Le roi y consentit et s'en remit à Joseph de toutes les mesures à prendre pour effacer les traces des calamités éprouvées. Joseph rendit aux habitants de l'Egypte, avec la liberté, la possession des biens, des serviteurs et du bétail dont ils avaient été forcés de se dépouiller.

Cette libéralité donna une nouvelle vie à l'Egypte et montra au monde qu'un vizir du trésor intègre et fidèle assure l'ordre et la prospérité d'un État.

> Un vizir prudent, libéral,
> Fait en tout temps prospérer le pays.
> Il remet à flots les affaires du roi,
> Il gouverne l'État avec sagesse.
> En l'absence d'un bon vizir
> Le peuple se plaint du roi.
> Trône, couronne, pouvoir souverain, trésors
> Ne procurent au roi aucune satisfaction et sont le tourment du peuple.
> Toute la pompe et tout le pouvoir sont perdus;
> Les campagnes sont soudainement bouleversées.
> Lavez-vous les mains d'un roi
> Dont le premier ministre est un oppresseur.

Quelque temps après que Joseph fut devenu le premier conseiller du roi, A'ziz était mort et Joseph lui avait succédé dans sa charge. Le roi qui avait pris intérêt au sort de l'infortunée Zuléika proposa à Yusuf de l'épouser. Le tourment d'une passion jamais éteinte et jamais satisfaite l'avait beaucoup affaiblie et émaciée, mais l'espoir de l'union désirée lui était revenu et la pensée de Yusuf l'occupait jour et nuit.

> Quoique notre amant soit cruel,
> Il est fixé dans notre cœur et dans nos yeux.
> S'il pense à nous trop rarement
> Qu'il se rappelle au moins tout ce que nous avons fait pour lui,
> Que son amour pour nous ne diminue pas,
> Que notre cœur ne se réjouisse pas de sa peine;
> Il doit complaire à ce qui l'aime,
> Il doit se souvenir des cœurs affligés.

Pendant que le roi travaillait à ce projet et que Zuléika était pleine d'espoir, l'inspiration de Dieu se manifesta à Yusuf dans ces termes[1] : « O Véridique, le temps est venu pour toi d'assister cette affligée, cette humiliée, et de la recevoir dans ton harem privé, puisque les bans de votre mariage et le Fathehab[2] de vos épousailles ont, par un décret du destin, été lus dans l'assemblée céleste et que le nœud de votre conjonction et de votre union a été lié. »

Quand Yusuf apprit l'état de faiblesse et de dépérissement de Zuléika, il implora le Maître de la Gloire pour qu'il lui rendît les jours de la jeunesse et la verdeur de la prairie de la vie.

> Il donna à son esprit le vêtement de la joie,
> A la rivière desséchée il rendit l'eau
> Qui rafraîchit le jardin de sa jeunesse.
> Le musk de Tartarie quitta son camphre [3]
> La sombre nuit quitta son matin.

Le jardin de roses de la beauté de Zuléika recouvra sa fraîcheur ; sa taille, qui s'était courbée comme un arc, redevint un grand cyprès sur la rive de l'aménité et, de l'âge de quarante ans, elle revint à celui de dix-huit ans. Par ordre de l'Eternel, le lien matrimonial fut noué entre eux, suivant la loi du Seigneur Ebrahim (nœud Abraham).

> Selon la loi de l'Ami (Abraham) et de la religion de Ya'gub
> Avec un galant appareil et le visage radieux
> Il épousa Zuléika ;
> Il obtint une perle.

Quand les étrangers eurent quitté le palais du vizir, les époux entrèrent ensemble dans l'appartement privé et reposèrent sur un doux lit.

---

[1] Notre auteur est d'un esprit bien plus doux pour les femmes que le Coran et surtout que le judaïsme.

[2] Le Fathehab est le premier chapitre du Coran; on le récite dans toutes les occasions solennelles.

[3] Ces deux vers signifient que ses cheveux gris devinrent noirs.

Ils unirent leurs corps et leurs âmes si étroitement
Que l'âme était confondue avec le corps et le corps avec l'âme.
Le roi enfila cette perle que nous ne pouvons enfiler[1].
Il y a beaucoup de mots que nous ne pouvons chanter.

Lorsque l'arbre des espérances de Zuléika fut fertilisé par le fruit de la prospérité, le Maître de l'humanité lui fit présent de trois nobles enfants: deux fils, Neesha et Ebrahim, et une fille d'heureux présage, surnommée Rahmat (la Compassion). Leur descendance se multiplia beaucoup dans le monde par la faveur de Dieu qu'il accorde à qui il veut; il est grand dans sa bienfaisance et le plus sage.

[1] Il y a ici une métaphore et une allusion que nous ne saisissons pas. Le roi évidemment figure Joseph.

XVIII

LES FRÈRES DE YUSUF VIENNENT EN ÉGYPTE

La famine s'étendit de l'Égypte à l'Iran, à l'Arabie et à la Syrie.

> Le cri de détresse atteignit toute son horreur.
> La famine pénètre à travers les portes de fer.
> Non, non, la famine, mais le dragon.
> Tous deux regardent le deuil de tous côtés.
> Ils ferment sur jeunes et vieux
> Les portes de la joie avec les barres du destin.

Les tribus de Kanaan furent atteintes par le fléau. La faim était insupportable et déjà les femmes et les enfants y succombaient. Les enfants de Ya'gub se rendirent à sa retraite, coin sombre comme le tombeau des pécheurs et la demeure du deuil, et qu'il avait surnommé le « Séjour des Lamentations. » Quand ses fils lui exposèrent leur détresse, ses blessures se rouvrirent et sa douleur fut sans bornes. Il chercha avec eux le remède à ces maux. « Nous avons appris, lui dirent-ils, que l'A'ziz d'Égypte est un homme juste qui cède du blé en échange d'autres marchandises. Si tu veux nous donner des chameaux, nous entreprendrons ce voyage pour sauver nos familles. » Ya'gub y consentit malgré sa répugnance à se séparer de ses enfants, et ils partirent tous, sauf Ebn Yamin (Benjamin). Ils firent heureusement la traversée du désert et, à leur arrivée en Égypte, furent admis à baiser les mains de Joseph. La beauté, la haute taille et l'air résolu de ces dix jeunes hommes frappèrent les Egyptiens. Yusuf les reçut dans un appareil royal qui, avec le temps écoulé depuis leur séparation, les empêcha de le reconnaître. Ils s'approchèrent de lui avec respect et lui adressèrent leurs salutations musulmanes (*sic*) en hébreu : le Véridique y répondit dans la même langue et les reconnut à leurs traits et à leurs gestes, mais eux ne le connurent pas. (Coran, chap. XII, 58 ; Genèse, chap. XII, 8.) Yusuf leur demanda : « De quel pays êtes-vous ? comment et pourquoi êtes-vous venus ici ? » Ils répondirent : « Nous sommes des nomades de Syrie ; le malheur des temps nous a atteints ; ta bonne renommée nous a décidés à venir ici pour obtenir des provisions de bouche. » Joseph reprit : « Vous êtes des espions, vous êtes venus reconnaître nos forces et notre pays ; vous irez ensuite en rendre compte aux rois de Syrie et de Rûme pour qu'ils nous attaquent.

Les frères de s'écrier tous ensemble : « Dieu nous garde d'être des espions ! Nous sommes des descendants des prophètes et de la semence des purs ; nous sommes les dix gemmes d'un même écrin, les dix étoiles d'une même constellation. Nos ancêtres étaient des observateurs des sphères célestes et des connaisseurs du monde pur. Leurs esprits lumineux voyaient clairement les positions et les influences heureuses des étoiles fixes et des planètes sans le secours d'instruments astronomiques, et les secrets des sciences thésaurisés pendant des siècles brillaient en eux comme le soleil et étaient perçus par leurs esprits sans peine ni étude.

Peut-être les récits de la mission de l'Esraïl de Dieu et de la noblesse de l'Ami de Dieu sont-ils parvenus aux oreilles de votre Hautesse. A cause de la libéralité de votre roi magnanime qui, dans cette année de famine, est devenue le sujet de la louange universelle, les peuples des pays environnants sont venus ici pour obtenir les fruits de la bienfaisance et pour sauver de la famine leurs familles, leurs compagnons et leurs serviteurs. » Yusuf leur demanda si leur père vivait encore et, sur leur réponse affirmative, leur adressa ces questions : « Comment est votre père ? De quelle nature sont ses occupations ? Comment passe-t-il le temps et combien êtes-vous de frères ? » Ils répondirent : « Notre père est un homme riche, avancé en âge, de la lignée d'Ebrahim. Après avoir obtenu la dignité de patriarche, il s'est retiré de la société des hommes pour se consacrer tout entier au Créateur de l'Univers. Nous étions originairement douze frères, mais celui qui était le premier de tous pour la beauté et la vertu, nous ayant accompagné au désert pour se divertir, a été dévoré par un loup ; depuis lors notre père inconsolable s'est fait ermite ; il porte toujours le deuil ; depuis sa séparation d'avec cet enfant qui était son soleil, il a noyé sa tête dans les larmes de ses yeux comme le lys d'eau. »

De la même mère et du même père que ce fils perdu est née une autre perle.

Le cachet de la figure radieuse du père est imprimé sur l'enfant.
Et son œil qui embrasse le monde est fixé sur lui.

Yusuf interrogea : « Comment se nomme ce fils ? » Ils répondirent : « Ebn Yamin, c'est-à-dire celui dont la mère est morte en couches. Ce second fils de Rahil ne fait qu'un dans l'esprit de notre père avec le souvenir du premier dont il rappelle les traits ; il ne quitte jamais ses bras, car Ya'gub ne trouve nulle autre part assez de sécurité pour lui ; il ne fait que le regarder et partager ses jeux ». Yusuf les invita alors à produire un témoin qui se portât garant de leur généalogie ; sur leur refus, il exigea que l'un d'eux restât près de lui comme otage, jusqu'à ce qu'ils eussent amené à Joseph leur plus jeune frère. Les fils de Ya'gub y consentirent et Yusuf leur assigna une habitation convenable et pourvut à leurs besoins. Le lendemain, ils demandèrent du blé en échange de leurs marchandises. Alors A'ziz leur dit : « Nous n'avons pas besoin de ces marchandises ; mais, puisque vous êtes de noble race et êtes venus de très loin, vous les porterez au marché pour qu'on les estime et je vous donnerai l'équivalent de leur valeur. Après les avoir gardés trois jours il donna à chacun d'eux la charge d'un chameau de blé et leur fit remise de l'excédent de cette valeur sur celle de leurs marchandises.

Il leur dit alors : « Amenez avec vous votre plus jeune frère (Gen., chap. XII, 20), pour que je lui donne aussi une charge de chameau de blé. Sinon, je ne vous donnerai rien et ne vous admettrai pas en ma présence. » Ils répondirent : « Nous prierons notre père d'y consentir et nous exécuterons votre ordre. » On ajoute que Yusuf fit secrètement remettre dans leur bagage les marchandises qu'ils avaient apportées avec eux. (Genèse, chap. XLII, 25.)

Le sort avait désigné Shimaûn (Siméon) pour rester en Égypte comme otage. Yusuf lui donna l'hospitalité dans son palais particulier et l'entoura de toute l'affection et de tous les soins imaginables.

A leur arrivée en Kanaan, les frères racontèrent à Ya'gub tout ce qui leur était arrivé en exaltant la libéralité d'A'ziz qui leur avait fait rendre leurs marchandises. Ya'gub le bénit ; cependant, à cause de l'absence de Shimaûn, il restait toujours triste et inquiet. Ce ne fut qu'avec la plus grande peine et en exigeant d'eux un serment dont le Miséricordieux des Miséricordieux serait le meilleur gardien (Coran, xii, 64) qu'il consentit à les laisser emmener Ebn Yamin. Par une inspiration divine il leur prescrivit d'entrer dans la capitale de l'Egypte par des portes différentes, afin d'éviter le mauvais œil[1] (Coran, chap. xii, 67), que leur haute stature et leur corps bien proportionné pouvaient attirer sur eux. A la prière d'un de ses fils, il écrivit à A'ziz et confia aux mains de Yahuda et d'Ebn Yamin, pour lui être offert en présent, le turban d'Ebrahim dont il avait hérité.

Lorsqu'ils eurent traversé le désert, ils se divisèrent à l'entrée de la ville et arrivèrent successivement à la demeure de Shimaûn qui leur vanta l'hospitalité et l'extrême bonté de l'A'ziz et s'entretint avec eux jusqu'à l'aube du lendemain.

La nuit s'était écoulée avant que leur entretien fût terminé.
Est-ce la faute de la nuit, s'ils avaient long à se dire?

Le lendemain ils se présentèrent à Yusuf qui s'enquit de suite de Ya'gub, et lui dirent : « Naguère, il se consolait avec Ebn Yamin de la perte de son autre fils ; aujourd'hui, nous ne savons pas comment il se trouve. » Puis ils remirent au Véridique le turban d'Ebrahim et la lettre de Ya'gub. Yusuf fut au comble de la joie, sachant que le présent était le signal de son appel à la prophétie et à l'apostolat. Il ne voulut pas accepter les marchandises que ses frères avaient apportées de Kanaan.

Comme leur entrevue s'était prolongée jusqu'à l'heure du repas, on servit différents mets délicieux. A cause de son rang Yusuf était séparé de ses frères par un rideau; il les fit mettre deux par deux à des tables séparées. Comme ils étaient en nombre impair, Ebn Yamin se trouva seul à une table. Il pen-

[1] La croyance au mauvais œil ou mauvais regard est très commune dans tout l'Orient, y compris l'Inde.

sait à son frère bien-aimé et ses yeux se mouillaient des larmes du regret. Yusuf le vit de derrière le rideau ; obéissant à l'amour fraternel, il appela Ebn Yamin à sa propre table et à partager son repas. Il s'informa des noms et de la situation de ses autres frères et dit : « O Ebn Yamin, si tu le veux, je prendrai la place de ton Yusuf que tu as perdu et je serai un frère pour toi. » Ebn Yamin répliqua : « Ton rang est bien élevé, mais quel bonheur ce serait si A'ziz était allié à la famille d'Ebrahim ! »

Après ces paroles Yusuf, ne pouvant plus se contenir, lui dit : « Je suis Yusuf, le frère bien-aimé que tu as perdu ; mais il ne faut pas révéler ce secret à tes frères, afin qu'ils ne soient pas forcés de reconnaître leur faute et d'implorer leur pardon. » Alors Benjamin tout joyeux s'écria : « Je ne veux plus quitter l'Egypte ; comment pourrais-je me séparer de toi ? »

Yusuf promit de penser à ce projet, de dresser un plan pour le réaliser. Il fit traiter ses frères avec le plus grand respect et donner à chacun d'eux une robe d'honneur ; puis, par un de ses secrétaires intimes, il fit mettre secrètement dans le bagage de Ebn Yamin la coupe à boire du roi enchâssée de pierres du plus haut prix.

Lorsque les frères de Yusuf eurent quitté la ville pour se rendre en Kanaan ils furent poursuivis par une troupe d'hommes dont l'un criait : « Ces voyageurs sont des voleurs ! » Saisis d'étonnement ils se retournèrent et demandèrent : « Qui êtes-vous et que cherchez-vous ? » On leur répondit : « La coupe du roi a disparu. Si vous nous la rendez, nous vous donnerons une charge de chameau de blé. Les frères se récrièrent : « Nous ne sommes pas des voleurs ; nous avons même pris soin, en passant dans vos campagnes, de museler nos chameaux pour qu'ils ne touchent ni vos épis ni les feuilles de vos arbres. Vous nous accusez injustement. Si l'un de nous a commis un vol, qu'il devienne l'esclave (Gen., chap. XLIV, 9) du propriétaire de l'objet volé. Les Egyptiens examinèrent les bagages et trouvèrent la coupe dans ceux de Ebn Yamin. Ses frères consternés l'accablèrent de reproches, sans écouter ses protestations. Et les hommes envoyés par Yusuf l'emmenèrent. A cette époque la loi d'Egypte, comme la loi juive, condamnait le voleur à être l'esclave du volé.

Ses frères se crurent obligés de retourner près de Yusuf pour le réclamer. Dans leur égarement ils dirent que, si Ebn Yamin avait commis un vol, son frère Yusuf en avait aussi commis un [1]. Alors Yusuf leur montra l'acte de vente qu'ils avaient passé avec Malek, et les pria de le lire et de l'expliquer. Ils restèrent muets et confondus, et le Vizir les condamna. Alors ils tirèrent leurs épées, décidés à vendre chèrement leur vie. Shima'ûn s'avança le premier et fit cette menace : « Je vais pousser un cri si formidable que toutes les femmes enceintes accoucheront. » Rubin dit : « Les éclats de ma voix frapperont de mort ceux qui l'entendront. » Yahuda déclara : « Ma force est telle que je mets en pièces les lions dévorants ; avec mes mains j'arrache les défenses des éléphants. » Les autres dirent : « Nous exterminerons tes valeureux soldats et ton jour brillant deviendra sombre comme la nuit. » Quand Yusuf vit leur fureur, il envoya son fils Ebrahim derrière Shima'ûn, Rubih, Yahuda pour leur toucher le dos avec la main ; il savait que c'était une particularité dans la famille de Ya'qub que, lorsqu'un de ses membres était furieux, on l'apaisait en lui passant la main sur le dos ; alors il ne pouvait même plus crier. Lorsque les frères furent calmés, on s'empara d'eux. On allait les con-

---

[1] Coran, chap. XII, 77. Des auteurs rapportent que Joseph étant très jeune avait pris un mouton du troupeau de son père pour le donner à un pauvre.

duire au supplice, lorsque Yahuda dit : « O Vizir ! depuis bien longtemps notre père pleure dans la solitude la perte d'un de ses fils et est plongé dans l'afiliction ; si tu lui enlèves ses autres enfants l'un par l'esclavage, les autres par la mort, comment te justifieras-tu toi-même le jour de la résurrection où tous les justes et les vertueux seront rassemblés ? Que diras-tu à Ebrahim, l'Ami de Dieu, à Esahaq et à Esraïl ? Nous avons promis à notre vieux père de lui ramener son fils sain et sauf et nous avons pris le Souverain Maître à témoin de notre serment ; maintenant, si tu nous délivres et nous renvoie sans lui, comment pourrons-nous paraître devant notre père, et que pourrons-nous lui répondre ? Nous espérons que tu voudras bien garder l'un de nous pour esclave et rendre Ebn Yamin à l'amour de Ya'gub. »

Yusuf répliqua : « Vous me faites injure en supposant que je puis condamner à l'esclavage un innocent et relâcher un coupable, contrairement à la justice du roi et aux lois des prophètes. Je garderai le coupable et vous pardonnerai vos fautes. Partez donc maintenant ; estimez-vous heureux d'avoir sauvé vos têtes et n'exposez plus ni moi ni vous à d'autres malheurs. »

Quand les fils de Ya'gub eurent perdu tout espoir d'obtenir la mise en liberté d'Ebn Yamin, ils se mirent en route pour le pays de Kanaan. Mais Rubih, qui s'était porté garant personnellement du retour de son frère, déclara qu'il resterait en Egypte jusqu'à ce que son père le rappelât près de lui ou qu'Allah lui signifiât sa volonté à cet égard. (Coran, chap. xii, 80.)

A l'arrivée de ses fils Ya'gub fut de nouveau accablé de chagrin ; il pleura jusqu'à en devenir aveugle.

> Sa douleur fut si vive et si prolongée
> Que, quand il n'eut plus de larmes, il pleura ses yeux.

On rapporte que, pressé par un parent, son plus intime ami, il lui confia la cause de sa douleur et qu'aussitôt il en fut blâmé par le Tout-Puissant en ces termes : « Pourquoi t'es-tu plaint et confié à un autre qu'à moi [1]. » Ya'gub confessa sa faute et implora son pardon. La même voix reprit alors : « Puisque tu as reconnu le bien-fondé de mon admonition et ton erreur, je jure par ma gloire et ma magnificence que je te rendrai tes deux fils sains et saufs et que, pendant de longues années, tu jouiras du plaisir de leur société. Alors Ya'gub, pour ne pas mécontenter le Tout-Puissant, cessa ses plaintes.

O mon âme, tu as torturé mon cœur et consumé mon souffle.
Je disais : « Je me lamenterai ; » mais tu as consumé ma langue.
Tu es partie, et nous avons répété plusieurs fois la promesse de nous [revoir.
C'est en me nourrissant de cet espoir que tu m'as consumé comme [une lampe consume l'huile.
Je disais : « Je veux me lamenter sur ma séparation ; »
Mais tu as consumé en moi cette lamentation.

---

[1] Un reproche semblable est formulé plusieurs fois dans ce livre : cela prouve que la confiance absolue et exclusive en Dieu seul était un précepte, sinon pour tous les musulmans, au moins pour la plus grande partie de leurs écoles de théologie et de leurs sectes. C'est du reste l'esprit du Coran. Tous les sentiments du Croyant doivent être consacrés exclusivement à Allah, bien plus jaloux encore que le dieu des Juifs ; aussi rien n'égale l'exclusivisme musulman.

XIX

YUSUF SE FAIT CONNAITRE A SES FRÈRES
YA'GUB VIENT EN ÉGYPTE

Ya'gub supporta quelque temps l'éloignement d'Ebn Yamin, puis il se décida à écrire à l'A'ziz d'Egypte ; il dicta la lettre suivante à Faradh, fils de Yahuda, le plus vertueux et le plus judicieux de ses petits-enfants.

« Nous portons à la connaissance de l'A'ziz d'Egypte que Allah — dont le nom soit loué et exalté ! — a affligé la famille des prophètes et des guides de grandes peines et les a éprouvés par différentes calamités. Ainsi mon grand'père Ebrahim a été projeté, à l'aide d'une machine, dans un brasier, les pieds liés. Alors il fut patient et le Tout-Puissant changea le brasier en un jardin. Mon père Esahaq, lié et le couteau sur la gorge, fut sauvé par le Tout-Puissant qui envoya sa rançon. J'avais un fils, le favori de mon cœur, le plus noble de sa race. Il a disparu ; — un dernier fils me consolait de son absence ; il a été retenu esclave par l'A'ziz d'Egypte pour avoir commis un vol ; mais personne n'ignore qu'un pareil acte ne saurait être imputé à la famille des prophètes. L'objet de cette lettre est de t'informer que par le chagrin j'ai perdu le calme du cœur et la vue ; j'ai l'espoir que tu voudras bien renvoyer son fils à un père plongé dans le désespoir, afin d'obtenir la félicité éternelle que je demande pour toi au Tout-Puissant. Cependant, si tu repousses ma demande, je t'avise que je prononcerai contre toi une imprécation dont l'effet inévitable se fera sentir sur ta descendance jusqu'à la septième génération. »

Par ordre de Ya'gub, Faradh porta cette lettre à Yusuf auquel elle arracha des larmes. Cependant il envoya la réponse suivante :

« La noble lettre et le sublime message que tu m'as écrits dans l'excès de ta douleur et de ton affliction sont parvenus jusqu'à moi et m'ont appris les peines et les maux qu'ont soufferts les ancêtres éminents, ainsi que le chagrin que tu as éprouvé par la perte de tes enfants qui te sont aussi chers que la vie et aussi précieux que tes propres yeux. Mais, comme à cela il n'y a d'autre remède que la patience, je t'engage à supporter la souffrance, comme l'ont supportée les nobles ancêtres, jusqu'à ce que tes désirs s'accomplissent, de même que leurs vœux ont été finalement couronnés. Adieu ! »

Après avoir remis cette lettre à Faradh, il le combla de politesses et de présents. Aussitôt qu'il reçut congé de lui, Faradh s'en retourna vers Ya'gub avec la rapidité de l'éclair et lui remit la lettre de Yusuf. Lorsque Ya'gub en eut pesé les termes, il dit : « Je reconnais la manière dont s'expriment les prophètes et leurs descendants. » Puis il dit à ses fils : « Préparez-vous ; allez tous en Egypte ; informez-vous de vos frères et ne désespérez pas de la miséricorde divine, car cette lettre respire l'air d'une prochaine réunion, la guérison des blessures de mon cœur et des chagrins de mon esprit.

Les frères partirent de nouveau, emportant le plus qu'ils purent d'objets de prix. A leur arrivée ils dirent à l'A'ziz : « La dureté des temps a réduit la famille de Ya'gub à une grande détresse. Nous te prions d'accepter pour nos marchandises et de nous donner en échange le blé qui nous est nécessaire avec libéralité et à titre d'aumônes, car Dieu récompense ceux qui font l'aumône. » (Coran, chap. xii, 88.)

Quand Joseph entendit cet appel fait par ses frères à sa compassion, il ne put se contenir plus longtemps et se reprocha amèrement de laisser sa famille en proie à la disette et à la misère, tandis qu'il se reposait dans l'abondance et les plaisirs. En conséquence il leur dit : « Avez-vous oublié ce que vous avez fait à Joseph et à son frère ? » (Coran, chap. xii, 89.) Alors, écartant de ses traits le voile de la réserve, il leur découvrit la plénitude de sa beauté. Lorsque ses frères l'eurent regardé de très près et avec la plus grande attention, ils virent sur lui le signe dont il avait hérité de son grand'père Esahaq et de sa grand'mère Sarah, signe que le souverain Créateur avait imprimé sur la page de sa beauté pour détourner le mauvais œil[1].

Malgré le témoignage de leurs yeux et malgré le reproche qui venait de leur être adressé, ils doutaient encore que leur frère eût pu, de la condition d'esclave, s'élever presque jusqu'à la dignité royale et ils lui demandèrent : « Es-tu réellement Yusuf ? » Il répondit : « Je suis Yusuf et Ebn Yamin est mon frère. » (Coran, chap. xii, 90.)

Dans sa générosité, Joseph ne laissa pas à ses frères le temps de s'excuser du passé ; il prit aussitôt la parole : « Remercions, dit-il, le Tout-Puissant d'avoir mis fin à notre séparation et d'avoir réjoui nos cœurs en nous réunissant. » Voyant la magnanimité de Yusuf, ses frères rendirent hommage à sa haute vertu en disant : « Par Allah, certainement Allah t'a choisi pour être au-dessus de nous. » (Coran, chap. xii, 91.) Alors Joseph s'informa de Ya'gub, puis il dit à

[1] Littéralement: « l'œil de perfection » ; il est si malfaisant qu'il peut donner la mort.

ses frères : « Demain matin prenez mon vêtement qui guérit de la maladie et sauve du chagrin de la séparation ; vous en frotterez la figure de mon père pour lui rendre la vue. » Les théologiens diffèrent à ce sujet ; mais il faut admettre que c'était la robe d'Ebrahim qui avait été attachée comme amulet au bras de Yusuf. Yahuda voulut absolument être chargé de rendre ce service à son père. « C'est moi, dit-il, qui, en lui apportant la robe ensanglantée, lui ai infligé un si cruel chagrin ; peut-être l'accomplissement de cet office me sera-t-il compté comme une réparation de mon crime. » Le lendemain, quand le soleil éleva sa tête d'or au-dessus des limites de l'horizon, Yahuda prit le vêtement de Yusuf et partit. A peine hors des portes de la ville, il déplia la robe, en se conformant aux instructions de Yusuf. Par ordre du Tout-Puissant, le vent, qui est le courrier des amants et le hérault des amis, porta en un clin d'œil l'odeur de la robe, du pays d'Egypte à celui de Kanaan, et Ya'gub se dit :

> L'odeur de la robe de Yusuf était perdue,
> Elle a été retrouvée et elle habite avec toi.

Ce parfum lui apportait la vie et l'assurance de sa prochaine réunion avec Yusuf.

Puis, s'adressant à ses fils : « J'espère que vous ne m'accuserez pas de légèreté et de superstitions, si je vous apprends que, ce matin, la brise m'a apporté l'odeur de Yusuf et le parfum de la réunion avec le bosquet de roses de sa face. »

> Qui passe avec cette odeur d'ambre ?
> Qui va là et fait naître un tel plaisir ?
> Ya'gub donne des nouvelles de son fils perdu
> Peut-être en ce moment un hérault se rend d'Égypte à Kanaan.

Toute la famille de Ya'gub de se récrier :

> Père, tu t'illusionnes bien fort.
> L'amour de ton fils t'égare toujours
> Aucun souffle de Yusuf n'a atteint ton esprit.
> Ton cœur est toujours dans son ancienne aberration.

Quelques jours après, Yahuda fit soudain son apparition, et apporta des nouvelles du salut de Yusuf avec beaucoup de compliments du Véridique. Il tira la robe, l'appliqua sur la figure de son père qui immédiatement recouvra la vue et toute sa santé d'autrefois. Alors il demanda à Yahuda : « Comment as-tu laissé Yusuf ? » Il répondit : « Je l'ai laissé gouvernant un empire et exalté au-dessus des autres hommes. » Ya'gub reprit : « Ma question ne vise point le pouvoir, ou les honneurs, mais la religion. » Yahuda répliqua : « Il est resté ferme dans la religion d'Ebrahim et fidèle à tes exemples. » Ya'gub ajouta : « Tu as tellement réjoui mon esprit et affranchi mon cœur du chagrin que je prie Dieu, dont les bienfaits sont universels, de t'épargner les douleurs de la séparation et de t'alléger les terreurs de l'agonie. » Yahuda dit : « Prépare ton départ pour l'Egypte, car j'attends le courrier du Véridique qui arrivera dans peu avec des moyens de transport pour amener en Egypte, aussi rapidement que possible, la famille, tes descendants, tes troupeaux, tes esclaves et tout ce qui peut s'emporter.

Le lendemain, arrivèrent les envoyés de Yusuf avec cent cinquante chameaux de taille gigantesque et de brillant aspect, rapides comme le vent et habitués aux voyages dans le désert. Chacun portait sur le dos une paire de caisses de bois précieux garnies des tapis et des rideaux nécessaires. Avec les chameaux étaient venues vingt mules de selle, rapides comme la brise du matin, et trente chevaux arabes dont la vitesse dépassait démesurément celle de l'orbe de la lune.

Après avoir reçu de Dieu, par l'intermédiaire de Gabriel, la permission de partir et avoir consacré trois jours à ses préparatifs de voyage, Ya'gub se mit en route avec Lia, la tante de Joseph, et avec toute sa suite. Les habitants de Kanaan vinrent lui faire leurs adieux, en se prosternant devant lui. Il leur adressa toutes ses bénédictions et tous ses vœux. La séparation fut des plus touchantes. A chaque station Yusuf avait fait préparer une table abondamment servie et tout ce qui était nécessaire. Quand la caravane approcha de l'Égypte, Yahuda envoya en avant son fils Faradh pour annoncer l'arrivée de Ya'gub. Yusuf demanda aussitôt à Riân Bin Valûd la permission d'aller à sa rencontre avec ses frères. Le roi voulut l'accompagner avec ses généraux et ses courtisans. Quand Yusuf vint en grande pompe au-devant de son noble père :

> En tête s'avançaient de magnifiques cavaliers,
> Près de lui des gens de pied marchaient coiffés de casques ;
> La forme de son manteau éblouissant figurait le soleil ;
> La lune était l'esclave de ses étriers [1] ;
> Les acclamations des victorieux en marche
> Écartaient de l'univers le mauvais œil.

A la vue de cette multitude, Ya'gub demanda si ce n'était point le cortège du roi d'Égypte. Yahuda répondit : « C'est ton fils, le vizir, qui vient à ta rencontre. » Alors Ya'gub quitta sa monture et s'avança appuyé sur Yahuda. Yusuf, reconnaissant ce dernier, pensa que le vieillard était son père. Il mit pied à terre, ainsi que le roi, et s'avança vers Ya'gub ; mais l'émotion paralysa ses mouvements et sa voix, et Ya'gub lui adressa le premier la parole : « Salut à toi qui éteins le chagrin, salut à toi qui soulages les hommes accablés par le travail et la misère ! »

---

[1] Les étriers ont la forme du croissant.

Alors ils s'embrassèrent dans un tel transport de joie qu'ils s'évanouirent. (Genèse, chap. XLVI, 29.) Quand ils furent revenus à eux, Yusuf prit la main de son père et le présenta à Riân qui, comme croyant à la mission prophétique d'Ebrahim et de sa maison, se prosterna aux pieds de Ya'gub, mettant en oubli le rang royal. Ya'gub vit ensuite en particulier ses fils qui lui confessèrent leur péché et le prièrent de demander pour eux le pardon du Seigneur dans le moment propice. Puis, ils firent leur entrée dans la ville en grande pompe; l'A'ziz conduisit Ya'gub avec ses fils à un palais privé, et le fit asseoir, ainsi que Lia, sur un trône où il prit place près d'eux. A ce moment Ya'gub, Lia et les onze frères adorèrent Yusuf, mais seulement à titre d'hommage et non de culte, et alors le Véridique dit : « Voilà l'interprétation de mon ancienne vision. » (Coran, chap. XII, 101.) Ensuite Yusuf fit connaître les faveurs dont Dieu l'avait gratifié après ses épreuves, et raconta à son père toutes ses aventures. Puis il fit présent à chacun de ses frères d'une habitation délicieuse, dans une campagne agréable, et leur assigna certains revenus.

Fin de Ya'gub

Vingt-quatre ans après sa réunion à Yusuf, Ya'gub mourut à l'âge de cent cinquante ans, le même jour que son frère jumeau A'îz (Esaü). Il réunit ses enfants autour de son lit de mort, désigna Yusuf pour son successeur et l'exécuteur de sa dernière volonté. « Je désire, dit-il, que mon corps soit porté au champ de sépulture de mes pères et repose près d'Ebrahim et d'Esahaq. (Genèse, chap. I, 13.) Après avoir prononcé ces paroles, il expira. « Nous appartenons à Allah, et nous devons retourner à lui. » (Coran, chap. II, 151.)

Joseph confia son cercueil aux soins de son fils Efraïm et il arriva en même temps que celui d'A'iz à Silia, champ du repos. Les deux cercueils furent réunis dans une tombe commune.

Ya'gub ressemblait à Esahaq ; il avait à une joue une marque particulière. Il était grand et mince, sincère, résigné et patient. Il passa sa jeunesse à garder des moutons ; ses enfants se livrèrent au même genre d'occupations.

Fin de Joseph

A Riân Bin Valûd qui, pendant toute la vie du Véridique, avait fait profession de la religion de l'Islam et du Monothéisme, succéda un de ses neveux, un infidèle du nom de Qabus Ben Masab. Il remit en honneur les rites des Pharaonites et des Amalékites que son prédécesseur avait proscrits. Yusuf, obéissant à des inspirations divines, l'avertit d'abandonner ses projets coupables ; mais ce fut en vain. Qabus refusa de croire à la mission prophétique du Véridique ; toutefois il crut de son devoir d'honorer Yusuf et de le considérer toujours comme un des piliers de son Gouvernement. Quand Joseph eut perdu l'espoir de ramener le roi à l'Islam, il se dégoûta de la vie et, une nuit, adressa cette prière au Tout-Puissant : « Seigneur, tu m'as tiré du fond d'un puits pour m'élever à la plus haute dignité ; tu as illuminé mon esprit de la lumière de l'explication des songes et déposé dans le trésor de mon intellect les dons de la prophétie et de l'inspiration directe de Dieu ; maintenant mets en liberté mon âme fatiguée de la prison du corps, comme l'oiseau de celle de la cage, envoie-la au jardin de rose du paradis et réunis-moi à mes pères. » Quand il fut certain que sa requête était admise, il assembla ses frères autour de lui et prit congé d'eux solennellement. Il désigna, pour conduire les enfants d'Esraïl, Yahuda, le premier de ses frères par les lumières de l'esprit et la noblesse du caractère, et leur ordonna à tous de suivre ses prescriptions. Tous le promirent et interrogèrent Yusuf sur ce qui adviendrait d'eux après sa mort. Il leur apprit qu'ils auraient beaucoup à souffrir d'un tyran jusqu'à ce qu'il s'élevât de la tribu de Lévi un prophète inspiré, du nom de Musa (Moïse), qui plongerait dans les régions infernales cet oppresseur miraculeusement englouti par les flots. « Vous devez vous transmettre de génération en génération ma dernière volonté que je vous lègue maintenant : Quand Musa apparaîtra et vous conduira hors d'Égypte, ne manquez pas de lui demander de tirer de la tombe mon cercueil et de l'emporter avec lui au champ de repos de mes pères et de l'y enterrer. »

Il dit, et ses yeux se mouillèrent de larmes ;
Il partit pour un autre séjour ;
Quoique tous puissent ne pas aimer ce voyage ;
Tous doivent cependant l'accomplir.

Yusuf avait les cheveux naturellement bouclés, le teint blanc et le corps bien proportionné, les yeux grands et bien fendus. Son sourire illuminait. Sa bouche, quand il parlait, lançait des rayons. Sa figure était celle d'Adam avant sa chute.

Il était patient et grave ; il expliquait les visions, les mystères et l'avenir. Il honorait et respectait les Ulémas (savants) et les vertueux. Il fit de nombreux miracles ; nous en avons rapporté plus haut quelques-uns.

Dans sa jeunesse il s'occupa de commerce, mais il y renonça ensuite pour se consacrer exclusivement à la prophétie et aux affaires publiques.

Selon Salmân Parsis [1], il resta séparé quarante ans de Ya'gub.

---

[1] Le persan Salmân était l'ingénieur de Muhammad (Mahomet). Ce fut lui qui fit creuser un fossé pour la défense de Médine. Il avait quitté la religion de Zoroastre pour celle de Mahomet.

Selon le Pentateuque, il vécut cent dix ans. (Gen., chap. L, 26.)

On raconte que tout le monde, ulémas, nobles, grands, petits, classe moyenne, et toutes les localités de l'Egypte, voulurent avoir son corps et qu'une guerre civile faillit éclater pour ce motif en Egypte. Alors ses frères et des personnes sages prirent le parti de porter le cercueil à une distance d'un mille de la ville et de l'enterrer dans le Nil, afin que les doux et les souples et tout le monde pussent circuler autour de sa sépulture et en obtenir des bénédictions, de même que les habitants de l'univers font le tour de la Kaabah. Ce trésor de beauté resta longtemps au fond du Nil, jusqu'au moment où Musa l'emporta et le déposa dans le champ d'Ebrahim.

XX

AYUB (JOB), LE PROPHÈTE RECONNAISSANT ET RÉSIGNÉ

Ayub était petit-fils d'Aïs par son père, et de Loth par sa mère ; sa femme Rahmat était fille d'Efrahim, fils de Yusuf. Il était immensément riche en troupeaux, en terres et en biens de toutes espèces.

Il avait beaucoup d'enfants bien doués, et une multitude de serviteurs et d'esclaves. Il se sépara du peuple de Syrie et s'occupa presque uniquement à nourrir les nécessiteux, secourir les pauvres, élever les orphelins, consoler les affligés et à remercier et à louer à toute heure le Tout-Puissant. Dieu l'éleva à la dignité de prophète, parce qu'il était l'homme le plus pieux et le plus aumônieux de son temps.

Satan, humilié de n'avoir pu le séduire par aucun moyen, nourrissait contre lui la haine la plus violente qu'il eût jamais conçue. Alors du sanctuaire mystérieux de la Grandeur, une voix sévère lui adressa ces paroles : « Maudit ! Ayub est mon serviteur sincère et reconnaissant ; il n'est pas en ton pouvoir de le tromper et de l'égarer. » Satan répondit : « Seigneur, comment puis-je l'atteindre ? Et comment ne serait-il pas reconnaissant de tant de bienfaits dont tu l'as comblé ? Si tu lui reprends tes dons, il cessera de t'adorer. » (Job, ch. XI.)

Alors la même voix reprit : « Tu mens, Éblis ! tu calomnies mon élu. » Satan répliqua : « Abandonne-moi les enfants et les biens d'Ayub, et tu verras sa soumission se changer en révolte. »

Le Tout-Puissant lui dit alors : « Dispose des enfants et des biens d'Ayub. » Éblis, plein de joie, réunit ses descendants et ses adhérents, leur apprit ce qui s'était passé et commanda à quelques-uns de noyer les moutons et le bétail d'Ayub. Lui-même, sous la forme d'un berger, vint informer Ayub de ces pertes. Ayub le reconnut et se contenta de lui dire : « Je remercie Dieu ; dans sa justice il m'a enlevé ce qu'il m'avait accordé dans sa bonté et, si tu avais été avec les moutons, il t'aurait détruit aussi. » Satan, désappointé et maussade, ordonna à ses légions d'incendier les moissons, les champs et les prairies d'Ayub ; puis, sous le déguisement d'un de ses agents, vint lui apprendre ce désastre. Ayub fit la même réponse et se mit en prières. Éblis, furieux, dévasta toutes ses propriétés, mais sans pouvoir troubler sa sérénité. Alors il ébranla la maison où les enfants d'Ayub étaient élevés, et les ensevelit sous ses ruines. Puis il apporta à Ayub la nouvelle de cette catastrophe. Celui-ci plaça la tête de la soumission sur la manche (l'avant-bras) de la confiance et de la résignation[1], et ne se laissa point abattre. Alors « le Lapidé[2] » s'obstina : « Dieu puissant, dit-il, Ayub sait que tu remplaceras avec usure les biens et les enfants qu'il a perdus, c'est pour cela qu'il ne profère aucune plainte : donne-moi pouvoir sur son corps. » Une voix lui répondit : « Je te donne pouvoir sur son corps, excepté sur sa langue, son ouïe, sa vue et son cœur, car il a besoin de sa langue pour prier, de son ouïe pour entendre les révélations, de sa vue pour contempler la création, et de son cœur pour la gratitude envers

---

[1] Tournure poétique aux yeux des écrivains persans.
[2] Nom qui fut donné à Satan lorsqu'il fut chassé à coups de pierres par les Anges du ciel, dont il s'était approché clandestinement pour surprendre leur conversation.

moi ; en conséquence, j'ai soustrait ces organes à ton pouvoir. » Alors Éblis se présenta à Ayub comme magicien, lui souffla dans le nez un vent qui produisit dans sa nature bénie une inflammation telle que la lèpre faisait tomber sa peau et sa chair ; mais le prophète ne poussa aucun gémissement, n'exhala aucune plainte, ne donna aucun signe de douleur. Quand le mal devint chronique et que des vers sortirent de son corps, il exhala une odeur si infecte que les habitants de la ville firent hors des murs une cabane où ils le logèrent ; après quoi, personne ne s'occupa de lui, excepté sa noble épouse Rahmat qui, pour le servir, ceignit la ceinture de la diligence et de l'activité et les reins de la sincérité et du dévouement. Quand elle eut dépensé tout ce qu'elle possédait, elle travailla à la journée, elle consacra la moitié de son gain aux besoins d'Ayub, et l'autre moitié à des aumônes par l'effet desquelles elle espérait obtenir la guérison de son mari. Alors Éblis, pour ôter à Ayub sa dernière ressource, s'en prit à elle. Quand elle se rendait à son travail, il se mettait sur son chemin et lui disait : « C'est un pitié que, belle comme tu l'es, tu doives faire vivre par ton travail un homme que poursuit la colère divine. Je suis un des plus riches habitants de l'Égypte, et je possède des trésors inépuisables. Abandonne ce misérable, crois-moi, et suis-moi ; je t'épouserai avec un amour véritable et je t'élèverai à de grands honneurs et à une brillante situation. » Rahmat, sans l'écouter, poursuivait son chemin pour se rendre au travail. Le soir, elle rapportait les offres du tentateur à Ayub qui lui disait : « Dieu te garde de t'écarter de ton chemin, car ce pervers est Éblis ; ne te laisse pas prendre à ses paroles pleines de fraude et de séduction. »

N'ayant pas réussi par ce stratagème, Éblis eut recours à un autre.

Un jour que Rahmat n'avait pu gagner le pain quotidien, Éblis se présenta à elle sous la forme d'une femme qui avait perdu ses cheveux, et lui demanda de lui vendre deux boucles des siens. Elle y consentit par nécessité. Alors Éblis prit les devants et la dénonça à son mari comme ayant été surprise en cas de faute grave, faute dont on l'avait punie en lui rasant une partie de ses cheveux. Ayub jura de lui donner cent coups de bâton quand il serait rétabli.

Malgré le chagrin qu'elle en conçut, Rahmat continua ses soins et ses encouragements. Ayub, de son côté, supportait ses épreuves avec une patience inaltérable et ne cessait d'adorer Dieu, de sorte que les habitants du monde de la pureté, aussi bien que ceux du monde terrestre, s'émurent de ses longues souffrances.

> N'espère pas le repos dans les champs du temps.
> Ne demande pas le soulagement à ce monde.
> Dieu voit tes souffrances et y mettra un terme.
> Ta patience est ton salut ; ne recherche pas de remèdes.

Éblis, vaincu et impuissant, redoubla de haine et eut recours à un dernier moyen. Il prit une forme extraordinaire et adressa aux habitants de la contrée ce discours :

« Sachez que je suis un des Anges qui habitent le quatrième ciel. Écoutez-moi, car je viens vous aviser d'une chose, de la plus haute importance : Ayub a été autrefois un prophète d'Allah, et il approchait de la demeure de la Grandeur : cependant, la colère du Tout-Puissant s'est allumée contre lui, et son nom a été rayé de la liste des prophètes inspirés. Il faut le chasser de ce pays, pour ne pas encourir vous-mêmes le mécontentement de Dieu. » Après avoir répandu ces fables, Éblis disparut ; Rahmat les répéta à Ayub qui, oubliant ses chagrins et sa maladie, se tourna dans la douleur de son agonie vers le Kiblah de la prière et cria au Seigneur : « Le mal m'a très fort affligé, mais tu es le plus miséricordieux des Miséricordieux. » (Coran, chap xxi, 83.)

Quand Ayub fut guéri, Jebraïl (Gabriel) descendit près de lui et, d'abord, lui parla des trames que le Maudit avait ourdies contre lui, le félicita, le prit par la main, l'attira vers lui, et lui dit : « Frappe la terre du pied. » (Coran, chap. xxxviii, 41.) Ayub frappa du pied droit, ce qui fit tomber tous les vers qu'il avait sur le corps, tandis qu'une source jaillissait sous son pied. Par ordre de Gabriel, il fit ses ablutions avec l'eau de cette source, ce qui fit disparaître toutes les traces de sa maladie. Puis, sur un nouvel ordre de Jebraïl, il frappa du pied gauche : une source d'eau fraîche jaillit et il en but un peu. Jebraïl avait aussi apporté du paradis un tapis sur lequel ils se mirent tous deux.

Rahmat qui était allée chercher des aliments rentra alors ; ne voyant plus Ayub dans la cabane, elle se lamenta et pleura ; puis elle s'approcha de Jebraïl et d'Ayub, et leur dit : « Savez-vous où se trouve le malade qui était sous cet abri ? » Jebraïl répondit : « Tu le vois, et tu dois le connaître. » Ayub se mit à rire, et Rhamat le reconnut.

Pour remplir le serment qu'il avait fait de donner à sa femme cent coups de bâton, Ayub fit un faisceau de cent baguettes très minces et très tendres, et en frappa sa femme une seule fois.

Ensuite, il retourna à sa propre habitation, où le Tout-Puissant lui rendit tout ce qu'il avait perdu.

On raconte que Dieu fit pleuvoir sur son habitation, quand il y rentra, une pluie de sauterelles d'or, dont l'une tomba du bord du toit près du chemin public, de sorte que Ayub la ramassa, la considérant comme un don de Dieu.

L'historien Gotada fixe la demeure d'Ayub en Syrie, entre Damas et Ramlah, dans un lieu nommé Mithnah, campagne fertile où l'on voit encore aujourd'hui les sources que le prophète Ayub fit jaillir. Elles rendent la santé aux malades et aux vieillards qui s'y rendent de tous les pays environnants.

Pendant sa mission, Ayub ne parvint à convertir que trois personnes; encore leur foi ne résista pas à ses épreuves, et elles l'abandonnèrent. Après sa guérison, il fut envoyé pour convertir les habitants de Rûme et s'y rendit. Quand il sentit sa fin prochaine, il désigna Humal, le plus intelligent de ses fils, pour lui rendre les derniers devoirs et lui succéder.

Ayub était grand, avait le teint brun, les yeux noirs, les cheveux bouclés, le cou très court, la tête grosse ainsi que les bras et les jambes.

Il suivait la loi d'Ébrahim; il opéra de nombreux miracles dont l'un consista à changer du vin en eau, se trouvant en compagnie d'hommes de plaisir (pour leur donner une leçon). On raconte qu'il resta sept ans sur un fumier, avant que sa femme Rahmat lui eût fait construire un abri; ses épreuves durèrent dix ans. Il consacra le reste de sa vie, soixante-dix ans, à l'Apostolat. Aussi le Très-Haut l'a-t-il appelé : « le résigné, l'excellent serviteur. » (Coran, chap. XXXVIII, 43, 44.)

OBSERVATION SUR CE CHAPITRE

Le lecteur trouvera un grand intérêt à comparer ce chapitre au livre de Job traduit de l'hébreu, soit dans la Vulgate, soit mieux encore par M. Renan. Il y verra le contraste entre le caractère général de la Bible juive qui est surtout morale et dogmatique, et celui de la Bible de l'Islam, principalement anecdotique et romanesque. Les reproches si étendus adressés à Job par ses amis et les réponses de Job forment, dans le livre hébreu, une véritable discussion théologique ; ils ne sont même pas mentionnés par notre auteur. On lit dans la Vulgate, Job, chapitre II :

Verset 9. L'épouse de Job (frappé d'un ulcère) lui dit : « Tu restes encore dans ta simplicité ! Eh bien, bénis le Seigneur et meurs ! »

Verset 10. Job lui répondit : « Tu as parlé comme les femmes sans jugement ; puisque nous avons reçu de Dieu des biens, pourquoi ne recevrions-nous pas aussi des maux ? » Ainsi, dans tous ses malheurs Job ne proféra aucune parole répréhensible.

Dans le récit persan, l'épouse de Job est admirable, sans défaillance, sans murmure.

Partout notre auteur est indulgent pour les femmes, tandis que les Juifs étaient implacables. Cette différence entre les hébreux et les musulmans doit nous frapper.

XXI

LES PROPHÈTES SHOA'IB (JETHRO), HARUN (AARON) ET MUSA (MOISE)

I. — *Le prophète Shoa'ib (Jethro), le maître des prophètes*

Shoa'ib, descendant d'Ébrahim selon les uns, fut un grand et éloquent prophète, envoyé pour convertir le pays de Madian, dont les habitants étaient idolâtres, voleurs de grands chemins et fabricants de fausse monnaie. Une partie écoutèrent sa prédication, les autres y fermèrent l'oreille. Les peuples de la Syrie accouraient de toutes parts pour l'entendre. Mais ses adversaires les arrêtaient en chemin et les dissuadaient d'aller vers lui. En vain Shoa'ib les menaça de la colère divine qui avait anéanti les peuples de Nuh (Noé), Huth et Loth ; ils lui répondirent : « Nous sommes puissants et riches en toutes sortes de biens. Nous ne pouvons souffrir que les membres de nos familles et de nos tribus obéissent à tes commandements qui ruineraient notre industrie ; si ceux que tu as détournés ne reviennent pas à la religion de nos ancêtres, nous les chasserons du pays, et toi avec eux. Nous ne t'avons toléré jusqu'aujourd'hui qu'à cause des liens du sang qui nous unissent et de la faiblesse. » Shoa'ib répliqua : « Ce serait mentir à Allah que de retourner à vos superstitions après qu'il nous en a délivrés (Coran, ch. VII, 87) ; le temps est proche où Dieu vous infligera une grande calamité. » Comme Dieu différait le châtiment, ils se moquèrent des menaces du prophète, et celui-ci s'écria : « Seigneur, prononce entre notre nation et nous, car tu es le meilleur juge. » (Coran, chap. vii, 88.)

Le Tout-Puissant envoya de l'Enfer contre ces rebelles le Simoun qui échauffa leurs habitations comme des étuves, et leurs sources, au point qu'elles devinrent bouillantes ; ils s'enfuirent de la ville et se réunirent dans la campagne sous l'ombre d'un nuage ; mais, aussitôt, de ce nuage il plut du feu qui les réduisit tous en cendres. Les infirmes qui étaient restés dans la ville furent précipités dans l'enfer. Dieu a dit dans le Coran (chap. xi, 97) : « Quand notre décret s'exécuta, notre Miséricorde sauva Shoa'ib et ceux qui avaient cru avec lui. »

Allah a dit : « Avant eux (les habitants du Madian), les peuples de Nuh (Noé) et les habitants de Rass avaient accusé de mensonge les envoyés de Dieu. (Coran, chap. xxv, 39, 40.) Les habitants de Rass, dans l'Yémen, avaient jeté au fond d'un puits un prophète envoyé vers eux. »

Par ordre de Dieu, Shoa'ib resta dans le Madian pour convertir les infidèles jusqu'au moment de l'arrivée de Musa (Moïse)[1]. Il mourut sept ans et quatre mois après sa venue, âgé de deux cents ans ; sa mission avait duré cinquante ans.

Il avait un beau teint et une taille moyenne ; sur la fin de sa vie, sa vue s'affaiblit au point qu'il ne voyait plus. Il était très disert et éloquent et n'avait pas d'égal pour la dialectique et la controverse ; il était aussi renommé pour sa science et la vivacité de son esprit. On l'a surnommé le maître (docteur) des prophètes. Sa religion était celle d'Ébrahim. Il fit beaucoup de miracles, dont l'un consista à changer des pierres en bronze,

---

[1] C'était le beau-père de Moïse, comme on le verra plus loin.

pendant qu'il prêchait. Il fut enterré dans le sanctuaire de La Mecque entre le Rokan et le Mugam.

II. — *Harun et Musa (Aaron et Moïse)*

Quand Qabus, successeur de Riân, vit que les fils de Ya'gub n'adoreraient jamais les idoles, il les réduisit en esclavage. Il profita de la mort de Ya'gub et de ses enfants pour accabler leurs descendants et leur imposer des travaux au-dessus de leurs forces, en sorte que, pendant tout son règne, ils furent très misérables. Après sa mort, son frère, le Pharaun (qui régna du temps de Musa) gouverna l'Égypte. A cette époque, les coqs blancs cessèrent de chanter, ainsi que l'avait prédit Yusuf. Quand les enfants d'Israël remarquèrent ce signe, ils se soumirent d'un cœur résigné à la prolongation de leur misère, et, certains de son aggravation, prirent patience et s'efforcèrent de se consoler entre eux. Ce Pharaun renchérit sur la tyrannie et la dureté de son prédécesseur. Après avoir, pendant cinq ans fait régner l'idolâtrie, il se fit adorer lui-même et s'efforça par tous les moyens d'amener les Israélites à l'adorer. Ceux-ci ne cédèrent ni aux promesses ni aux menaces. Alors le Pharaun employa les hommes vigoureux à porter des montagnes de pierres énormes, à exécuter des travaux très pénibles, et fit louer à la journée les femmes et les enfants.

Dans le temps qu'il opprimait ainsi les tribus, il vit en songe venir du côté de la Syrie un feu qui réduisit en cendres les villes fortifiées, les maisons et les campagnes d'Égypte, ne laissant aucune trace de villes et de villages. Effrayé de cette vision, il consulta les astrologues et les interprètes des songes qui lui dirent : « Un des enfants d'Israël sera envoyé (par Dieu) avec pleins pouvoirs pour exterminer les Egyptiens ; il fera les efforts les plus puissants pour renverser et anéantir la dynastie régnante. » Pharaun, en conséquence, attacha aux femmes enceintes des sages-femmes, chargées de faire périr tous les enfants mâles. (Exode, chap. I, 16.) D'innombrables enfants furent ainsi mis à mort. Avant cette proscription, Emram, de la cour de Pharaun, avait eu déjà de sa femme un fils Harun. Quand celle-ci fut enceinte de Musa, elle réussit à faire préparer, pendant sa grossesse qu'elle cacha, une sorte de petit cercueil en bois. Après avoir donné le premier lait au nouveau-né et lui avoir mis sur les yeux un collyre, la mère remplit de coton le coffret, le goudronna, mit Moïse dedans et l'abandonna sur le Nil. (Exode, chap. II, 3.)

Pharaun avait une fille malade de la lèpre ; les médecins avaient déclaré que le seul remède possible était la salive d'un être vivant, de forme humaine, qui serait trouvé dans le Nil pendant le règne de Pharaun. En conséquence, celui-ci éleva sur le bord du fleuve, pour servir de demeure à sa fille, un palais surmonté d'un dôme d'une immense hauteur. Le dépôt que la mère de Moïse avait confié au fleuve fut porté par le courant, suivant la volonté de Dieu, vers des arbres que les flots baignaient en face du palais. Les suivantes de la princesse furent frappées d'étonnement à la vue de ce petit cercueil, et le portèrent à Asia, femme de Pharaun et d'origine Israélite. Celle-ci l'ouvrit et y trouva un joli enfant qui suçait son pouce. La jeune princesse prit de la salive de la bouche de l'enfant, en frotta l'endroit malade et fut guérie. Le Maître des cœurs inspira aux deux princesses un grand amour pour l'enfant. Elles le portèrent à Pharaun qui l'aima également. Il résista à ses conseillers qui voulaient qu'on mît l'enfant à mort, et se rendit au désir d'Asia qui lui dit : « Cet enfant charme mes yeux et les tiens. Epargne-le ; nous pourrons l'adopter pour notre fils. » (Coran, chap. XXVIII, 8.) Pharaun en fit présent à sa sœur de lait. Asia désigna une nourrice pour l'allaiter, mais il ne voulut pas prendre le sein; on en amena d'autres qu'il repoussa également jusqu'à ce que sa mère se présentât et fût acceptée pour nourrice, après avoir été séparée de son fils un jour et une nuit.

A l'âge d'un an, on amena Moïse à Pharaun; il lui tira la moustache très fort et lui arracha quelques poils. Pharaun voulait d'abord le punir de cette inconvenance, mais il se contenta de défendre à sa nourrice de le ramener en sa présence. Elle obéit et le garda jusqu'à l'âge de quatorze ans. Alors Asia se chargea de lui et attacha à son service quatre cents esclaves avec des livrées magnifiques, de sorte que le peuple le croyait fils du roi. A l'âge de trente ans, elle lui fit épouser une femme d'Égypte de haute noblesse qui lui donna deux fils. Dans ces deux occasions, on déploya pour les fils une pompe royale. Avec l'aide et par les efforts d'Asia, Musa vit croître tous les jours sa faveur et son pouvoir, mais le moment vint où il dut se séparer de Pharaun.

III. — *Moïse s'enfuit d'Egypte*

Le *Bedàyet wa Nahayet*[1] rapporte que, tout en jouissant de la faveur de Pharaun, Musa portait toujours une vive sympathie aux enfants d'Israël et souffrait beaucoup de l'oppression qui pesait sur eux. Dans une de ses promenades en ville, il vit un Cophte, surveillant de travaux du roi Pharaun, prendre un Israélite corps à corps. Il se jeta entre les deux adversaires et invita le Cophte à laisser l'Israélite. Le surveillant n'en fit rien.

---

[1] Histoire célèbre d'Ebn Kathir.

Alors Musa se fâcha, frappa de sa main l'infidèle et, d'un signe de son doigt, le précipita dans l'enfer. (Exode, chap. II, 11, 12.) Quand il se fut éloigné et calmé, il se repentit de ce qu'il venait de faire. Comme il n'avait pas encore été élevé à la dignité de prophète, et comme la révélation divine de combattre les Infidèles ne lui avait pas encore été faite, il se dit : « C'est là l'œuvre de Satan, » et il rentra chez lui.

Le lendemain, il revint de ce côté pour savoir si l'on avait remarqué ce qui s'était passé, et si l'on faisait des recherches à ce sujet. Il vit alors le même Israélite aux prises avec un autre Cophte (Égyptien) et lui dit : « Quel mauvais sujet tu es, de te quereller ainsi tous les jours ! » Il s'approcha néanmoins des antagonistes pour les séparer. Mais le Cophte, qui avait vu, la veille, le pouvoir de Musa, lui dit : « Est-ce que tu veux me tuer, comme l'homme que tu as tué hier ? » (Exode, chap. II, 14). En disant cela, il lâcha l'Israélite et, comme il avait appris que Pharaun faisait rechercher le meurtrier de la veille, pour le punir, il s'empressa d'aller dénoncer Musa. A cette nouvelle, Pharaun revint à son ancienne idée de faire périr Musa ; et, pour empêcher Asia d'intercéder en sa faveur, il l'associa au jugement. Musa s'enfuit de la ville, sans préparatifs ni provisions, gagna le désert et y voyagea sept jours et sept nuits, ne se nourrissant que d'herbes et ne sachant même pas où il allait. Il arriva ainsi au puits de Madian, profond comme les méditations des sages et pénétrant comme les pensées des savants. Près du puits, un arbre élevait sa tête vers la coupole d'Orion (le ciel). L'ouverture du puits était fermée par une pierre que quarante hommes pouvaient à peine soulever. Quand Musa (l'interlocuteur d'Allah) fut resté là quelque temps, il vit venir au puits, de toutes les parties du désert, une foule de bergers avec d'innombrables moutons et un bétail immense et se pressant les uns les autres près du puits, excepté deux femmes qui se tenaient à une certaine distance avec quelques moutons. Musa eut pitié d'elles et les interrogea. C'étaient les deux filles du prophète Shoa'ib; elles lui apprirent qu'elles venaient tous les jours, après ces hommes, pour abreuver leurs moutons avec l'eau qu'ils laissaient, mais ce jour-là il n'en était point resté. Musa, touché de leur récit, jeta la pierre à bas de la margelle, tira du puits un baquet d'eau que quarante hommes n'auraient pu monter et abreuva le troupeau ; puis il se remit en prières sous l'arbre.

Les deux filles apprirent à leur père le secours que Musa leur avait prêté et sa force athlétique.

Shoa'ib vint alors lui offrir l'hospitalité qu'il accepta ; puis il lui promit en mariage sa plus belle fille, à condition qu'il le servirait pendant sept ans. Musa resta chez lui encore deux ans après son mariage, et ensuite le quitta. Au départ, il prit, sur l'invitation de son beau-père, au hasard, un bâton parmi les siens[1], mais il se trouva que c'était un bambou, le premier arbre qui eût poussé sur terre, et que l'ange Gabriel avait laissé en dépôt à Shoa'ib lorsqu'il l'avait visité sous une forme humaine. Shoa'ib engagea Musa à en prendre un autre. Mais, malgré tous ses efforts, il ne le put, et le même bâton revint toujours sous sa main. Par là, Shoa'ib comprit que Musa revêtirait la robe de prophétie et aurait des entretiens avec Dieu ; alors il recommanda à Musa de prendre le plus grand soin de ce bâton qui opérerait des prodiges.

Après cinq journées de marche dans le désert, Musa arriva dans la vallée au pied du mont Sinaï. Là, un amas de nuages sombres chargeait l'atmosphère, qui était très froide. Il fut obligé de s'arrêter et d'inviter sa femme à allumer du feu pour

[1] Les bâtons des anciens pasteurs ou prophètes sont des houlettes toujours figurées avec la forme des crosses d'évêques.

se réchauffer tous. Malgré ses efforts, elle ne put tirer de la pierre une étincelle au moyen du briquet. Très étonné, Musa médita sur ce fait surnaturel, puis il regarda du côté du désert et aperçut une grande lueur vers le mont Sinaï. Certain que c'était du feu, il prit son bâton et dit à sa famille : « Restez ici, car j'aperçois un feu ; peut-être vous rapporterai-je quelques informations (sur notre chemin) ou, au moins, un tison que je prendrai de ce feu. » (Coran, chap. XXVII, 29.)

Ainsi le poète a dit excellemment :

Une goutte ! car à la taverne du Bienfaisant
Chaque champion vient avec une demande.
Il n'est personne qui n'ait point affaire dans sa maison.
Chacun y va poussé par un désir.
Non seulement je me réjouis au feu de Vâdi Aimen[1].
Muse vient ici avec l'espoir d' (obtenir) un tison.

Moïse avait quarante-neuf ans et trente-sept jours lorsqu'il fut revêtu de la robe de prophétie au mont Sinaï.

En approchant de la lueur, Musa vit un grand feu montant sans fumée des branches et des pousses d'arbres verts. Le feu augmentait graduellement, aussi bien que la verdure et l'éclat des arbres. Étonné, Musa regarda quelque temps les arbres verts en feu, ne sachant comment il pourrait tirer une partie de ce feu. A la fin, il réunit un grand nombre de petites baguettes en un faisceau, à l'aide duquel il espéra atteindre son but ; mais, quand il s'approcha, le feu s'éloigna de lui et monta aux branches supérieures, et cela plusieurs fois. Alors, une voix, qu'il n'avait jamais entendue, appela : « Musa ! » L'interlocuteur d'Allah répondit : « J'attends tes ordres. » L'appel se renouvela deux fois et obtint la même réponse. Enfin Musa reprit :

[1] Ceci est l'effusion d'un soufi (une effusion du soufisme).

« Qui es-tu, toi dont j'entends la voix, mais que je ne puis voir? »
Il reçut cette réponse : « Je suis Allah, le Seigneur des deux
mondes et le tien, ô Musa! » Musa se prosterna en adoration
et interrogea : « Mon Dieu, est-ce ta voix que j'entends ou bien
celle d'un messager de toi? » Il lui fut répondu : « Tu entends
ma voix et tu vois ma lumière. Je suis le Père nourricier de
tous les habitants du monde. Approche, ô Musa! » Ces paroles
frappèrent de terreur le Prophète (interlocuteur d'Allah), ses
membres tremblèrent, sa langue et son cerveau se paralysèrent.
C'est pourquoi le Seigneur lui envoya un Ange pour l'aider à
marcher et en même temps lui ordonner d'ôter son soulier, parce
qu'il était sur une terre sacrée. (Exode, chap. III.)

Quand Moïse atteignit le sanctuaire du mont Sinaï, Dieu le
revêtit de la robe de prophétie et l'arma de la science. Voulant
l'envoyer comme réformateur et comme son messager près de
Pharaun, il lui accorda le don des signes et des miracles et confirma les propriétés merveilleuses de son bâton, dont voici les
principales :

Quand, en voyage, on mettait sur lui une charge, il suivait
comme un animal et parlait à son maître comme un homme.
Musa avait-il faim, il frappait la terre de son bâton et il en sor-
tait la provision d'une journée. Musa désirait-il un fruit, il plan-
tait en terre son bâton, qui de suite faisait pousser des branches
et donnait le fruit souhaité. Musa avait-il besoin d'eau, il plon-
geait dans un puits le bâton, qui s'allongeait de lui-même jusqu'à l'eau et prenait à son extrémité la forme d'un seau qui se
remplissait.

La nuit, il s'illuminait comme une torche. Rencontrait-il un
ennemi, Musa n'avait pas besoin de le combattre; le bâton se
transformait en un dragon et attaquait spontanément.

La première fois que Musa, par ordre de Dieu, jeta à terre

son bâton, celui-ci devint un terrible serpent (Exode, ch. iv, 3), ce qui effraya beaucoup Musa. Pour le rassurer, Dieu opéra un autre prodige : de la paume de sa main il fit sortir une lumière qui éclipsait celle du soleil.

Quand ces prodiges eurent rendu à Musa sa sérénité et sa joie, le Tout-Puissant lui dit : « Va trouver Pharaun, car c'est un rebelle. » (Exode, chap. iii, 10.) Connaissant les difficultés et les dangers de cette mission, Musa demanda au Très-Haut l'éloquence, la collaboration d'un vizir, l'aide d'un interprète disert de sa pensée, la pénétration d'esprit et l'agrandissement de son intelligence. La voix lui dit : « Ce que tu demandes t'est accordé. J'ai pourvu à tout, j'ai élevé ton frère à la dignité de prophète et il partagera ta mission. » (Exode, chap. iv, 14.) Musa rappela encore : « J'ai tué un homme et je crains qu'on ne me mette à mort. » Alors lui vint cette réponse : « Je t'ai choisi pour mon envoyé et je t'ai honoré de mes faveurs. Va avec joie et délivre les fils d'Esraïl. Je t'ai donné, ainsi qu'à Harun, le don de prophétie et des miracles. Pharaun et les siens ne pourront rien contre vous. Avertis-le par des discours conciliants de délivrer les enfants d'Esraïl de la misère et de l'oppression. Prêche-lui la vraie religion et enseigne-lui la voie droite ; transmets-lui mes promesses en récompense de sa soumission. S'il écoute vos avis, salut à celui qui suit la main qui le guide. S'il refuse d'obéir à l'ordre de Dieu, alors soit puni celui qui accuse de mensonge les envoyés de Dieu et se perd. »

XXII

MUSA ACCOMPLIT SA MISSION PRÈS DE PHARAUN

Arrivé en Egypte, Musa s'en fut chez sa mère où il trouva Harun. Il se reposa trois jours avec eux et annonça à Harun sa promotion à la dignité de prophète et la mission qu'ils avaient à remplir ensemble; puis ils allèrent tous deux trouver Pharaun dans sa résidence.

C'était un château fort défendu par soixante-dix enceintes dans les intervalles desquelles il y avait des villages, des champs cultivés, des rivières et des casernes pour soixante-dix mille soldats. La ville où était son castel était elle-même entourée d'eau, de bois, de bêtes féroces et de lions dévorants. Un chemin conduisait de la ville à la porte du château, et quiconque s'en écartait était saisi par des lions furieux comme des éléphants affolés. Moïse frappa à la porte de chaque enceinte avec son bâton, et elle s'ouvrit par la vertu de celui-ci; quand il arriva aux bois, repaires des lions, ces derniers s'enfuirent par peur de Musa. Quand il fut entré dans le fort, les serviteurs de Pharaun effrayés restèrent quelque temps sans en prévenir leur maître. Le magicien particulier du roi les interrogea. « Nous sommes, dirent-ils, les Ambassadeurs du Dieu de l'univers auprès de Pharaun. » Le magicien alla dire au roi : « Je viens de voir deux hommes devant lesquels ont fui les lions dévorants. Ils prétendent qu'il y a un autre Dieu que toi, Créateur du ciel et de la terre et Père nourricier de tous les hommes habitants du monde. » Pharaun furieux fit comparaître Musa devant lui et devant toute sa cour. Voyant un homme grossièrement vêtu de laine, avec des sandales aux pieds et un bâton à la main, il reconnut Moïse et lui demanda : « Qui es-tu ? » « Je suis Musa, fils d'Eram, un serviteur de Dieu qui m'a fait de boue et je finirai en boue. » Pharaun répliqua : « Tu ferais mieux d'avouer que tu es un de mes serviteurs, élevé par ma bonté dans ma maison, ingrat et meurtrier d'un de mes sujets, fugitif de mes États ; tombé dans la misère, tu prétends être un prophète. » Musa répliqua : « J'ai frappé un homme de mon poing, mais je ne voulais pas lui donner la mort. Je ne mérite donc pas d'être puni. Comme tu m'as toujours montré de l'aversion, j'ai fui parce que j'ai eu peur de toi. La fuite n'est point interdite aux envoyés inspirés par Dieu[1]. »

« Après les périls que j'ai courus dans la traversée du désert, le Tout-Puissant m'a élevé à la dignité de prophète et m'a envoyé vers toi avec Harun, mon frère. Peut-on me reprocher d'avoir tué un infidèle, alors que, pendant quatre cents ans, on a persécuté de toutes manières les enfants d'Israël, descendants des prophètes et qu'on les a immolés sans provocation. Maintenant c'est ton devoir de reconnaître l'unité de Dieu et la vérité de ma mission prophétique, de m'abandonner la conduite des enfants d'Israël et de ne plus t'occuper de leurs affaires. » Pharaun le menaça : « Si tu prétends adorer et servir un autre que moi, je te mettrai en prison et te ferai périr. » Musa répliqua : « Comment pourrais-tu me vaincre, alors que le maître de la Grandeur m'a donné un argument irrésistible et des preuves

---

[1] Cette maxime est sans doute émise ici à cause de la fuite de Mahomet.

incontestables. » Pharaun reprit : « Produis donc cet argument et ces preuves, si tu es véridique. »

Alors Moïse mit sa main dans son sein et, quand il l'en retira, elle projetait une lumière si vive que tous les yeux furent éblouis et tous les assistants tombèrent la face contre terre, ne pouvant supporter l'éclat de sa main ; ils demandèrent donc merci et supplièrent Moïse d'écarter cette lumière.

> Rien d'étonnant que l'aveugle ne pouvait voir sa beauté,
> Car l'œil de l'oiseau de nuit ne peut regarder le soleil.
> Celui qui a obtenu la certitude peut approcher sans péril.
> Mais l'œil de l'envie ne peut voir cette puissance, même en songe.

Alors Musa dit à Pharaun : « Je ne te demande qu'une chose pour t'en donner quatre en retour. Ce que je te demande, c'est d'adorer Dieu, le seul Dieu qui existe. Voici ce que je puis obtenir de Dieu pour toi : une jeunesse perpétuelle ; un règne invincible et inébranlable ; une santé inaltérable et le paradis éternel dans l'autre vie. » Pharaun lui dit : « Je te donnerai une réponse après avoir consulté quelques sages. » Il entra dans son appartement intérieur et rendit compte de ces offres à Asia. Celle-ci lui déclara qu'un homme sensé ne pouvait hésiter à les accepter. Ensuite Pharaun consulta son vizir Haman[1]. Celui-ci lui donna cet avis : « Veux-tu, après plusieurs années d'honneurs divins, subir un joug, descendre à l'esclavage ? Veux-tu, après avoir été longtemps adoré toi-même, en adorer un autre ? Ta royauté t'appartient et personne ne peut y porter atteinte. Si tu te conformes aux avis d'un médecin habile, tu jouiras toujours d'une bonne santé. Teins ta barbe et tes cheveux comme Musa et tu paraîtras toujours jeune, et, quant au paradis, je ne pense pas qu'il en existe d'autres que ces jardins délicieux

---

[1] Homonyme du Vizir d'Assuérus dans le livre d'Esther.

que tu possèdes. » Séduit par ces mensonges et ces flatteries, Pharaun refusa d'obéir à Musa ; il convoqua une nombreuse réunion de grands et de conseillers et leur dit : « Que pensez-vous de ces deux magiciens qui veulent par leurs maléfices vous chasser de ce pays, afin de le posséder? » Tous furent d'avis que des magiciens habiles pourraient être opposés victorieusement à Musa. Pharaun fit rechercher en tous pays les magiciens de renom et les convoqua à sa résidence, au nombre de soixante-dix.

Une foule innombrable vint assister à la lutte entre ces magiciens et les deux prophètes. Lorsque les premiers se furent entretenus avec Musa et Harun, ils furent convaincus qu'ils n'étaient point des magiciens comme eux et s'écrièrent, frappés d'étonnement et de crainte : « O Musa, si tu es vainqueur, nous suivrons ta foi ; si nous sommes vainqueurs, Pharaun sait ce qu'il aura à faire. Avec son aide et sa faveur nous espérons triompher. »

Alors ils se répandirent dans la plaine où leurs bâtons, qui étaient creux et remplis de mercure, se mirent à se mouvoir par l'effet de la chaleur du soleil, ce qui fit croire aux spectateurs que c'étaient de véritables serpents.

Une voix dit à Musa : « Ne crains rien, jette à terre le bâton que tu tiens à la main droite. » (Coran, chap. xx, 71-72.) Quand Musa eut lancé le bâton, il se transforma en un grand dragon qui avala tout ce que les magiciens avaient produit en apparence. (Coran, chap. vii, 114 ; Exode, chap. vii, 12.) Ensuite il se dirigea vers le pavillon de Pharaun pour le faire dévorer aussi lui-même. Celui-ci prit la fuite, les spectateurs en firent autant. Dans la précipitation et le trouble de cette déroute, six cent mille personnes (dit la tradition) périrent. Quand Musa eut touché le dragon, il redevint bâton ; mais on ne retrouva aucun des instruments de magie, employés par ses antagonistes, d'où ceux-ci conclurent que Musa opérait avec l'aide de Dieu; autrement leurs instruments seraient revenus à leur état primitif. Alors Musa invita le peuple à suivre la loi de Dieu et la religion d'Ibrahim. Soixante-douze tribus de Gabats (Egyptiens) se convertirent; les magiciens eux-mêmes se rendirent immédiatement près du prophète qui s'entretenait directement avec Dieu et obtinrent le bonheur de (la religion de) l'Islam. Informé de leur changement, Pharaun les menaça du dernier supplice, s'ils persistaient, mais ils préférèrent le martyre à l'apostasie. Il en fut de même d'Asia qui s'était efforcée de faire comprendre au roi la vérité de la mission prophétique des deux frères. Dans son martyre, elle invoqua Dieu et demanda son paradis. Le Très-Haut la rendit insensible aux tortures et envoya une légion d'Archanges qui recueillirent son âme et la transportèrent sous un dais étincelant de lumière aux demeures de la joie et de la sérénité.

Voyant un grand nombre de Gabats écouter la prédication de Musa et les Israélites exaltés, pleins de joie, le tyran invita les autres Gabats à redoubler la persécution et l'oppression des enfants d'Israël. Alors ceux-ci recoururent à Musa et lui dirent : « O prophète d'Allah! avant ta venue, nous souffrions de la tyrannie des Egyptiens et nous étions obligés de leur obéir; mais, suivant les injonctions de nos ancêtres, nous nous consolions par l'attente que tu surgirais pour être notre prophète et que ta présence nous apporterait la délivrance et la joie. Cependant, aujourd'hui que ta mission prophétique brille de tout son éclat, la main des infidèles s'appesantit sur nous plus que jamais, et nous ne pouvons supporter plus longtemps les maux dont ils nous accablent. Il faut que tu nous permettes ou de fuir et de nous disperser dans le monde, ou de combattre nos

ennemis, ou de former quelque autre plan pour notre salut. »
Musa les consola de son mieux : « Peut-être, leur dit-il, le
Seigneur détruira-t-il vos ennemis et vous donnera leur pays. »

Quand il vit que ses prédications et ses exhortations ne pouvaient rien sur Pharaun et ses adhérents, Musa invoqua le Seigneur qui les frappa de sept plaies. (Exode, chap. VII, VIII, IX, X.) La première fut la famine qui sévit pendant trois ans. La seconde fut la peste, qui dura sept jours; on assure que la petite vérole date de cette époque. La troisième fut l'apparition d'une nuée de sauterelles qui, en sept jours, dévastèrent toutes les récoltes. La quatrième plaie fut une invasion de rats qui s'attaquèrent à tout, aux arbres, aux fleurs, aux maisons, aux vases, aux membres du corps, même aux sources qu'ils infectaient, enfin aux yeux des créatures vivantes, au point que la patience des infidèles était à bout. Puis vint la plaie des grenouilles, qui eut des effets semblables. Quelque temps après la cessation du dernier fléau, les Egyptiens revinrent à l'infidélité avec un surcroît d'obstination. Alors Dieu changea l'eau du Nil en sang, de telle sorte que les Egyptiens ne pouvaient boire que du sang, tandis que les Israélites buvaient de l'eau pure. Cette plaie dura aussi sept jours.

Chaque fois qu'un fléau se déclarait, les Egyptiens venaient supplier Musa de le faire disparaître et promettaient de suivre sa religion et de bien traiter les Israélites; à peine le fléau avait-il cessé qu'ils retournaient à leurs erreurs et à leurs mauvais traitements.

Lorsque Musa eut pour la septième fois appelé sur eux le châtiment du ciel, les animaux de proie du désert attaquèrent les Gabats pendant sept jours; puis, pendant sept jours, régna une épizootie qui détruisit le bétail et les bêtes de somme; puis, pendant trois jours et trois nuits, des vents opposés entre eux bouleversèrent l'atmosphère chargée d'épais et sombres nuages et alors Moïse reçut de Dieu une communication pour annoncer à son peuple que le moment approchait où leurs ennemis seraient détruits et où il emmènerait d'Egypte toute la nation.

Il s'était écoulé vingt ans entre le retour de Musa en Egypte et l'exode ainsi annoncé.

XXIII

L'EXODE

Lorsque Musa eut reçu de Dieu l'ordre de quitter l'Egypte, il réunit les chefs des enfants d'Esraïl, leur fit part de la révélation divine et les invita à tenir toute la nation prête pour le départ. On fut retardé par la recherche que l'on fit du cercueil de Joseph, placé dans un endroit oublié du Nil, et que l'on devait emporter au tombeau de ses pères. On trouva enfin une très vieille femme qui en avait gardé le souvenir. Mandée près de Musa, elle lui déclara qu'elle ne montrerait l'endroit qu'à la condition de redevenir en ce monde une belle jeune fille, et d'être sa femme en paradis. Musa, par ordre de Dieu, accepta cette condition, et l'on alla prendre le cercueil qui était en verre bleu, la nuit du départ. Quelques jours auparavant, par ordre de Dieu transmis par Moïse, les Israélites, sous prétexte de fêtes de mariage, empruntèrent aux Egyptiens tout ce qu'ils purent de bijoux et de pierreries [1]. Ils en ramassèrent ainsi une telle quantité qu'ils étaient dans l'embarras pour les transporter.

En signe d'exode, chaque père de famille offrit un sacrifice selon ses moyens et fit sur la porte de sa maison une marque avec du sang. On appela cela le sacrifice de Fasah

---

[1] Exode, chap. xii. — Il est d'usage en Orient de prêter des bijoux aux personnes qui assistent à des noces.

(Pâques; Exode, chap. II). Le mouvement commença à minuit, heure à laquelle tous les gens du pays se livraient au sommeil, et l'on se réunit hommes, femmes et enfants, autour du cercueil de Yusuf. Musa leur ordonna de se ranger et de se constituer en une armée qui comptait 637,350 combattants entre vingt ans et cinquante ans. Il donna à Harun la conduite de l'avant-garde, celle de l'aile droite et de l'aile gauche respectivement aux chefs des tribus de Yahuda et de Lâvi; il plaça au centre Yoshua, fils de Nûh, et les chefs des tribus de Yusuf et de Ebn Yamin, et marcha lui-même avec l'arrière-garde. On place cet exode au vendredi 15 du mois de Nisam. A cause de la hâte, on cuisit et on consomma du pain sans levain. Les Juifs célèbrent chaque année, le vendredi qui précède le milieu du mois de Nisam, une fête dite « du pain sans levain ». C'est leur principale fête et ils font très bon accueil à quiconque vient, ce jour, partager leur pain sans levain qui ressemble beaucoup aux galettes des Musulmans, habitants des campagnes. Les Juifs firent une halte à Aïn-us-Shams; ils se rendirent ensuite à Baghar où ils campèrent.

Quand, le lendemain matin, à leur réveil, les Egyptiens ne virent plus aucun des enfants d'Israël, ils devinèrent ce qui s'était passé; affolés de la perte de leurs richesses, ils se précipitèrent vers le palais de Pharaun, pour lui apprendre l'événement. Il réunit ses troupes aussi rapidement que possible et, le lendemain, de bonne heure, il se mit à la poursuite de Musa. (Exode, chap. XIV, 6.) Après que six heures du jour se furent écoulées, l'avant-garde de Pharaun fut près de l'aile gauche de Musa. Voyant le péril, les enfants d'Esraïl s'écrièrent : « O prophète d'Allah! l'ennemi est arrivé, nous allons certainement être faits prisonniers. »

Derrière nous le fer étincelant; en face, les flots de la mer;
Que tes yeux contemplent, que ton cœur prenne en pitié notre cruelle
[situation.

Musa répondit: « Le Créateur m'a annoncé le succès et la victoire et ses promesses ne sont pas vaines. Prenez courage, car bientôt nous aurons une grande joie. » Alors le fidèle Gabriel vint lui apporter cet ordre: « Frappe la mer de ton bâton [1]. » (Coran, chap. xx, 79.) Musa alors éleva les mains pour adresser cette prière: « Mon Dieu! louange à toi! Tu es notre refuge. En toi résident tout pouvoir et toute force. » Puis il frappa la mer de son bâton en disant: « Divise-toi, ô père de Khaled, par la permission d'Allah le Très-Haut. » Dans la mer s'ouvrirent douze rues, autant qu'il y avait de tribus, entre des murs d'eau formant douze voûtes en berceau. Le souffle de la grâce et le soleil de la faveur divine desséchèrent le fond de la mer. Chaque tribu suivit la rue qui lui était destinée, apercevant les autres tribus parce que Dieu, pour donner confiance à tous, avait, à la prière de Musa, rendu la mer translucide dans les intervalles qui les séparaient. Musa quitta le rivage le dernier, et tout le peuple passa en quatre heures. Quand Pharaun arriva, cet état miraculeux de la mer le glaça d'effroi. Il hésite entre deux partis qui se présentèrent à son esprit: retourner en Egypte, ou adopter la religion de Musa. Il consulta Haman qui lui répéta: « Tu ne peux sans honte abdiquer ton rang divin, ni laisser les fils d'Israël traverser la mer à l'aide de la magie. Après tout, que pouvons-nous croire? C'est que les flots se sont arrêtés et amoncelés devant toi par peur de la puissance et de la colère.

[1] Dans les traductions françaises de la Bible, on emploie plutôt le mot de verge de Moïse; celui de bâton paraît plus approprié à l'usage très étendu qu'en fait notre auteur. Le lecteur français pourra, s'il lui plaît, remplacer mentalement un mot par l'autre.

Attaquons les fils d'Esraïl et vengeons-nous sur eux. » Aveuglé par l'orgueil, Pharaun poussa son cheval dans la mer et fut suivi de toute son armée. On raconte que l'Ange Jebraïl en prit la tête, monté sur une jument, dont l'odeur attirait tous les chevaux dans la mer, tandis que l'Ange Michel, à l'arrière-garde, pressait les retardataires. Lorsque l'avant-garde des Egyptiens fut près du rivage opposé et que l'arrière-garde fut entrée dans la mer, les eaux se réunirent par l'ordre de Dieu et, ne laissant plus entre elles aucun vide, engloutirent ces rebelles obstinés. (Exode, chap. xiv, 21, 30.)

Pendant dix jours les flots empoisonnés vomirent sur le rivage les corps noyés. Les enfants d'Esraïl, malgré les reproches de Musa sur leur cupidité, dépouillèrent les cadavres de tout ce qu'ils portaient de plus précieux, jusqu'à ce qu'enfin ces richesses causèrent leur perte par l'usage qu'en fit Sâmeri pour la fabrication du Veau d'or.

On rapporte que, deux jours après le désastre de Pharaun, Musa envoya en Egypte Yoshua, fils de Nun, à la tête d'une armée de 24,000 hommes. Il fit un grand butin qu'il envoya à Musa; il s'empara aussi des jardins et des champs cultivés, en vendit une partie et garda l'autre ; enfin il désigna un Gabat (Egyptien) pour gouverner ce qui restait d'habitants et retourna près de Musa. A son arrivée, les enfants d'Esraïl quittèrent le bord de la mer et s'enfoncèrent dans le désert. Ils étaient précédés, le jour, d'un nuage qui les ombrageait, et, la nuit, d'une colonne de lumière qui éclairait leur marche. (Exode, chap. xiii, 21 ; chap. xv, 23.) Après trois jours de marche, ils parvinrent à Marira (Exode, chap. xv, 23), où il y avait de l'eau saumâtre. Ils prièrent Musa de la rendre potable et celui-ci, par ordre de Dieu, les invita à jeter du gazon dans la source, et elle devint douce.

En continuant leur marche, ils atteignirent une contrée habitée par de nombreux Ammalécites qui avaient pour idoles des veaux et des vaches et les adoraient. Ce voyant, les enfants d'Esraïl vinrent trouver Musa et lui dirent : « Nous voudrions avoir des figures d'animaux semblables à ces idoles, pour les adorer et approcher du Souverain Maître par l'intermédiaire de ces représentations. » Musa courroucé leur répondit : « Qu'avez-vous besoin d'un autre Dieu qu'Allah qui vous a élevés au-dessus de tous les habitants du monde? » Les pieux d'Esraïl pleurèrent, touchés des reproches de Musa, les faibles d'esprit se repentirent et s'excusèrent; Moïse intercéda pour eux et Dieu leur pardonna.

Les enfants d'Esraïl pendant longtemps suivirent la loi et la religion d'Ebrahim, jusqu'au moment où, sur leur demande, Musa monta au Sinaï et institua une nouvelle loi.

XXIV

MOISE RAPPORTE DU MONT SINAI LES TABLES DE LA LOI

Les enfants d'Esraïl demandaient instamment une loi particulière dont l'observation pût leur procurer la faveur divine. Musa entretint de leur désir le Tout-Puissant qui lui ordonna de monter au Sinaï et de faire un jeûne de trente jours. Musa avisa le peuple de l'ascension qu'il allait faire, du but et de la longue durée de son absence, et l'invita à se rendre au désert de Sin et à y rester jusqu'à son retour, en adorant le Seigneur. Il désigna Harun pour le remplacer momentanément et, suivant le vœu qui lui fut universellement exprimé, prit dans les douze tribus soixante-six hommes pieux et sages pour l'accompagner.

Les Hébreux, toujours ombragés par un nuage, se rendirent à la plaine de Sin. (Exode, chap. xix, 1.) Musa resta un mois entier sur les hauteurs du mont Sinaï, toujours en dévotions, jeûnant le jour, veillant la nuit et tout entier à glorifier Dieu. Jebraïl, à la fin du mois, l'invita, de la part de Dieu, à demeurer encore dix jours. Musa obéit et manqua ainsi à la promesse qu'il avait faite de retourner au bout de trente jours; par suite une foule d'insensés vinrent assiéger Harun de leurs craintes : « Le temps fixé par ton frère pour son retour est écoulé et nous n'avons de nouvelles ni de lui ni de nos chefs qu'il a emmenés. Peut-être les a-t-il tués ou a-t-il l'intention de les tuer. Comment pourrons-nous sortir de cette situation? » Sâmeri, connaissant leur esprit borné, profita de l'occasion pour les séduire. « Je sais, leur dit-il, pourquoi Musa n'a pas tenu sa promesse. Il est fâché de ce que, sans tenir compte de sa défense, vous ayez dépouillé les corps noyés et disposé de leurs dépouilles, et il ne veut pas assister ou participer au châtiment que vous pouvez encourir pour cette désobéissance. Il pourrait se réconcilier avec vous et revenir promptement, si vous renonciez à ces richesses. Les Juifs crurent Sâmeri, creusèrent un puits, le remplirent complètement de ce qu'ils avaient pris malgré l'ordre de Musa, et en couvrirent le sommet. Alors Sâmeri, poursuivant son mauvais dessein, ajouta : « Musa ne retournera ici que si vous brûlez tout ce butin. » Les Juifs ouvrirent le puits, y mirent le feu et donnèrent tout ce qui n'était pas réduit en cendres à Sâmeri, qui était orfèvre, pour le fondre. Alors ce prince des séducteurs fondit tout l'or et tout l'argent et en fit un Veau (Exode, chap. xxxii, 4), dans l'abdomen duquel il mit un peu de boue qu'il avait ramassée sous les sabots du cheval de Jebraïl, lors de la destruction de l'armée de Pharaun. Selon quelques-uns, le Veau mugit aussitôt qu'il fut dressé. Sâmeri dit alors au peuple frappé de ce spectacle étrange : « Ce veau est votre Dieu et celui de Musa. Adorez-le et priez-le pour que Musa vous renvoie les chefs de vos tribus. Ainsi trompé, le peuple adora le Veau d'or, mais douze mille hommes des tribus de Yusuf et de Ebn Yamin s'y refusèrent et protestèrent contre cette impiété. Harun ne cessa de faire tous ses efforts pour détromper le peuple, jusqu'au moment où on le menaça de le chasser ou de le tuer. Musa, en prières sur le mont Sinaï avec ses soixante-dix compagnons, resta, jusqu'à la fin des quarante jours, dans l'ignorance de tout ce qui se passait. Le quarante-unième jour, selon les Juifs et les Chrétiens, le premier jour du cinquième mois, Moïse se rendit avant ses compagnons au lieu d'adoration et un nuage le déroba à leur vue. Le Très-Haut lui parla sans faire usage de la voix, lui donna les Tables des dix commandements qui renfermaient l'essence et les principes de la religion et des préceptes, et gratifia son peuple de la nouvelle loi. Des historiens rapportent qu'à ce moment Musa, au sommet du mont, demanda dans ses prières de voir Dieu, mais ne l'obtint pas.

Il ne te sera pas donné de me voir, fut-il répondu à Musa.
Cette demande est le cri de ton aspiration vers moi, mais non son
[besoin absolu.

Selon des livres dignes de foi, quand le voile (nuage) qui cachait Musa fut écarté, il se mit à expliquer à ses compagnons le contenu des dix Tables; mais ils voulurent entendre la voix même de Dieu pour en témoigner devant le peuple. Alors, par l'effet de la prière de Musa, le nuage les enveloppa tous avec Moïse, et ils entendirent la voix divine leur réciter les paroles de la Loi. Ils ne se tinrent pas encore pour édifiés et demandèrent à voir de leurs propres yeux Celui qui portait la voix. Alors, survint un nuage terrible avec un tremblement de terre, et ceux qui voulaient voir Dieu furent anéantis. Cependant la vie leur fut rendue à la prière de Musa; ils se repentirent et crurent à la parole de Musa et obéirent aux lois du Tout-Puissant.

Musa resta dans ce lieu encore trois jours qu'il passa en prières et reçut de Dieu deux autres Tables faites de pierres précieuses et contenant des signes évidents (miracles écrits avec la plume de la lumière). Alors il prit les Tables et se rendit avec ses soixante-dix compagnons au camp où le peuple était réuni.

Lorsque le Seigneur, pour qui rien n'est secret, eut appris à Musa que les Esraïlites adoraient un Veau, sa colère s'alluma et, quand il arriva devant le peuple, il éclata d'abord contre Harun et ensuite contre la nation perfide et, comme son courroux contre Sâmeri fut plus fort que sa nature bénie, il jeta les tables contre terre; quelques-unes se brisèrent. Il saisit la barbe et la tête d'Harun et les attira à lui. Harun lui dit: « O mon frère, les enfants d'Esraïl ne m'ont pas écouté; peu s'en faut qu'ils ne m'aient tué. » Musa reprit: « Pourquoi n'es-tu pas venu vers moi quand tu as vu qu'on ne t'obéissait pas? » Harun répliqua: « Je me suis conformé à ton ordre de ne pas quitter les enfants d'Esraïl. » Alors Musa pria: « O Dieu, pardonne-nous à tous deux, ô Toi, le plus Miséricordieux des Miséricordieux. » (Coran, chap. VII, 150.)

Quand il s'adressa aux enfants d'Esraïl, tous les adorateurs du Veau d'or baissèrent la tête de honte. Alors il dit au peuple: « Notre Dieu vous a fait une bonne promesse; il m'a appelé pour l'adorer et a envoyé un livre pour vous. Pendant le peu de jours que j'ai été séparé, le pacte d'alliance vous a paru long et vous avez violé votre promesse. »

Les fils d'Esraïl accusèrent Sâmeri de les avoir séduits et, en même temps, confessèrent leurs fautes et leurs péchés.

Interrogé à son tour, Sâmeri se glorifia de sa méchanceté et de sa perfidie. Alors Musa lui dit: « Je ne te ferai pas périr, mais tu n'auras pas sur terre un ami ni personne qui veuille partager ta société en ce monde, en attendant que, dans l'autre, tu subisses la peine de ton crime. »

Alors les fils d'Esraïl entourèrent Musa, implorant leur pardon. Musa pria le Tout-Puissant et celui-ci ordonna de mettre à mort les idolâtres. — Le peuple se divisa: les uns voulaient qu'on se soumît, les autres qu'on résistât à cet ordre. La plupart se défendaient d'avoir adoré l'idole. Le tumulte ne s'apaisa qu'après que Musa, par l'ordre de Dieu, eut réduit l'idole en cendres, fait jeter ces cendres dans de l'eau et fait boire à chacun de cette eau. (Exode, chap. xxvii, 20.) La langue de chaque rebelle resta marquée d'un point brillant en or; alors les douze mille fidèles reçurent l'ordre de passer les idolâtres au fil de l'épée. Ceux-ci firent leur testament et tournèrent leur face vers le Qibah. Alors les pleurs et les lamentations éclatèrent au sein des enfants d'Esraïl; les douze mille fidèles accomplirent leur œuvre de décapitation, et la crainte de la résurrection remplit les coupables. On raconte que, dans cette occasion, un brouillard impénétrable enveloppa les exécuteurs et les victimes, de sorte que les uns ne pouvaient distinguer les autres; le fils ne voyait pas qu'il tuait son père, et le père son fils, et que personne n'hésitait à exécuter l'ordre de Dieu. Pendant le carnage, Musa, Harun, les pieux, les infirmes, les enfants, les vieillards, le cou nu, étaient prosternés, adorant, s'humiliant et poussant des lamentations. Soixante-dix mille hommes furent égorgés, le sang coulait à torrents; le massacre avait commencé le matin et duré tout le jour; le soir, les glaives émoussés refusèrent leur service. A ce signe, Musa reconnut que Dieu pardonnait au reste des criminels, et il fit cesser le carnage.

Ensuite Moïse retourna au mont Sinaï, le 18 du mois de Tamûr, afin d'intercéder pour le peuple. Il pria pendant quarante jours et revint auprès des Esraïlites; le 27 du mois suivant, il repartit pour le Sinaï où il pria encore quarante jours, à la fin desquels Dieu lui remit deux autres Tables pour remplacer celles qu'il avait brisées dans sa colère. Les Juifs et les Chrétiens croient que la descente de ces Tables eut lieu le 18 du mois de Tashrin, dont ils appellent le premier jour « le jour du cœur », et qui est pour eux une grande fête et un jeûne. Ensuite la loi de Moïse descendit (du ciel) en quarante volumes, et après ces quarante, il en descendit trois en supplément. Les quarante que

Musa reçut quand il vint au mont Sinaï pour voir Dieu se nomment « les quarante Miquât ». On rapporte que, pendant les quarante jours qu'il resta là assis, il ne se leva pas; la seconde quarantaine est appelée « la quarantaine de l'Intercession parce que Musa resta constamment en adoration. La troisième quarantaine est appelée « de Supplications »; pendant toute sa durée, Musa resta constamment debout jusqu'à ce que Dieu lui eût donné les dix commandements qui se trouvaient sur les Tables de la Loi.

« Au nom d'Allah, le Miséricordieux, le Clément!

Lettre d'Allah, le Tout-Puissant, magnifique et victorieux Souverain, à son serviteur et prophète Musa, fils d'Emram. Puisse-t-il me louer et me glorifier! Il n'y a de Dieu que moi, en conséquence adore-moi et n'adore aucune autre chose (en forme d'idole). — Sois reconnaissant envers moi et envers tes parents et je te donnerai une longue vie. — Tu ne tueras pas un enfant d'Allah, excepté pour un motif légitime; autrement, le ciel avec toute son étendue et la terre avec sa surface deviendront trop étroits pour toi. — Ne jure pas faussement par mon nom, car je ne purifierai ni ne justifierai quiconque n'exaltera pas mon nom. Ne porte pas témoignage sur ce que ton oreille n'a point entendu, ton œil n'a pas vu, ton cœur n'a pas ressenti, car, le jour de la résurrection, je rendrai tous les témoins responsables de leurs témoignages et je les examinerai à cet égard. — Ne porte envie au prochain pour aucune faveur, ou aucun bien que je lui aurai accordé, car l'envieux est l'ennemi de celui qui reçoit mes bienfaits, et il provoque ma vengeance. Ne commets pas l'adultère ni le vol; autrement, les portes du ciel seront fermées à tes prières. — N'adresse de sacrifice qu'à moi seul, parce que ton sacrifice ne sera accepté que s'il est fait en mon nom. — Ne convoite pas la femme du prochain, car cela est odieux à Dieu autant que l'inceste.

(A Moïse.) Qu'on aime ce que tu aimes; qu'on déteste ce que tu détestes. Que la paix soit avec toi, ainsi que ma miséricorde et ma bénédiction. »

Tel est le texte des dix commandements, tel que Tha'ebi l'a donné dans son livre (Aráis ulgasas). Le seigneur Muhammed a révélé le sens de ces paroles dans les vers du glorieux Coran comme il suit : « Voici ce que Dieu a défendu :

Tu n'adoreras que Lui. — Tu honoreras tes parents et tu ne tueras pas tes enfants par crainte de la misère, car Allah a dit : «Nous te nourrirons toi et eux.»—Ne sois luxurieux ni de corps ni d'esprit.—Ne détruis pas une vie que Dieu sauvegarde, excepté pour un motif légitime. Tu comprendras sans doute ce commandement. Ne touche pas illégalement aux biens de l'orphelin jusqu'à sa majorité. — Sois juste et exact dans les poids et mesures, et ne fais aucun tort à personne sans le réparer.—Garde aussi les engagements pris avec tes parents et alliés et exécute le pacte fait avec Allah; ne l'oublie pas, car c'est la voie droite; suis-la à l'exclusion de toute autre, car toute autre t'égarerait. Voilà ce qui t'est commandé. Obéis et crains Allah. » (Coran, chap. vi, 152-154.)

Dieu remet à Musa la Loi développée, dite Loi Mosaïque

Quand, par les communications répétées avec Dieu que nous avons rapportées, Musa fut devenu presque son familier, il ne put contenir son désir de jouir de sa vue. Après avoir accompli les plus grandes dévotions, il fit de nouveau l'ascension du Sinaï. Arrivé au Vadi Aïmen, d'épaisses ténèbres l'enveloppèrent; le démon des appétits qui s'attache aux âmes de tous les prophètes l'abandonna; les deux Anges gardiens prirent congé de lui; cependant, ils levèrent pour lui le rideau du monde invisible et lui montrèrent les habitants des demeures célestes, les Archanges qui portent le Trône de l'Empirée et le Tableau réservé. Lorsqu'il eut admiré ces merveilles et ce spectacle du monde des sphères et des formes extraordinaires des purs esprits, il s'empressa, dans l'effusion de sa gratitude, d'exprimer au Seigneur de l'Unité, au Souverain de l'Éternité, l'ardeur infinie de son aspiration.

> J'oublierai tout ce qui existe, excepté toi.
> En deux mots, je ne puis avoir des élans d'amour que vers toi.
> Si tu me diriges, moi, esclave impuissant, moi, infortuné,
> Je franchirai sans peine toute distance jusqu'à toi.
> Dans mon cœur, dévoré par la mélancolie, un désert
> Au fond duquel Toi seul des êtres qui se voilent peut accéder.
> Toi qui portes une coupe, enivre-moi du vin de ta vue, [toi,
> Et que l'ivresse m'empêche de distinguer ce qui est moi et ce qui est
> Toi et ce qui n'est pas toi [1].

Dieu dit alors à Musa : « Fils d'Emram, tu aspires bien haut, ne sais-tu pas qu'un œil périssable ne peut voir la Beauté éternelle? Cependant, descends au pied de la montagne et regardes-en le sommet. Alors tu pourras me contempler. » Lorsque Musa se fut placé à l'endroit désigné, des légions d'Archanges et des esprits célestes, d'un air imposant et d'un aspect formidable, descendirent en séries variées et de formes diverses, chantant des hymnes de louange avec des voix si éclatantes et des rayonnements si éblouissants que Musa, saisi de frayeur, se repentit de sa demande. Tous les Anges se prosternèrent en adoration et la montagne s'ouvrit en deux. Musa s'évanouit. Cependant, dans cet état, il entendit les Anges qui blâmaient sa témérité.

---

[1] Ces vers forment un élan mystique vers Dieu, selon le goût des soufis.

Au bout de trois jours il revint à lui, se repentit et implora son pardon. Pendant qu'il se livrait à la pénitence, la voix divine se fit entendre à lui : « Je t'ai choisi pour être mon envoyé et mon interprète auprès des hommes ; en conséquence, reçois, avec reconnaissance ce que je vais te donner. » Alors Jebraïl apporta, du plus haut du paradis, neuf Tables formées d'émeraudes vertes et de jets de l'arbre de lotus qu'on ne peut dépasser dans le paradis. Dieu compléta de sa main sur ces Tables la Loi de Musa par des commandements, des interdictions, des promesses, des menaces, des conseils[1], des avertissements.

Musa s'en retourna avec ces Tables, rassembla le peuple, lui montra les neuf Tables, les lui expliqua et l'invita à obéir et à se conformer aux règles qu'elles contenaient. Sur leur refus, Jébraïl arracha une des montagnes du pays des Philistins et la tint suspendue sur le camp des Esraïlites. Ceux-ci ainsi menacés se soumirent, et le Seigneur, à la prière de Musa, facilita l'application de la Loi Mosaïque en la condensant dans six cent trente règles. Alors Musa laissa les enfants d'Esraïl dans le voisinage de Bala, en Egypte, leur limite à l'est. La limite à l'ouest du pays promis par Dieu (aux vrais Croyants) était l'Andalousie.

---

[1] Coran, chap. LIII, 14. Cet arbre est dans le septième ciel, à la droite du trône de Dieu.

XXV

**I. — L'ARCHE D'ALLIANCE. — II. — HÉRÉDITÉ DU SACERDOCE DANS LA FAMILLE D'HARUN
III. — VACHE MIRACULEUSE. — IV. — PUNITION DE KARUN**

I. — L'Arche d'Alliance

Dans sa quatre-vingt-unième année, Musa reçut de Dieu l'ordre de construire une arche (Exode, chap. xxvii) pour y déposer les Tables qui contenaient les dix commandements, et d'élever au dessus une voûte de 30 coudées de long sur 10 de large, et de laisser autour une cour de 100 coudées de long sur 50 de large, enfin de confier l'Arche à Harun et ses fils. L'Arche fut faite en or, la voûte en brocard de sept couleurs différentes. Tout autour de l'arche furent suspendus des rideaux brodés d'or. Tous les vases étaient d'or et d'argent et incrustés de pierres précieuses et de rubis de la plus belle eau. On donna au coffre qui contenait les Tables le nom de « l'Arche du Témoignage » ; à la voûte, celui de « Temple » ; à la cour avec ses dépendances, celui « d'Œuvre Sainte ».

Une place fut assignée autour du temple à Harun, aux Emans (Imans) et aux descendants d'Harun. On fixa aussi la place des sacrifices, de l'encensement et des parfums.

Quand la construction fut terminée, une lumière éclatante descendit du ciel et enveloppa l'enceinte dont le circuit était pénétré par un épais et pur nuage. Le rayonnement et la splendeur de cette lumière étaient si éblouissants que nul être vivant n'osait entrer dans ce lieu, ni en sortir. La lumière sous la voûte était plus intense que dans la cour.

Le 23 du mois d'Ader, Musa prescrivit aux enfants d'Esraïl de faire le sacrifice. Il l'offrit aussi lui-même personnellement pendant les sept derniers jours du mois.

II. — *Hérédité du Sacerdoce dans la famille d'Harun*

Puis Musa appela Harun, lui conféra le sacerdoce et le kalifat (lieutenance) pour rester dans sa famille de génération en génération. Il le chargea aussi de tous les détails concernant l'éclairage, l'illumination, les lampes, les torches, les insignes et les costumes des officiants, etc. Ensuite il appela tous les enfants d'Esraïl en témoignage, leur défendit de se révolter contre Harun et ses enfants, et leur enjoignit d'être fidèles à exterminer tous ceux qui voudraient leur désobéir. Ensuite on offrit le Sacrifice. Le feu du ciel descendit et consuma toutes les offrandes.

Les Juifs font une solennité de cet anniversaire, parce que c'est celui du dimanche où commença la création. C'est la première semaine et le commencement du premier mois de l'année. La joie qu'Harun ressentit de la dignité héréditaire qui lui fut conférée fut troublée par un cruel chagrin. Ses deux fils qui devaient lui succéder lui avaient demandé, lorsque le feu du ciel descendit, d'être chargés de remplir l'encensoir et de l'apporter dans l'assemblée. Pour l'allumer ils prirent du feu en dehors de la Demeure Sainte (décrite ci-dessus). Au moment où ils le placèrent sur l'encens, une fumée brûlante s'éleva et, par l'effet de leur aspiration, brûla l'intérieur de leur corps [1], sans qu'on en vît aucun signe au dehors. Musa, Harun et les enfants d'Esraïl éprouvèrent une grande douleur ; puis, faisant appel à la résignation, ils enterrèrent les deux frères avec les vêtements qu'ils portaient au moment de leur mort.

Le lendemain Harun désigna pour son successeur son fils Ab-ul-Ghâzar.

III. — La Vache miraculeuse

Le même jour A'amil, fils de Rahil (Rachel), fut assassiné par ses deux neveux, impatients de jouir de ses grandes richesses dont il ne leur faisait aucune part. Comme les Esraïlites ne pouvaient découvrir les auteurs du meurtre, Musa leur apprit par une révélation divine qu'ils devaient immoler une vache de choix et, avec un morceau de sa chair, frapper le corps du mort qui ressusciterait et désignerait les coupables. Jebraïl leur désigna les signes auxquels ils reconnaîtraient la victime : « Être de couleur jaune, ni jeune ni vieille, n'avoir jamais labouré ou transporté de l'eau, ou été soumise au joug ou subi la fatigue d'un travail pénible. » Cette vache une fois trouvée, on la paya très cher et on ressuscita le mort de la manière prescrite. Il dénonça les assassins qu'on exécuta et, aussitôt après, expira de nouveau. Les Juifs affirment que la vache fut brûlée et que les cendres furent remises à la famille d'Harun et qu'elles avaient la propriété, lorsqu'on les répandait sur le corps d'une personne assassinée, de lui faire désigner le coupable. Ce miracle se serait reproduit pendant longtemps chez les enfants d'Esraïl [2].

[1] On sait que la respiration d'un gaz chauffé brûle les poumons.
[2] On trouve une superstition semblable à l'origine de presque toutes les civilisations et même encore aujourd'hui dans quelques contrées. C'était un moyen d'amener par la peur les criminels à faire des aveux.

IV. — *Punition de Karun*

Au commencement de la seconde année de l'Exode, Musa fit un recensement des douze tribus et, par l'ordre de Dieu, compta les hommes en état de porter les armes, c'est-à-dire de vingt à cinquante ans. Le nombre était de 603,550.

Après cela les Juifs, suivant toujours le nuage qui les ombrageait, se rendirent du désert de Sin à celui de Faran où le nuage s'arrêta. Là Musa reçut la visite du prophète Shoa'ib qui, le voyant écrasé d'affaires, lui conseilla de choisir dans chaque tribu l'homme le plus éminent pour lui confier la direction de la tribu en se réservant seulement ce qui concernait l'armée et la guerre. (Exode, chap. XVIII, 21.) C'est ainsi que Musa fut amené à désigner douze chefs, un pour chaque tribu.

Pendant la halte dans le désert de Faran, le nuage qui ombrageait les Esraïlites disparut par la faute d'Harun et de Mariam, sa sœur. En s'entretenant ensemble, en l'absence de Musa, ils prétendirent le valoir et même le dénigrèrent. Le lendemain matin, le nuage tonna et fit éclater ces paroles : « O enfants d'Esraïl, quoique je vous aie tous comblé de faveurs, Musa est mon serviteur de choix ; j'ai honoré les autres prophètes de révélations et de visions par l'intermédiaire des Anges, mais Musa seul a conversé directement avec moi[1]. Pourquoi donc ne veillez-vous pas sur vous-même et oubliez-vous vos engagements ? »

---

[1] Ce texte résume toute la croyance des Musulmans, au sujet des communications de Dieu avec les prophètes et les saints. Moïse seul a été admis à l'honneur que Dieu lui parlât directement ; aussi, son surnom de prophète est : « L'interlocuteur de Dieu ». Tous les autres peuvent recevoir de Dieu des visions et révélations, généralement par l'intermédiaire des Anges et principalement de Gabriel (Jebraïl).

Le nuage disparut ; la chaleur devint intolérable et Mariam fut atteinte de la lèpre. Mais Musa, touché de son repentir et de celui d'Harun, implora le Seigneur qui répondit : « Dans sept jours Mariam sera guérie. » (Num., chap. xii.) Les Esraïlites furent profondément convaincus de la haute dignité de Musa, par la guérison de Mariam, et plus encore par le châtiment de Karun.

Fils de la sœur de Musa, élevé par elle avec tout le soin possible, Karun était, après Musa et Harun, le plus intelligent et le plus vertueux des Hébreux. Son visage était si beau qu'on l'avait surnommé l'Éclair. Il se donnait tout entier à l'étude de la Loi Mosaïque. Musa lui apprit les sciences occultes, notamment l'alchimie que Musa connut le premier. À l'aide de cette connaissance, Karun acquit de si grandes richesses qu'il fallait quarante mulets pour porter les clefs de tous ses trésors. Musa l'exhorta souvent à faire l'aumône et à y employer la millième partie de ses biens. Karun refusa et s'associa aux malfaiteurs et aux rebelles. Il construisit un palais très élevé dont il revêtit les murs, à l'intérieur, de lames d'or pur avec des portes d'or, et de pierres précieuses et s'appliqua à l'embellir de toutes manières. Dans toutes ses sorties à cheval, il avait une suite de mille Esraïlites, ses parents et ses clients. Il avait pour lui tenir l'étrier trois cents jeunes filles au visage radieux comme la lune, exhalant l'odeur d'ambre gris, superbement parées et drapées, portant des bijoux et des diadèmes de pierreries. Quand il rentrait chez lui, on y trouvait des tables toutes prêtes pour recevoir et régaler les enfants d'Esraïl. Il plaisantait et riait avec eux. Ses compagnons de plaisir disaient : « Puissions-nous atteindre la richesse de Karun ; il a vraiment des biens immenses. » (Coran, chap. xxvii, 79.)

On raconte qu'un jour il se plaignit d'être exclu de toute

dignité et de tout emploi, malgré sa fortune, et menaça de prendre à Harun le gouvernement de la Demeure Sainte et l'Arche du Témoignage. Musa lui répondit : « Karun, sois reconnaissant au Très-Haut des faveurs dont il t'a comblé et contente-t'en. La dignité de prophète est un don de Dieu. C'est lui qui confie à Harun la garde de l'Arche. Quiconque attentera à sa personne ou à ses enfants sera immédiatement et mortellement puni. »

Ces paroles germèrent dans le cœur aigri de Karun et quand Musa l'invita à payer sa part pour les aumônes, il se déclara son ennemi et tint aux ignorants parmi les enfants d'Esraïl ce langage : « Vous obéissez en tout à Musa ; sachez qu'il veut vous dépouiller de vos biens sous le prétexte de les distribuer en aumônes. De cette sorte vous serez tous pauvres, et lui sera seul riche.

Harun gagna ainsi un grand nombre de partisans ; puis il se consulta avec ses confidents intimes sur les moyens de perdre Musa et s'arrêta à celui-ci : il amena chez lui une femme notoirement dissolue et adultère, et, à force d'or et de promesses, il la décida à se rendre, le lendemain, au milieu des enfants d'Esraïl rassemblés pour entendre Musa, et à l'accuser d'avoir commis l'adultère avec elle, ce qui entraînerait sa condamnation, conformément à la Loi Mosaïque.

Mais, lorsque, en exécution de ce plan, cette femme se leva devant l'assemblée, Dieu changea tout à coup son esprit et elle déclara : « Enfants d'Esraïl, sachez que Karun, l'ennemi de Musa, m'a amenée chez lui et m'a donné un plateau rempli d'argent et de pierres précieuses pour porter dans cette réunion témoignage contre Moïse, comme ayant commis avec moi l'adultère ; il m'a promis aussi de me tirer des mains des enfants d'Esraïl et de faire lapider Musa. Maintenant j'atteste que

Musa n'agit et ne commande que d'après l'inspiration de Dieu. Je me repents de mes péchés et je témoigne qu'il n'y a d'autre Dieu qu'Allah et que Musa est le prophète qui s'entretient avec Allah. »

Profondément ému, Musa descendit de la chaire et se prosterna à terre en disant: « Mon Dieu, ton ennemi a affiché son intention de me perdre en me couvrant d'ignominie. Si je suis un prophète, daigne manifester à la vue de tous ta colère contre lui et ta faveur pour moi ! »

Alors Jebraïl descendit et dit à Musa: « Relève la tête, Dieu agrée ta prière et met la terre à tes ordres; elle exécutera ce que tu lui commanderas. » Alors Musa, satisfait, dit aux enfants d'Esraïl : « Le Très-Haut m'a donné le pouvoir de triompher de Karun aussi bien que de Pharaun. Que ceux qui sont pour lui restent ici, que ceux qui sont pour moi s'éloignent ! » Tous les Esraïlites abandonnèrent Karun, excepté deux qui avaient été ses associés en tout temps et en toutes affaires.

Alors Musa dit à la terre : « O Terre, prends-le ! » Alors Karun s'enfonça dans la terre jusqu'aux chevilles ; néanmoins, il se mit à rire et dit: « O Musa! quel nouveau tour de sorcier joues-tu maintenant ? » Musa répéta: « O Terre, prends-le ! » Alors Karun s'enfonça jusqu'aux genoux et fut épouvanté; il supplia, mais en vain. On rapporte que Musa donna jusqu'à soixante-dix fois à la terre l'ordre d'engloutir Karun qui demandait merci. (Nombres, chap. XVI.)

Quand il eut complètement disparu[1], Musa rendit des actions de grâces, et alors Dieu interrogea : « O Musa, combien de fois Karun a-t-il inutilement imploré ton pardon? » Musa répondit: « J'attendais qu'il t'invoquât, Toi ! » — Alors vint la révélation:

---

[1] Cette fin de Karun ressemble singulièrement à celle de Dewadata dans la vie du Bouddha.

« S'il avait une seule fois recouru à Moi, Je ne l'aurais pas abandonné à ton pouvoir[1]. A l'avenir, jusqu'au jour de la Résurrection, je ne commanderai plus à la Terre d'obéir à personne. »

Après la fin de Karun, les envieux et les méchants parmi les enfants d'Esraïl accusèrent Musa d'avoir refusé la vie à Karun pour s'approprier ses richesses. Alors Musa pria Dieu de commander à la Terre d'engloutir les biens de toute nature qu'avait possédés Karun et de faire disparaître jusqu'aux capitaux qu'il avait pu confier à des négociants[2]. Des savants prétendent que l'exécution de cet ordre occasionna la mort de sept cents personnages parmi les plus éminents en Esraïl, ainsi qu'il a été écrit: « Nous avons commandé à la Terre de s'ouvrir pour l'engloutir avec son palais; il ne pouvait trouver de salut que dans le recours à Allah, et il n'échappa point au châtiment par son secours. » (Coran, chap. XVIII, 81.)

> Celui qui ne nage pas dans des flots d'or
> Peut aspirer à la félicité de la joie de l'âme (du contentement).
> Vois les trésors terrestres que possédait Karun !
> Aucun trésor ne peut préserver des peines de ce monde.

---

[1] Ces paroles rapportées par le Coran sont invoquées en faveur de la tolérance pour les chrétiens, par les chefs des confréries musulmanes qui professent la mansuétude envers les Infidèles, notamment de celle des Tidjania. (Voir notre mémoire inséré dans les *Annales de l'Afrique et de l'Extrême-Orient.*)

[2] Cet alinéa consacre chez les Musulmans ce principe extrêmement salutaire : que les princes ne doivent pas confisquer à leur profit les biens des condamnés. Ce principe se trouve déjà dans la loi de Manou.

On savait évidemment en Orient, par expérience, que l'usage contraire était pour les princes un abominable moyen de s'enrichir par la délation, comme l'ont fait les empereurs romains.

XXVI

I. — LES ENFANTS D'ESRAIL REFUSENT DE SE BATTRE CONTRE LES GÉANTS MAITRES DE LA SYRIE
II. — LEURS PÉRÉGRINATIONS ET LEURS ÉPREUVES DANS LE DÉSERT. — III. — VISITE DE MUSA A KHIZER

I. — *Les Esraïlites refusent de se battre*

Lorsque les Esraïlites arrivèrent près du pays des Amalécites, ils campèrent au désert du Tarish. Musa envoya les douze chefs des tribus reconnaître ce pays et les forces dont il disposait. Ils rencontrèrent en chemin A'vuj, fils d'Anaq, géant d'une taille et d'une force prodigieuses. Informé que les douze venaient avec des intentions hostiles, il les mit dans sa manche, les porta au roi et les fit tomber à terre devant lui en disant : « Ces hommes font partie de l'armée qui marche contre nous. » Ils n'avaient pas moins de 10 coudées de haut sur 5 à 6 de large ; mais, à côté des Aadites, Amalécites géants, ils paraissaient plus petits que des moineaux. Lorsqu'ils eurent réussi à s'échapper par la fuite ou par la ruse, ils convinrent entre eux de ne dire à personne ce qu'ils avaient vu qu'à Musa et Harun, pour ne pas effrayer le peuple. Mais, à leur arrivée, deux seulement, Kalab, fils de Yofunn, et Yoshua, fils de Nun, gardèrent le secret. L'armée de Moïse, informée par les dix autres de la force extraordinaire de leurs ennemis, refusa de combattre et rien ne put l'y entraîner. Dieu voulait anéantir ce peuple rebelle.

Musa intercéda pour lui : « O Seigneur ! s'il te plaît de faire périr ces pervers, ton empire n'en sera pas diminué ; mais on imputera leur perte à mes prières ; pardonne-leur dans ta longanimité et accorde-leur le temps de se repentir. » Dieu répondit : « A cause de toi je leur pardonne ; mais, comme tu les as appelés des pervers, je jure par ma gloire que tous, excepté toi, Harun et Yoshua, erreront dans le désert, endurant beaucoup de maux, continuellement dans le désespoir et la crainte, et que tous y laisseront leurs os. » A peine ces paroles avaient-elles été prononcées que chacun des chefs qui avaient trahi leur promesse de garder le secret, sentit ses membres se détacher de son corps, puis son corps se fondre et se liquéfier.

II. — *Pérégrinations et Épreuves des Esraïlites dans le désert*

Musa, laissant les Esraïlites à leur vie nomade dans la région des Philistins, se dirigea vers le pays des Amalécites, accompagné d'Harun et de Yoshua. Le premier homme qu'ils rencontrèrent fut A'vuj, fils d'Anaq.

Chemin faisant, Musa se mit à lutter avec lui, puis il le frappa de son bâton à la cheville, de sorte qu'il s'affaissa et rendit son âme à Dieu. Musa prit occasion de ce succès pour faire honte aux Esraïlites de leur pusillanimité. Cependant, comme ils lui exposèrent leur dénuement et leurs souffrances, il invoqua pour eux le Seigneur qui les invita à ne jamais désespérer et leur envoya la manne (Exode, chap. XIV), ou quelque chose de semblable sur les broussailles ; ils la recueillirent et s'en nourrirent, aussi bien que d'une sorte d'oiseaux de ce pays, semblables à des perdrix ou cailles. Quand ils furent en proie à la soif, Musa plaça au seuil de la Demeure Sainte une pierre qu'il emportait toujours, et, après avoir réuni les anciens et les enfants d'Esraïl, il pria, puis frappa la pierre de son bâton ; alors douze sources en émergèrent, une pour chaque tribu. Les Esraïlites l'appelèrent la grosse pierre : elle les accompagna dans leurs pérégrinations, chargée sur des quadrupèdes, et le miracle se renouvela à chacune de leurs stations. Ils eurent beaucoup à souffrir. Musa les exhortait à la gratitude envers le Seigneur Tout-Puissant.

Parce que beaucoup de tourment est préférable au tourment de l'éternelle perdition.

Ces choses se passèrent ainsi jusqu'à ce que, un jour, des Esraïlites, contrairement à l'ordre de Dieu, recueillirent le matin plus que la provision d'un jour en manne et en oiseaux. En punition, ils furent privés de l'assistance divine ; alors ils manifestèrent leur repentir à Musa qui leur donna une mesure à remplir chaque matin pour la consommation du jour[1] ; ils ne devaient jamais la dépasser excepté le vendredi, où ils prendraient une mesure en plus pour le jour du Sabbath. Quand leurs vêtements furent usés, ils reçurent l'ordre de les laver dans les douze sources de la grosse pierre, et ils redevinrent neufs ; quand ils étaient souillés, on les passait à travers la flamme et ils recouvraient leur propreté et leur blancheur.

Chaque enfant venait au monde tout habillé, et ses habits grandissaient avec lui.

Malgré tous ces avantages, les Esraïlites, au bout de quelque temps, se fatiguèrent de l'uniformité de ce régime et dirent à Musa : « Depuis bien longtemps nous ne mangeons que de la manne et des cailles. Nous ne pouvons plus les souffrir, nous

[1] On sait que, dans les pays très chauds, les aliments ne peuvent se garder vingt-quatre heures sans se corrompre.

souhaitons des oignons, des légumes verts, des végétaux, des produits de la Terre. Obtiens-en pour nous. » Musa, blessé, leur reprocha leur inconstance: « Vous voulez, leur dit-il, changer ce qui est bon contre ce qui est pire! Alors retournez en Egypte ; Vous y trouverez ce que vous demandez. (Coran, chap. II, 58.) Insensés, qui préférez les dons de la Terre à ceux du Ciel et la nourriture du corps au banquet divin. » Musa et Harun songèrent à quitter ces endurcis et à abandonner ces téméraires à leur mauvais destin ; mais, comme la patience et la longanimité sont le propre des prophètes, ils attendirent l'ordre du Très-Haut. Peu après le Tout-Puissant punit les enfants d'Israïl en augmentant journellement leurs privations et les abandonnant à leur désespoir. A la fin des quarante années lunaires qu'ils passèrent dans le désert de Tarish, tous les hommes entre vingt et cinquante ans étaient morts ; Yoshua et Kalub avaient seuls survécu. On rapporte que, dans cette période, il y avait eu, par la grâce de Dieu, autant de naissances que de morts, en sorte que le dénombrement des combattants donna le même chiffre à la sortie du désert qu'à son entrée.

III. — *Visite de Musa à Khizer*

Elevé à la plus haute dignité, Musa adressait tous les jours au Seigneur les plus ferventes actions de grâces.

> Comment pourrais-je louer dignement l'Ami ?
> Ma gratitude sera toujours au-dessous de cette tâche.
> Chacun de mes cheveux est un don de Dieu.   [cheveux.
> Comment mes remerciements pourraient-ils égaler en nombre mes

Un jour qu'il prêchait le peuple, un auditeur éleva la voix : « O prophète d'Allah ! nous savons que tu es un envoyé inspiré de Dieu. Mais dis-nous si actuellement, sur toute la surface de la Terre, le Très-Haut n'a pas un serviteur plus sage que toi? » « J'en suis convaincu, répondit Musa, parce que le Seigneur n'a conféré qu'à moi le pouvoir de converser directement avec lui. »

A peine avait-il prononcé ces paroles que Jebraïl descendit et lui apporta ce reproche du Tout-Puissant : « O Musa, sais-tu chez qui nous avons déposé la sagesse et quelle partie de cet océan sans fond nous avons dispensée à chacun ? Vois, j'ai un serviteur plus sage que toi. Si tu vas le trouver, et si tu plonges dans la mer de sa science, tu reconnaîtras que tu t'es trompé et tu verras clairement que ta prétention est insensée. Il habite à la rencontre des deux mers ; tu le découvriras si tu le cherches avec l'œil du discernement qui, comme l'esprit, pénètre partout. » Musa alors interrogea : « O Dieu ! qui me mènera à cet endroit et qui me guidera sur la route? » Il lui fut répondu : « Ta nourriture te montrera le chemin. »

En conséquence, Musa et Harun partirent pour se rendre à la jonction des deux mers, emportant avec du pain quelques poissons salés et rôtis. Après trois jours de traversée du désert, ils arrivèrent à une fontaine située près de la jonction des mers et se reposèrent un instant, en déposant sur un rocher leur valise qu'ils oublièrent au départ. Pendant qu'ils suivaient le bord de la mer, un poisson qui revint à la vie par l'effet des vertus de Khizer, s'échappa de la valise et se précipita dans la mer. Après avoir marché quelque temps Musa eut faim et pria Yoshua de sortir les aliments. Celui-ci répondit : « Quand nous nous sommes arrêtés, près du rocher, j'ai oublié le poisson ; c'est l'œuvre de Satan. » (Coran, chap. VIII, 62.) Musa se décida de suite à retourner au même endroit et vit près de la fontaine Khizer en adoration. Quand le Saint eut terminé ses oraisons, il interrogea Musa ; celui-ci lui apprit que l'objet de son voyage était d'être honoré par une rencontre avec son auguste personne, de se régénérer et de se retremper aux sources de sa sagesse. « Le Seigneur, lui dit-il, m'a envoyé pour écouter tes leçons et apprendre une partie de ta science ; en conséquence, commande et fais de nous ce qu'il te plaira. »

> La base de leurs rapports une fois posée ainsi,
> Musa prit Khizer pour son maître.
> Comme on ne peut traverser le désert sans un guide
> Un ange, Jébraïl, fut donné au prophète.

Khizer répondit : « Ta demande est accordée ; mais c'est chose très difficile que de m'accompagner, parce que j'agis d'après une science secrète dont les effets, immédiatement visibles, sont souvent fâcheux, mauvais, mais dont les conséquences sont bienfaisantes et salutaires. Comme tu n'as pas la patience d'attendre que la justesse et la convenance de mes actes se manifestent, tu les désapprouveras et tu me blâmeras. Pour ce motif, le nœud de notre amitié sera défait et le chemin de notre association sera obstrué. » Musa répliqua : « Je serai patient s'il plaît à Allah, et je ne te désobéirai en quoi que ce soit. » (Coran, chap. XVIII, 68.) Khizer reprit : « Si tu me suis, ne m'interroge sur aucun fait, à moins que je ne t'en parles le premier. » Ensuite Musa et Khizer s'embarquèrent sur la mer. Alors Khizer enleva secrètement deux ou trois planches du navire, les jeta à la mer et cria : « Qu'on se hâte de réparer le navire, ou bien vous allez tous périr. » On fit venir de suite un charpentier qui, malgré ses efforts, ne fit que des réparations insuffisantes, ce qui consterna les propriétaires du bâtiment. Musa qui avait tout vu dit à Khizer : « A quoi bon mettre en danger tant de personnes et trouer un vaisseau si fort. » Celui-ci répondit : « Ne t'ai-je pas dit que tu ne pourrais pas rester avec moi ? » (Coran, chap. XVIII, 71.) Musa alors retira ses paroles et s'excusa de son oubli. Quand on débarqua dans une ville, Khizer tira d'un groupe d'enfants un garçon remarquable par la beauté et la grâce de ses traits, l'emmena et le décapita. Cette fois encore Musa ne put se contenir et s'écria : « Comment un enfant innocent peut-il mériter la peine capitale ? Quelle loi peut autoriser cet acte ? » Khizer fit la même réponse qu'auparavant (Coran, chap. XVIII, 74), et Moïse renouvela ses excuses et sa promesse d'abstention. Ils continuèrent leur voyage et, une certaine nuit, ils arrivèrent glacés à Antioche, dont les habitants leur refusèrent la nourriture et le logement. Alors Khizer s'en vint chercher un refuge dans une masure dont les murs menaçaient de crouler et la fit réparer.

Musa dit alors : « Comme les habitants de ce pays nous ont refusé l'hospitalité, ils doivent nous payer cette réparation, de telle sorte qu'avec le prix nous puissions apaiser notre faim. » Khizer répliqua : « Il faut nous séparer, puisque tu ne peux tenir ta promesse. Écoute, toutefois, l'explication de mes actes :

« J'ai endommagé le navire, parce qu'il devait passer près d'un tyran qui dépouille tous ceux qui viennent dans ses parages ; j'ai voulu éviter ce malheur aux propriétaires de ce bâtiment, à cause de leur pauvreté.

« Le jeune garçon que j'ai tué faisait le désespoir de son père et de sa mère qui tous deux professent le monothéisme. A sa place le Tout-Puissant leur donnera une fille qui sera la mère et l'aïeule de soixante-dix prophètes. — Le mur que j'ai réparé est la propriété de deux orphelins, nommés Haram et Harim. Leur père, homme pieux, dévot et juste, avait déposé sous ce mur pour ses fils un trésor dont les fils auraient été privés si le mur s'était écroulé, parce que d'autres auraient alors découvert le trésor ; selon Abn Muhammad Ja'fer Sadiq, le trésor consistait en une tablette d'or pur portant les inscriptions suivantes :

— Je m'étonne que celui qui est certain de sa destinée s'afflige.

— Je m'étonne que celui dont le pain est assuré se fatigue.

— Je m'étonne que celui qui est certain de la mort se réjouisse.

— Je m'étonne que celui qui est certain d'avoir un compte à rendre soit sans inquiétude.

— Je m'étonne que celui qui connaît le monde et ses changements y soit heureux.

— Il n'y a de Dieu qu'Allah et Muhammad est son prophète. »

Musa et Khizer se séparèrent après être restés ensemble dix-huit jours.

D'après sa Seigneurie, le sceau de la prophétie (Muhammad), si Musa avait rempli les conditions imposées par Khizer, il aurait appris de lui des mystères merveilleux et divins, et des secrets sur une infinité de choses étranges et sur le maître de la Magnificence. Khizer a dit un jour au Scheik Mahi-ud-din-may : « J'avais préparé pour Musa l'explication de mille questions ; mais, comme il n'a pas eu de patience même pour trois, je me suis abstenu de l'entretenir de tout autre problème et, en conséquence, je me suis séparé de lui[1]. »

---

[1] La morale de la leçon donnée par Khizer à Moïse semble être celle-ci : Nous devons nous en rapporter à la Sagesse suprême dont nous ne pouvons deviner les desseins ; le mal n'est que la préparation du bien. » C'est la théorie de la providence absolue.

XXVII

DERNIERS JOURS D'HARUN ET DE MUSA

I. — Mort d'Harun

La treizième année de la migration des enfants d'Esraïl dans le désert, une révélation divine avisa Musa de la mort prochaine d'Harun. Alors tous deux partirent ensemble pour le mont Shovik.

Chemin faisant, ils arrivèrent à un endroit chargé de parfums naturels et où se trouvait une jolie maison avec un lit très haut et ombragé par trois grands arbres, dont l'un était le plus beau du monde. Harun, charmé par cette vue exprima le désir de reposer une heure sur ce lit et, en même temps, la crainte d'avoir à essuyer les reproches du propriétaire, s'il venait à rentrer. Musa lui dit cependant : « Satisfais ton désir ; au besoin, je t'excuserai auprès du maître de la maison; » puis, à la demande de son frère, se tint près de lui, la tête penchée sur le lit. Mais, aussitôt qu'Harun se fut couché, son destin, écrit à l'avance, s'accomplit et son pur esprit monta au séjour de la sainteté. Musa se mit en devoir d'accomplir les rites funèbres ; mais à peine avait-il commencé que la maison et le lit disparurent soudain.

Alors il retourna au camp et rapporta ce qui venait d'arriver. On ne le crut point et on l'accusa d'avoir, par envie, attenté aux jours d'Harun qu'on lui préférait. Alors le prophète autorisé à converser avec Dieu implora Allah et, aussitôt, le lit apparut au milieu du peuple et le corps déclara : « Musa est innocent du meurtre qu'on lui reproche. »

Les enfants d'Esraïl désignèrent le fils d'Harun pour lui succéder et élevèrent un monument sur l'emplacement de la maison et du jardin qui avaient disparu.

Ce fut seulement après quarante ans de pérégrinations dans le désert que le Seigneur les délivra.

II. — *L'Arche du Témoignage*

Sentant sa fin prochaine, Musa demanda à Dieu d'accorder aux Esraïlites un gage de sa protection qui, après sa mort, les fit triompher de leurs ennemis. Dieu lui ordonna de construire une Arche qui aurait ce pouvoir miraculeux et qui serait appelée l'Arche du Témoignage (l'Arche d'Alliance de la Bible).

Cette Arche était semblable et, selon quelques auteurs, identique à l'Arche de la *Sécurité* qu'Adam avait reçue du Tout-Puissant à sa sortie du paradis, dont avaient hérité successivement Seth et Ebrahim. Elle était ornée des portraits de tous les prophètes jusqu'à Muhammad et était venue successivement aux mains de Ya'gub, puis de Musa.

Dans l'Arche du Témoignage, Moïse plaça les Tables et les Saintes Écritures qu'il avait reçues de Dieu. Toutes les fois que les Esraïlites étaient atteints par une calamité qui n'était point le châtiment de leur désobéissance, on portait l'Arche en grande pompe, comme une châsse, et le fléau cessait. Elle était tantôt dans le Trésor royal, tantôt confiée aux chefs et aux pieux d'Esraïl. Un jour les Amalécites vainqueurs s'en emparèrent et la placèrent dans leur temple, au pied de leurs idoles ; le lendemain, ils la trouvèrent sur la tête de ces idoles et, dans leur stupéfaction, la jetèrent à terre. Mais elle reprit obstinément la même place, alors ils l'emportèrent hors de la ville et la laissèrent dans un village voisin. Les habitants de l'endroit furent affligés du goître. On porta l'Arche dans un autre village et on l'enterra ; les habitants eurent des hémorrhoïdes. Alors les Amalécites attelèrent des bœufs et la rendirent aux enfants d'Esraïl qui la remirent à Talut (Saül).

III. — Mort de Musa

D'après un dernier recensement, Musa, Yoshua et Kalub étaient les seuls survivants des Juifs qui avaient quitté l'Egypte. En conséquence, Musa rassembla les Esraïlites, leur exposa et leur expliqua de nouveau la Loi Mosaïque et le contenu des deux Tables et les exhorta à étudier la Loi et à l'enseigner à leurs enfants. Il en fit de sa main une copie qu'il collationna avec Jébraïl et en confia la garde à la famille d'Harun. Il en fit remettre un exemplaire à chaque tribu.

Il convoqua ensuite le peuple à une grande assemblée où il remit les enfants d'Esraïl à la garde de Dieu et aux soins de Yoshua, enjoignant à celui-ci de prendre charge de toutes les affaires publiques et invitant les enfants d'Esraïl à lui obéir en tout. « Aujourd'hui, leur dit-il, j'ai atteint ma cent vingtième année ; que quiconque veut être mon compagnon le jour de la résurrection observe ma Loi, aime Yoshua et suive les préceptes des autres prophètes qui seront envoyés après lui. Soyez sur vos gardes ; ne désobéissez pas à Elghazar et à ses enfants qui sont les plus grands Imans de la nation ; si vous vous révoltez contre leur autorité, vous encourrez la colère et la vengeance de Dieu.

Quand tous les enfants d'Esraïl se furent engagés à exécuter les dernières volontés de Musa, il prit congé d'eux en leur recommandant une bienveillance mutuelle, saisit la main de Yoshua et s'éloigna avec lui. A une certaine distance il l'embrassa pour dernier adieu et disparut de ses vêtements, à la même heure du jour qu'il était venu au monde.

> Abandonne ton séjour en ce lieu ;
> Envole-toi joyeusement de cette cave.
> Insensé ! Téméraire ! ton cœur habite la fange.
> Heureux celui qui est délivré de cette attache.

Quand Musa eut disparu en laissant ses vêtements dans les bras de Yoshua, ce dernier s'en retourna accablé de tristesse et expliqua aux Esraïlites ce qui venait d'arriver ; mais on l'accusa d'avoir tué Musa et on nomma une commission pour le juger. Les membres désignés eurent, la nuit, un songe dans lequel un Ange leur apprit que Yoshua était innocent de la mort de Musa que le Très-Haut avait appelé au séjour des justes. En conséquence, le matin du jour suivant, ils proclamèrent la justification de Yoshua et le remirent en liberté.

Musa avait le teint d'un brun lustré, une haute taille, des cheveux bouclés et un signe au visage. Harun était plus grand et plus gros ; il avait le teint blanc et vermeil et était plus âgé que Musa de trois ans.

Musa avait un haut sentiment de sa dignité prophétique et était irascible. Harun, au contraire, s'émouvait difficilement ; la douceur était le trait dominant de son caractère.

Le titre, ou surnom, que l'on donne le plus ordinairement à Musa est celui d'« Interlocuteur de Dieu ».

Le titre, ou surnom, d'Harun est : « Vizir, Eman (Iman) et Khalifat (Lieutenant) ».

Parmi les miracles sans nombre qu'opéra Musa nous rappellerons seulement le suivant :

Il fit creuser un étang qui se remplit d'eau et dont il confia les clefs à Harun. Quand un mari soupçonnait sa femme, il prenait dans un pot de terre de l'eau de cet étang et y délayait une pincée de vase ; ensuite il prononçait sur cette eau une prière dans laquelle étaient mentionnés le nom de la femme et les circonstances qui la concernaient. Enfin, il donnait cette eau à boire à son épouse qui, immédiatement, bleuissait et expirait si elle était adultère. Si elle était innocente, elle n'éprouvait aucun mal et donnait dans l'année un enfant à son époux, même quand elle avait été jusque-là stérile.

Cette épreuve fut en usage durant mille ans parmi les enfants d'Esraïl. Pour les autres crimes, il y avait le jugement soudain : avec une sorte de sceptre que portait le grand-prêtre, on accomplissait une certaine cérémonie qui désignait le coupable et l'amenait à faire des aveux.

XXVIII

LE PROPHÈTE YOSHUA, FILS DE NUN. — LES PROPHÈTES KALUB ET HAZKIL

Allah a écrit : « Souviens-toi que Musa a dit à Yoshua : Je ne m'arrêterai qu'à la jonction des deux mers. » (Coran, chap. xviii, 59.)

Quand les enfants d'Esraïl eurent pleuré Musa pendant un mois, ils conférèrent le pouvoir souverain à Josué et lui obéirent en toutes choses. Dans l'année du décès de Musa, le Seigneur dit à Yoshua : « Réunis les enfants d'Esraïl et efforce-toi de conquérir Ariha (Jéricho) et la Syrie, car le temps est venu d'accomplir ma promesse à Musa. La victoire te donnera la Syrie. »

Obéissant à cet ordre, Yoshua harangua le peuple d'Esraïl, l'invita à se conformer à la volonté divine, lui promit le succès et prépara l'armée qui se mit en route pour Ariha le 10 du mois de Nizan. Lorsqu'elle traversa le Ardan (Jourdain), la rivière s'ouvrit et livra passage aux Esraïlites, puis se referma derrière eux. A l'occasion de ce miracle Yoshua fit placer les unes sur les autres douze grosses pierres et le peuple éleva une tour commémorative. On célébra aussi la Pâque dans cet endroit et l'on envoya à Ariha deux espions qui, à leur retour, rendirent compte de la situation et des forces des habitants. L'armée marcha rapidement dans cette direction et assiégea trois places. Ariha était une grande ville fortifiée, munie de fortes défenses et de remparts. Son enceinte atteignait les nuages et ses tours s'élevaient jusqu'aux sphères qui renferment les constellations. Elle contenait de vastes palais, des ruisseaux coulant à flots, des jardins, des parcs et des quartiers populeux. Confiants dans la force de la place, les habitants croyaient sa prise très éloignée, malgré la présence de l'ennemi. Cependant Yoshua, éclairé par la lumière prophétique, avait assuré qu'elle ne pouvait soutenir un siège. En conséquence, le septième jour après l'investissement, il fit sept fois le tour de la ville en procession avec les grands et les chefs d'Esraïl et les prêtres de la famille d'Harun et l'Arche du Témoignage. Puis il prononça une invocation et souffla sur la ville. Alors les remparts des fortifications se fendirent et s'écroulèrent sans cause visible. (Josué, chap. VI, 20.) Les Esraïlites se précipitèrent dans la ville et la mirent à sac, faisant un immense butin. Yoshua ordonna que chaque soldat apportât tout ce qu'il avait pris, parce que, à cette époque, il était interdit aux adorateurs du Dieu unique de piller, et cela ne fut permis qu'au temps de la mission de sa Grandeur, le Sceau des prophètes (Muhammad). Quand toutes les dépouilles eurent été apportées, Yoshua ordonna de les détruire par le feu ; mais, comme le feu ne prenait pas, Yoshua soupçonna quelque fraude et eut recours au « jugement soudain ». On trouva ainsi le nom du coupable qui avoua sa faute et exhiba une tête de vache en or, ornée de rubis et de saphirs qu'il avait distraite. On la plaça au sommet de l'amas des dépouilles ; le feu prit immédiatement et dévora aussi le transgresseur de la Loi.

Quand les Esraïlites furent entrés dans la ville, Yoshua les invita à demander au Maître miséricordieux le pardon de leurs péchés et à Le remercier d'avoir mis un terme à leurs migrations dans le désert. « Un grand nombre de pieux et de dévots lui obéirent. Les autres, au nombre de soixante-dix mille, se moquèrent de lui et furent immédiatement tués par un éclair.

Ensuite Yoshua ordonna à Ailia de mettre à mort tous les Amalécites qui se trouvaient dans la ville ; ils étaient d'une force et d'une taille si extraordinaires que vingt Esraïlites ne pouvaient parvenir à décapiter un seul d'entre eux.

Après la prise d'Ariha, Yoshua marcha contre Balga[1], autre ville très forte, défendue par une citadelle très haute et dont les habitants étaient idolâtres. Ils avaient pour roi Balug, que les Juifs regardent comme un sorcier ou magicien, et les Mahométans comme un fidèle Croyant. Quand Yoshua arriva devant Balga, Balug, qui n'avait pas assez de forces pour combattre en rase campagne, se retira dans une place forte qui arrêta les Esraïlites, et demanda à Balaam de prier Dieu pour que les enfants d'Esraïl fussent mis en fuite[2]. Balaam refusa d'abord : « Yoshua, dit-il, est un prophète envoyé par Dieu avec son armée. Embrassez la religion de Musa et vous apaiserez la colère d'Allah. » Cependant, à force de prières et de menaces, on obtint de lui qu'il déviât du droit chemin et qu'il invoquât le Tout-Puissant contre les Esraïlites. Ceux-ci furent mis en déroute, et Yoshua, ayant su que la prière de Balaam était la cause de leur défaite, demanda au Seigneur d'ôter de la mémoire de ce dernier le souvenir de son nom ineffable, de telle sorte que ses prières fussent inefficaces. Balaam, se voyant ainsi réduit à l'impuissance, conseilla au roi d'envoyer au camp de Yoshua une troupe de belles femmes dissolues, l'assurant que, si un des enfants d'Esraïl commettait l'adultère avec elles, le Tout-Puissant leur refuserait à tous la victoire. Ce conseil fut

---

[1] Ce nom pourrait être emprunté à celui de Balk, capitale de la Baktriana, très connue de notre auteur persan.

[2] Nombres, chap. XXII, 6. Viens maintenant ici, je te prie, maudire ce peuple.

suivi, et la plus belle de ces femmes entreprit Zamri, chef de la tribu de Shima'ûn (Siméon). Celui-ci l'amena à Yoshua en disant : « Je pense que, dans ton opinion, il m'est défendu de posséder cette femme. » Yoshua répondit : « Certainement, car toutes les fois qu'un Esraïlite commet l'adultère, le Ciel nous inflige la peste. » Malgré cet ordre Zamri emmena cette femme dans sa tente et, à ce moment même, la peste se mit dans l'armée.

Makhâs, fils d'A'nzar, fils d'Harun, un des premiers dignitaires d'Esraïl, ayant appris ce qui s'était passé, saisit une lance (Nombres, chap. XVI, 7), se précipita dans la tente de Zamri, le perça de sa lance, ainsi que sa complice, traîna les deux corps dans le camp, et se tint près d'eux longtemps en proclamant : « Quiconque aura commerce avec des femmes dissolues sera puni ainsi. » Les enfants d'Esraïl s'éloignèrent de ces femmes et les chassèrent du camp. Alors le Maître de la Magnificence fit cesser la peste et punit Balaam de ses tentatives criminelles, en le dépouillant du diadème de la science et de la robe de la piété et de la religion.

Le lendemain, Yoshua conduisit l'armée à l'attaque de la citadelle. Les Esraïlites combattirent au son du tambour et des instruments à vent, le vendredi, depuis le matin jusqu'à l'heure de la prière du soir. A l'approche de la nuit, une partie du rempart tomba par l'effet d'un tremblement de terre ; la prise de la ville ne fut plus douteuse ; le carnage redoubla et, comme la Loi de Musa défendait toute autre occupation que la prière et la dévotion après le coucher du soleil, le vendredi, Yoshua pria le Tout-Puissant de faire rétrograder le soleil (Josué, chap. X, 13) et de le faire arrêter jusqu'à ce qu'il eût achevé l'extermination des Amalécites et des Géants ; on prit aussi Balug et Balaam, et ils partagèrent le sort des habitants.

On sait que le soleil ne s'est arrêté que deux autres fois :

l'une, pour Suliman (Salomon) (Coran, chap. xxxviii, 30); l'autre, pour Ali, comme on le verra en son lieu, s'il plaît à Allah[1].

Le dimanche, Yoshua fit réunir les dépouilles en un tas qu'on réduisit en cendres; puis il marcha avec toutes ses forces contre Aali, à proximité de la Terre Sainte, dont les habitants étaient idolâtres; il prit leur roi et l'immola avec 12,000 idolâtres. Derrière cette ville s'élevaient les deux montagnes de Ainad et de Jéricho, très peuplées. Yoshua invita tous les hommes à faire profession de l'Islam. Le plus grand nombre obéirent. Près de ces montagnes se trouvait le pic de Salem, aussi très peuplé et bien fortifié.

Yoshua fit une visite à Baruq, roi du pays, et l'invita à embrasser l'Islam avec son peuple, ce qu'il fit.

Après ces grandes conquêtes Yoshua s'avança dans l'extrême ouest, jusqu'à l'Arménie qui contenait cinq villes ayant chacune un roi. Informés de son approche les habitants l'attaquèrent, mais ils furent défaits et se réfugièrent en partie dans une grotte. Yoshua y envoya une petite troupe et, avec le gros de son armée, poursuivit l'ennemi en déroute et lui tua beaucoup de monde. Un plus grand nombre d'ennemis encore furent tués par des grêlons d'une grosseur extraordinaire. Après cette toire, Yoshua prit les cinq rois et les mit en pièces. Puis il retourna sur ses pas et acheva la conquête de la Syrie dont il prit et mit à mort trente et un rois[2]. Il devint ainsi le maître de tout le pays et le distribua entre les enfants d'Esraïl. Ces événements s'accomplirent en sept années. D'après la tradition, Yoshua passa ensuite trente ans à gouverner les peuples et à

[1] Voir la vie de Mahomet l'Apôtre, chap. xlvi.
[2] Moïse, par nécessité politique, avait prescrit l'extermination des peuples qui occupaient la Terre promise.

leur enseigner la loi de Musa. Quand le temps de sa fin fut venu, il fut atteint d'une grave maladie et obligé de garder le lit. Alors il reçut la nouvelle que le roi du Salam avait apostasié et fait révolter tout le pays. Comme il ne pouvait faire la guerre, il appela la colère de Dieu sur les rebelles, fit venir Kalub, fils de Yûfanna, le désigna pour son successeur et son héritier et quitta ce monde à l'âge de cent dix ans, selon les Juifs (Josué, chap. xxiv, 29), et de cent vingt-sept ans, suivant les Musulmans. Yoshua avait une taille moyenne, de grands yeux, le teint d'un brun lustré, la poitrine large. Il était brave et belliqueux, fort habile en tout ce qui concerne la guerre. Il avait quarante-deux ans à la mort de Musa. Sa tombe est à proximité de celles d'Ebrahim et de Yusuf.

Kalub, fils de Yûfanna

Yoshua et Kalub ont été désignés par Allah comme deux hommes qui, entre les autres, lui ont été particulièrement chers. (Coran, chap. v, 26.)

Sans perdre de temps Kalub réunit une nombreuse armée et se dirigea vers le pays de Salam. Il investit la montagne, s'empara de la citadelle et tua près de deux mille rebelles dans les passes et défilés. Ceux qui échappèrent à l'épée se dispersèrent dans les montagnes et les déserts, comme des sauterelles; tous leurs biens ayant péri par la malédiction de Kalub, ils vécurent dans la mendicité, la misère et l'exil. Baruq fut réduit en captivité avec beaucoup de ses courtisans et de ses partisans. Il fut traité comme il avait traité lui-même cinquante rois, ses prisonniers. Après leur avoir fait couper les pouces et les orteils, il les faisait, pendant son repas, manger sous sa table en se disputant, comme des chiens affamés, les restes qu'on leur jetait.

Après cette glorieuse expédition, Kalub se tourna vers l'Egypte.

Les enfants d'Esraïl restèrent en possession incontestée de toute la Syrie et d'une partie de l'Egypte. Kalub gouverna la nation, investi de la dignité de prophète. A sa mort, il désigna son fils Yusâqûs pour son successeur.

Le prophète Hazkil ou le Fils de la vieille femme

Allah a dit : « N'as-tu pas considéré les milliers d'hommes qui, par crainte de la mort, quittèrent leurs habitations ? Après les avoir frappés, Allah leur rendit la vie, car il aime les hommes, mais la plupart des hommes ne sont pas reconnaissants. » (Coran, chap. ii, 244.) Ces mots ont trait aux habitants de Danur qui diffèrèrent de se rendre à l'appel du prophète Hazkil pour la guerre sainte et que Dieu, en punition, fit périr par la peste, puis ressuscita, à la demande du prophète « Fils de la vieille femme ». Ce nom lui fut donné parce que sa mère était restée stérile jusqu'à un âge où elle ne pouvait plus avoir d'enfants. (Samuel, chap. i.) Son mari, descendant de Musa, était le sacrificateur de la nation. Lorsqu'il apercevait le signe de l'acceptation du sacrifice, il plaçait sur le corps de la victime pure une petite fourche de fer dont les deux branches se terminaient par les images de deux chiens ; tout ce que touchaient ces deux chiens revenait à l'officiant pour son usage personnel. (Samuel, chap. ii, 14.) Un jour, à l'occasion du partage de la chair que ce prêtre avait rapportée, la vieille épouse fut insultée par son autre épouse plus jeune qui lui avait donné dix enfants. Alors elle pria Dieu qui lui rendit la jeunesse et lui accorda la fécondité, en sorte qu'elle eut un fils doué des dons les plus merveilleux et qui devint le prophète Hazkil.

Hazkil resta de longues années auprès des ressuscités qui n'avaient gardé d'autre trace de la peste qu'une très mauvaise odeur rappelant leur mésaventure. Tantôt ils obéissaient à la voix du prophète, tantôt ils lui étaient rebelles. Il se lassa de leurs chutes et s'en alla à Babylone où il mourut.

XXIX

ELIAS LE PROPHÈTE QUI ERRAIT DANS LE DÉSERT ET LES SOLITUDES

Eliâs, descendant d'Harun, fut un des plus grands prophètes inspirés de Dieu. Beaucoup affirment qu'il n'était autre que Enoch dont la forme corporelle avait autrefois disparu d'entre les hommes, tandis que son essence spirituelle avait été enlevée au Ciel et que celle-ci était revenue dans ce siècle sous le nom d'Eliâs, pour soutenir les faibles[1] (dans la Foi); pour convaincre les inattentifs et les négligents, que la décomposition du corps ne produit pas une réelle annihilation et que la partie spirituelle à laquelle sont dévolus les devoirs de l'obéissance, de la connaissance, de la responsabilité, reste la même toujours, — et aussi pour démontrer aux infidèles et aux ignorants que le Maître de la Grandeur peut revêtir l'essence spirituelle d'un autre vêtement et la renvoyer une autre fois parmi les hommes à son gré et à son choix, contrairement aux opinions des partisans de la métempsycose et des Halulians, dont toutes les assertions sont vaines et fausses[2].

Quoi qu'il en soit, les Monothéistes et les principaux historiens rapportent que, quand Hazkil eut quitté les enfants d'Esraïl, les

---

[1] Cela rappelle les Bodisathvas.
[2] Les partisans de la métempsycose nous font renaître dans des conditions déterminées et indépendantes de Dieu.

accidents, les calamités, les actes de perversité et de rébellion se multiplièrent, et tous les rois et tribus des enfants d'Esraïl répandus en Syrie et en Egypte professèrent des religions fausses et oublièrent entièrement les commandements de la Loi Mosaïque. Parmi les idolâtres de l'époque, Vajub, roi de Ba'lbek, se faisait remarquer par son zèle à adorer des statues et des images. Dans un temple gardé par 400 hommes, il avait une idole de la hauteur de 70 coudées, nommée Ba'l, de l'intérieur de laquelle Satan conversait avec les gens, leur ordonnait l'action ou l'abstention. Suivant l'opinion de plusieurs commentateurs, Ba'l était le nom d'une femme, la plus belle de ce temps, que l'on adorait comme une divinité. Cependant, quand la corruption et la rébellion des habitants de Ba'lbek furent arrivées à leur comble, Eliâs reçut l'ordre et la mission de devenir leur guide; il invita le peuple à pratiquer la religion de Musa et leur lut la Loi. Malgré tous ses efforts, il ne parvint à faire qu'une seule conversion, celle du premier ministre du roi. On raconte cependant que le roi s'était d'abord conformé à la Loi de Musa et aux instructions d'Eliâs; mais sa femme, Arbil, orgueilleuse et sanguinaire, détestait les prophètes. Pendant sa longue vie, elle avait eu pour maris, successivement, sept rois Esraïlites qu'elle avait aussi fait périr l'un après l'autre. Elle avait soixante-dix fils, avec l'aide desquels elle séduisit le roi et força les habitants du pays à rendre à Ba'l un culte honteux auquel ils prirent goût avec le temps. Lorsqu'elle apprit la mission d'Eliâs, elle entra en fureur et se prépara à le faire périr. Le prophète se réfugia dans les montagnes et vécut sept ans seul dans une grotte où les espions du roi ne purent le découvrir. Au bout de ces sept ans, le fils du roi tomba malade et, les médecins désespérant de le sauver, le roi et la reine invoquèrent Ba'l, mais inutilement; et les prêtres de l'idole leur dirent : « Ba'l est fâchée contre vous, parce que vous avez épargné Eliàs. Tant qu'il sera en vie, Ba'l restera muette et ne vous préservera d'aucun malheur. » Le roi promit de faire tous ses efforts pour s'emparer d'Eliàs et, en attendant, d'après le conseil de Ba'l, il fit partir pour la Syrie quatre cents de ses courtisans chargés d'intercéder pour la guérison de son fils auprès des dieux et des idoles de ce pays. Ces hommes passèrent au pied de la montagne où se trouvait la retraite d'Eliàs. A cette occasion, il en descendit par ordre de Dieu et il adressa à ces gens cet avertissement: « Rapportez au roi ce que Dieu lui dit : « Ne sais-tu pas qu'il n'y a pas d'autre Dieu que moi? Tu demandes le salut de ton fils à des dieux impuissants pour le bien comme pour le mal. Je jure sur ma Majesté et ma Gloire que je ferai tomber sur toi ma colère par la mort de ton fils. »

Les courtisans effrayés s'en retournèrent et rapportèrent les menaces du prophète au roi qui n'en devint que plus acharné contre lui. Il choisit cinquante brigands qu'il envoya à la montagne, pour le prendre ou le tuer. Mais le Tout-Puissant protégea Eliàs et, à sa prière, le feu dévora ceux qui en voulaient à sa vie. Alors le roi envoya vers lui son vizir musulman avec une nombreuse escorte, afin de l'attirer et de le faire tomber dans quelque piège. Obéissant à l'inspiration divine Eliàs suivit le vizir et arriva près du roi au moment où son fils était au plus mal, de sorte que personne ne songea à la présence d'Eliàs. Celui-ci, sain et sauf, s'en retourna à la montagne et y resta jusqu'à ce que, fatigué du désert et de la solitude, il eût envie d'habiter une maison. Il se rendit dans une ville et le hasard le conduisit à la demeure de la mère de Yunas qui, à ce moment, était un enfant à la mamelle. Elle le reçut avec joie et le garda six mois au bout desquels il voulut retourner au désert. A peine était-il parti que Dieu prit l'âme d'Yunas. La mère, au désespoir, se mit à suivre les traces d'Eliâs et ne l'atteignit qu'au bout de sept jours. Elle lui apprit son malheur et le supplia de rendre le jour à son enfant. Eliâs lui dit: « Je ne suis qu'un serviteur et ne puis qu'exécuter des ordres. » Puis il demanda au Tout-Puissant l'ordre d'opérer ce miracle et, l'ayant obtenu, s'en retourna avec la mère à sa maison. Lorsqu'ils y arrivèrent, quinze jours s'étaient écoulés depuis la mort de Yunas. Le prophète se mit en prières et fut exaucé, et Yunas recouvra la vie [1].

Eliâs retourna à la montagne, mais les progrès de la corruption et de l'impiété le plongèrent dans une profonde tristesse.

Il dit: « Je demande à Celui qui sait tout la permission de quitter l'auberge de ce monde, je ne puis plus supporter la vue de ce peuple livré au mal. »

Il reçut cette réponse: « O Eliâs, que demandes-tu? Je ne puis priver la terre de ta présence qui lui est indispensable; mais, à part cela, je t'accorderai tout ce que tu voudras. » Eliâs demanda une famine de sept ans et la suppression des pluies. Comme un pareil fléau aurait fait périr toutes les créatures, le Miséricordieux se contenta d'accorder à Eliâs, pendant trois ans, le pouvoir de produire à sa volonté la pluie ou la sécheresse. Eliâs usa de ce pouvoir et la disette sévit pendant près de trois ans [2].

Eliâs passait habituellement son temps à visiter des veuves et des personnes pieuses; toute maison où il entrait se trouvait, par la vertu de sa présence, pourvue de tous les aliments nécessaires. A cause de cela, on s'attachait à ses pas. Pour échapper à cette importunité, il changeait souvent de demeure; une nuit, il entra dans la maison d'Elisa (Elysée), fils d'Aktût, où, par ses prières, il guérit une vieille femme. A partir de ce

---

[1] Les Rois, chap. xvii, 22. Le Seigneur entendit la voix d'Élijah, et l'âme de l'enfant revint dans son corps, et il vécut de nouveau.

[2] Les Rois, chap. xviii, 2. Il y eut une grande famine à Samarie.

moment, Elisa qui était dans toute la force de l'âge devint un disciple d'Eliâs. Tous deux se mirent à inviter le peuple à embrasser la religion de l'Islam, en lui promettant fortune et bonheur. Mais ils ne furent point écoutés. Alors Eliâs leur dit : « Portez dans la campagne les idoles que vous adorez depuis si longtemps et sommez-les de vous donner la pluie ; si elles le font, nous mettrons fin à notre mission et ne vous engagerons plus à adopter notre religion. Mais, si vos prières restent sans effet, vous croirez à l'Unité de Dieu et à la vérité de notre mission prophétique, et la bonté du Souverain Maître vous donnera la pluie et l'abondance. » Cette proposition fut agréée ; l'impuissance des idoles fut rendue manifeste, et, aussitôt après, par l'ordre du Seigneur, une pluie abondante rendit à la campagne sa fraîcheur.

A défaut de graines, on sema du sel que Dieu fit germer et l'abondance revint. Malgré ces miracles, le peuple retomba dans son infidélité. Alors Eliâs demanda et obtint d'être séparé de lui. Quand le moment fut venu, Eliâs vint avec Elisa à la montagne où un cheval tout harnaché et tout de feu fit son apparition. Eliâs mit le pied dans l'étrier, prit congé d'Elisa, le désigna pour son successeur et lui laissa son manteau de laine. (Les Rois, chap. ii, 13.) A cet instant toute la vie physique cessa ses fonctions chez Eliâs ; toute liaison avec les attributs du corps fut rompue, et le Seigneur l'emporta loin de la vue des mortels.

> Les relations avec les hommes sont une peine, leur société un tourment.
> En conséquence le sage se retire dans la solitude.

L'Azaïs rapporte le récit suivant d'un homme d'Ascqallon (Ascalon) :

Faisant route dans la plaine d'Ardan (du Jourdain), à midi,

je rencontrai tout à coup un homme que je saluai et qui m'apprit qu'il était le prophète Eliâs. Je lui demandai s'il avait encore maintenant des révélations de Dieu. Il me répondit : « Depuis la mission du Seigneur Muhammad, les portes de l'inspiration et de la révélation divines sont fermées et personne ne peut, depuis lui, obtenir de révélation. Il y a maintenant quatre prophètes en vie : Isa (Jésus) et Edin (Enoch) au ciel, moi et Khizer sur la terre. »

« Il y a soixante-dix favoris d'Allah d'une insigne religion qui se succèdent parmi les Croyants répandus dans divers pays. Quand l'un d'eux meurt, le Très-Haut en met un autre à sa place. »

Quand le prophète eut donné ces explications, une chamelle surgit tout à coup devant lui et il me dit : « Je veux rester en prières au Temple pendant le Ramadan. » Puis il monta sur la chamelle et disparut.

Eliâs était grand et mince, il avait les cheveux bouclés et la peau rude; il était toujours habillé de laine.

Il vécut principalement dans le désert pour assister les voyageurs fatigués ou égarés et leur enseigner la voie du salut. On dit que, chaque année, il se rencontre avec Khizer à la Kaaba, le jour de la fête d'Azha, et qu'ils dirigent les dévotions du peuple.

On raconte qu'après le départ d'Eliâs, le peuple auprès duquel il avait accompli sa mission fut exterminé par un tyran, en punition de sa rébellion aux ordres de Dieu. Mais, comme on ne connaît pas la durée de sa mission, et comme Eliâs n'a pas cessé de vivre, Allah seul sait ce qu'il en est.

XXX

LES PROPHÈTES ÉLISA (ÉLISÉE) ET ZULKEFL. — SAMUEL

Elisa, fils d'Akutut et petit-fils de Saphat, fut un grand prophète qui eut pleine autorité sur les enfants d'Esraïl. Il était cultivateur quand une révélation divine le désigna à Eliâs pour être son successeur. Celui-ci vint le trouver pendant qu'il labourait et jeta sur lui son manteau. (I, Les Rois, chap. xix, 19.) L'effet produit fut tel qu'il s'avança immédiatement vers Eliâs et lui dit : « Permets-moi de tout quitter pour te suivre et te servir. » — Eliâs interrogea : « Qu'ai-je fait pour que tu parles ainsi et qu'as-tu vu en moi ? »

Impatient de servir le prophète, Elisa brisa ses instruments d'agriculture, immola son bœuf en sacrifice, en distribua la chair aux pauvres et s'attacha à Eliâs qu'il ne quitta plus jusqu'au moment où il lui succéda. Il jeûnait le jour et veillait la nuit ; il opérait de nombreux miracles dont voici quelques-uns :

I. — Un jour une veuve dont les créanciers menaçaient de saisir les enfants, eut recours à lui. Il ne restait plus à cette femme qu'un pot d'huile. Elisa lui dit : « Verse cette huile dans un autre pot, ensuite de ce second pot dans un troisième et ainsi de suite. » Elle le fit, et l'huile devint si abondante que les pots lui manquèrent et que tous les habitants remplirent leurs cruches. La veuve paya les dettes qu'avait laissées son mari et recouvra l'aisance. (II, Les Rois, chap. iv, 1-7.)

II. — Une autre fois que ses disciples préparaient des aliments, l'un d'eux, par mégarde, y mit de la coloquinte; une voix sortant immédiatement du plat cria: « Quiconque mangera de ce plat mourra. » Aussitôt Elisa prit de la fleur de farine et de l'eau et les mêla aux aliments en prononçant une invocation, et personne ne fut indisposé. (II, Les Rois, chap. iv, 40 et 41.)

III. — Grâce à sa connaissance de l'avenir et des choses cachées, il tenait les Esraïlites au courant des mouvements et des projets de leurs ennemis. Un de leurs rois jura de se venger de lui et, par une attaque soudaine, réussit à le faire prisonnier. Mais Elisa frappa de cécité ceux qui l'emmenaient et leur échappa. (II, Les Rois, chap. iv, 41.)

IV. — Il avait refusé de riches présents du roi de Damas qu'il avait guéri de la lèpre et les lui avait renvoyés. Mais son serviteur en détourna pour lui-même deux bourses d'or. Elisa le sut de suite et maudit le voleur qui fut frappé de la lèpre.

V. — Une grande armée assiégeait les enfants d'Esraïl et la disette était dans le camp. Elisa dit : « Demain, le blé sera à vil prix. » Le chambellan du roi se mit à rire et répondit ironiquement : « Oui, si Dieu jette du blé par les fenêtres du ciel. » (II, Les Rois, chap. vii, 17.) Elisa répliqua : « Tu verras le blé, mais tu n'en mangeras pas. » Le lendemain matin, les ennemis pris de panique abandonnèrent leur camp rempli de provisions de bouche, en sorte qu'il y eut surabondance chez les Juifs. En même temps, le chambellan tomba entre les mains d'une bande indisciplinée qui le fit périr ignominieusement. (II, Les Rois, chap. vii, 17.)

Comme les enfants d'Esraïl étaient tantôt dociles et tantôt rebelles à la voix d'Elisa, il se fatigua de la vie et pria le Seigneur de le recevoir dans la compagnie des prophètes, ses prédécesseurs. Il désigna Zulkefl pour son successeur.

Le prophète Zulkefl

Le nom de Zulkefl qui signifie : Garantie[1] (Otage ou Sauf-conduit), fut donné à ce prophète à cause de certaines particularités de sa vie.

D'après le Muntahab-ul-Ma'arif, le Tout-Puissant envoya ce prophète vers Kanaan, roi des Amalécites pour l'inviter à recevoir la foi ; le roi répondit : « J'ai commis de grands crimes et beaucoup d'injustices, mais, pour embrasser la religion, je veux obtenir la preuve que mes péchés seront effacés après ma mort et que j'obtiendrai le bonheur du paradis. Comment pourrais-je savoir autrement si ma profession de religion a été ou non agréée. — Zulkefl consentit à la demande du roi et écrivit un certificat de *garantie* qu'il lui remit[2]. Le roi alors quitta le siècle et se consacra à la dévotion. A sa mort l'écrit susmentionné fut enterré avec lui ; le Très-Haut accepta la garantie (ou sauf-conduit) de Zulkefl et envoya le roi aux régions supérieures du Paradis et au séjour de grâce. Un grand nombre de personnes qui virent l'écrit au moment où on enterra le roi rendirent témoignage de la mission prophétique de Zulkefl et se convertirent à l'Islam. Le prophète leur donna aussi à tous une garantie (certificat) qu'ils obtiendraient le Paradis et la compagnie des houris avec des esclaves.

Quand vint pour lui le moment du départ (de ce monde), il

---

[1] Le mot persan est Kefil : « Celui qui se porte garant ». Il se trouve aussi dans le Coran (chap. xxi, 85).

[2] Le patriarche grec de Constantinople vend des certificats de cette sorte, écrits sur parchemin, et qu'on place dans le cercueil des morts. A Bombay, le chef des Musulmans en fait autant et délivre aux morts un certain nombre de palmiers, de plantes et autres arbres avec divers articles, pour qu'ils en jouissent, suivant le prix payé. Le certificat est attaché au bras du cadavre.

fut, en compagnie des archanges et des plus nobles esprits, transporté aux plus hautes régions du Paradis. Son corps fut enterré en Syrie.

> Telle est la voie et la coutume du monde,
> Il ne peut arrêter aucun de ceux qui s'enfuient de lui.
> Des nombres incalculables (de personnes) ont eu cette fin.
> Mais nous n'avons pas trouvé la fin de ces nombres.

Le prophète Shamuil (Samuel)

Au temps de ce prophète, A'ali (Hélie) était Iman (grand-prêtre). Les enfants d'Esraïl étaient fort affaiblis. Leurs divisions les avaient livrés à leurs ennemis, les Amalécites, qui les mettaient à sac et à sang. Ils avaient même pris l'Arche du Témoignage (I, Samuel, chap. IV, 11) et l'avaient emmenée dans leur pays avec quatre descendants de prophètes et de princes, et ils avaient imposé un tribut à ceux que le glaive avait épargné. Les Juifs adressèrent leurs prières au Seigneur et lui demandèrent un prophète inspiré sous la conduite et avec l'aide duquel ils pussent triompher de leurs ennemis.

A cette époque, il ne restait plus de la famille des prophètes que A'ali (Hélie) et une femme stérile du nom d'Hanna (Anne), dont le mari, Helkan, était de la tribu de Lévi. Ils firent un pèlerinage à la Maison Sainte [1] et, dans le sanctuaire, les époux demandèrent à Dieu un fils digne d'être revêtu de la dignité de prophète. Le grand-prêtre A'ali joignit ses prières aux leurs et, la nuit même, Hanna conçut Shamuil. Quand l'enfant fut sevré, on le porta à A'ali qui l'éleva dans le service de la Maison Sainte et dans l'étude de la Loi Mosaïque, jusqu'à l'époque où il reçut sa mission prophétique.

[1] Décrite à la vie de Musa.

On rapporte qu'une nuit, à demi-dormant, à demi-éveillé, il s'entendit appeler. Pensant que c'était par l'Iman (le grand-prêtre) Hélie, il se leva et se rendit vite auprès de lui (I, Samuel, chap. III), mais celui-ci le renvoya. La même chose se répéta. Au troisième appel A'ali invita Shamuil à répondre de sa place au quatrième appel, et à venir lui rapporter ce qu'il entendrait ensuite. Celui-ci répondit donc : « Parle, car ton serviteur écoute. » (Samuel, chap. III, 10.) Alors le Tout-Puissant lui adressa cette allocution : « Excellent serviteur du Maître glorieux !

Sois certain que dans ce jardin fleurit
Une fleur ; et aucune autre pareille à toi ne fleurira.
Ma bonté à laquelle j'ai recouru t'a donné le pouvoir,
C'est-à-dire la dignité et la gloire de prophète.
Elle est devenue le guide de ta sagesse.
J'ai déployé ta bannière pour ta mission (pour être mon envoyé).
Va maintenant trouver l'Iman A'ali (le grand-prêtre Hélie) ;
Répète-lui ces paroles :
Pourquoi négliges-tu la voie de Dieu ?
La fonction de prophète t'a été conférée,
La suprématie sur les autres t'a été attribuée
Pour exécuter les ordres et commandements
Sans en omettre un iota,
Sans voiler le chemin de la vérité dans la foi,
Sans avoir de partialité dans tes prières.
Maintenant, pour plaire à tes fils,
Pour ton élévation et pour ta famille
Pourquoi as-tu caché la vraie voie ?
Pourquoi t'es-tu efforcé de changer la loi ?
Puisque tu ne connais pas leurs actes,
Pourquoi les as-tu approuvés ?
On a fini par aimer la malice et la vanité.
Ceux qui professent la vérité et la sagesse se sont avilis.
La piété et la droiture se sont cachées comme l'Anga (oiseau fabuleux).
La perversité et la tyrannie règnent ouvertement ;

La justice a fui de ce monde :
Le crochet et les pinces en ont pris la place.
Tel n'était pas l'engagement avec moi
Que tu avais pris pour régir le peuple.
Tu n'as tenu de mes ordres qu'un faible compte,
Tu as laissé du jeu pour le plus et le moins,
Et tu t'es écarté de mes commandements.
Maintenant je vais te dépouiller de ta charge
Et ensuite je te punirai.
Car à quiconque entend mes injonctions
Les oreilles tintent de crainte.
Par mon éternité et ma magnificence,
Par mes actes, etc.....
Je jure que je t'enlèverai ta royauté
Et ta vie remplie de chagrins.
Les péchés commis par tes enfants
Et par lesquels ils ont mérité le nom de rebelles
Je ne les oublierai pas, ni leurs méfaits.
Je n'accepterai point leur pénitence ni leurs lamentations,
Je ne pardonnerai point leurs transgressions,
Je détournerai mes yeux de leurs larmes et de leurs sacrifices,
Je leur infligerai dans ce monde un châtiment tel
Qu'ils y serviront éternellement d'exemple.

Shamuil rapporta ces paroles à A'ali qui se résigna à son destin et dit : « Allah est l'ordonnateur du passé et de l'avenir. Il est le Juste des justes ! »

Cette année qui était la quarantième de la vie de Shamuil, A'ali et ses enfants quittèrent le séjour périssable pour la demeure impérissable, et la conduite du peuple d'Esraïl aussi bien que la dignité de prophète furent déférées à Shamuil. Il les garda pendant dix ans, et ensuite confia les affaires publiques à son fils Yuaïl (Joel). (I, Samuel, chap. VIII, 21.) Mais, comme à cette époque, la nation avait éprouvé des revers, un grand nombre de Juifs vinrent trouver Shamuil et le prièrent de leur donner un juge[1] capable de repousser leurs ennemis et de les délivrer de l'oppression. Pour cela il fallait qu'il fût le plus fort et le plus vaillant. Shamuil invoqua le Très-Haut et, obéissant à son inspiration, il annonça au peuple que le roi d'Esraïl ne serait ni un descendant des prophètes, ni d'une dynastie royale et qu'il s'appellerait Shâuk (Saül). Comme, à cette époque, la dignité de prophète était réservée à la tribu de Lévi et la dignité royale à celle de Yahuda (Juda), grand nombre d'Esraïlites se récrièrent parce que Shâuk était de la tribu d'Ebn Yamin. Mais Shamuil répondit: « Dieu est le plus juste et le plus sage. La royauté lui appartient ; il la confiera à qui il lui plaît et il l'enlève à qui il lui plaît. Les dons de Dieu ne sont accordés qu'à celui qui les mérite. Tu donnes la royauté à qui tu veux et tu l'ôtes à qui tu veux[2]. »

Finalement le peuple approuva Shamuil et celui-ci déclara: « Vous reconnaîtrez Shâuk à ce signe: Au moment où il se présentera à votre vue l'Arche apparaîtra parmi vous et l'huile sainte augmentera de volume et se mettra à bouillir. »

Le lendemain, les enfants d'Esraïl rassemblés autour de l'Arche du Témoignage discutaient sur les affaires publiques et sur les moyens de repousser l'ennemi. Soudain Shâuk s'avança au milieu d'eux et la sainte huile, conservée sous la garde des prophètes dans une des cornes de la vache de Musa, se mit à bouillir. Alors Shamuil, tenant à la main un bâton de la hauteur de la taille de Shâuk, l'appela, dressa le bâton contre lui et reconnut qu'il avait exactement la longueur de son corps. Aussitôt

---

[1] I, Samuel, chap. VIII, 5. On donnait le nom de Juge au chef de l'État, dont, pendant un certain temps, l'attribut principal fut de rendre la justice.

[2] Contrairement au principe légitimiste du droit divin, les musulmans n'admettent nullement l'hérédité du pouvoir, ni les droits de la naissance en ce qui concerne le temporel.

il versa quelques gouttes d'huile sur la tête de Shâuk et le proclama roi des enfants d'Esraïl. (I, Samuel, chap. x, 1.) Le peuple applaudit et l'Arche de Tranquillité, décrite dans la vie de Musa, apparut. Tout le monde fut convaincu que la dignité royale et la conduite des enfants d'Esrail lui avaient été conférées.

XXXI

RÈGNE DE SHAUK (SAUL)

Shàuk, qui prit le nom de Talut (Saül), marcha à la tête de 80,000 guerriers[1] contre les Amalécites dont le géant Jalut (Goliatz) était le chef le plus redouté. Averti par Shamuil qu'il ne pouvait compter sur la plus grande partie de son armée, à cause des fatigues et des dangers à subir, Talut harangua ses soldats à leur entrée dans le désert : « L'ardeur du soleil et la soif vous accableront dans le désert. Quand vous en sortirez, ayez soin de ne boire qu'un coup[2], car quiconque boira davantage ou emportera de l'eau encourra la colère du Très-Haut ; il ne sera point désaltéré et ne participera pas à la victoire. »

Tous promirent d'obéir à cette injonction ; mais, quand ils arrivèrent à une rivière située entre le pays des Philistins et le Jourdain, quatre mille seulement tinrent leur promesse et continuèrent leur route. Quand ils furent proches de l'armée de Jalut, qui comptait cent mille hommes, la plupart s'effrayèrent et abandonnèrent leur chef ; il ne resta avec lui que trois cent treize hommes, le nombre des vainqueurs de Bedr'a[3]. Ces guer-

---

[1] I, Samuel, chap. xi, 8. Les enfants d'Israël étaient 300,000, et les hommes de la tribu de Juda, 30,000.
[2] On sait que, en pareille circonstance, cette abstention est une précaution d'hygiène indispensable et dont l'oubli a souvent causé la mort.
[3] La victoire de Bédr'a *a été remportée* par Mahomet avec 319 hommes.

riers s'exclamant comme les vers du Coran: « Combien de fois une petite troupe a défait une armée! » s'avancèrent pour combattre pendant que Talut invoquait Allah contre les infidèles. Voyant la faiblesse numérique de l'ennemi, Jalut eut honte de lui livrer bataille et envoya un cartel pour un combat singulier. Il se présenta à cheval avec une armure et invita Talut à venir se battre contre lui ou à envoyer un guerrier disposé à le faire. Alors Talut fit crier par un hérault dans son camp : « Celui qui vaincra Jalut en combat singulier aura la main de ma fille et sera associé au pouvoir royal [1]. »

Jalut était regardé comme un guerrier sans rival et personne ne se présentait. Enfin Daud (David) vint s'offrir.

C'était un prophète de la descendance de Yahuda (Juda), le dernier et le plus petit des treize enfants d'Aisha. Son père l'avait habitué à porter toujours avec lui une fronde, un sac de pierres et un bâton comme celui des prophètes.

Shamuil avait appris par une révélation divine qu'un des fils d'Aisha devait tuer Jalut et serait reconnu de lui à ce signe que l'huile sainte versée sur sa tête lui formerait un diadème. Le prophète s'était rendu chez Aisha qui lui présenta ses douze fils aînés, tous d'une taille et d'une force remarquables. Shamuil, sous l'inspiration divine, lui demanda le dernier de ces frères. Aisha lui dit : « A cause de sa petite taille, de ses yeux bleus et de sa laideur, je ne le regarde pas comme un homme. Il est maintenant occupé à faire paître le troupeau dans cette vallée là-bas. »

Shamuil alla le trouver et, reconnaissant en lui la lumière prophétique, versa sur lui l'huile sainte qui se fixa autour de sa tête en forme de diadème. Puis il lui demanda si quelque

[1] Dans cette occasion et dans d'autres encore, Saül ne brille pas par la bravoure ; probablement Samuel l'avait choisi à cause de l'influence qu'il exerçait sur lui et de sa docilité à ses conseils.

chose d'extraordinaire ne venait pas de lui arriver. Daud raconta que trois pierres lui avaient dit : « Nous sommes les pierres d'Harun, de Musa et de Daud ; prends-nous ; avec nous tu tueras Jalut. »

Shamuil reprit : « Réjouis-toi, Daud, car tu seras prophète et roi en Israël. » Il ajouta : « Ne fais part à personne de cette révélation. »

Lorsque Daud se présenta à Talut, le roi étonné lui dit : « Comment pourras-tu, petit et chétif comme tu l'es, résister à Jalut qui est plein de vaillance et de vigueur [1]. T'es-tu jamais exercé à percer ou à frapper ? » Daud répondit : « Quand je faisais paître mon troupeau, quelquefois il était attaqué par un fauve, comme un tigre ou un lion ; je déchirais et mettais en pièces cet animal par la force seule de mes bras sans l'aide d'aucune arme. »

Quand Talut le vit bien décidé, il lui donna un cheval et une armure. Mais, après essai, Daud renvoya l'un et l'autre au roi en disant : « Je ne suis pas habitué à cet équipement et à ces armes [2] ; qu'on me laisse combattre à ma manière. » En conséquence, il se présenta devant Jalut avec sa fronde, son sac et son bâton. Celui-ci lui demanda ce qu'il était venu faire. Daud répondit : « Te combattre et te tuer. » Jalut répondit ironiquement : « Quelles sont tes armes. Frappe-moi de toutes tes forces avec ton bâton [3]. » Daud lui montra avec confiance sa fronde et, après avoir échangé avec lui quelques menaces, tira de son sac les trois pierres qui n'en faisaient plus qu'une seule, les plaça

---

[1] I, Samuel, chap. XVII, 33. Car tu n'es qu'un jeune homme et lui est un guerrier depuis sa jeunesse.

[2] *Ibidem* : I, Samuel, chap. XVII, 39. Je ne puis me servir de ces armes, car je ne les ai pas éprouvées.

[3] *Ibidem* : 43. Et le Philistin dit à David : « Suis-je un chien que tu viennes vers moi avec un bâton ? »

dans la fronde et les lança contre Jalut en louant le Seigneur. Alors les Anges, les fauves, les oiseaux et les arbres s'unirent à lui pour glorifier Dieu en poussant le cri : « Allah est grand ! » dont tout l'univers retentit. Ce fracas épouvanta l'ennemi, et il s'éleva une violente tempête qui arracha le casque de Jalut, bien que, selon la tradition, il pesât cent vingt livres, et le laissa tête nue. La pierre lancée par Daud se divisa en l'air en trois morceaux dont l'un atteignit Jalut au front, lui traversa le cerveau et sortit derrière la tête ; il tomba de son cheval. Les deux autres morceaux frappèrent les deux ailes de l'armée ennemie qui prit tout entière la fuite, poursuivie par les Esraïlites l'épée dans les reins. Daud coupa la tête de Jalut, l'apporta à Talut et la jeta à ses pieds. Les adorateurs (I, Samuel, chap. xvii, 51) d'un seul Dieu furent au comble de la joie et retournèrent victorieux dans leur pays. Quelques jours après Daud rappela à Talut sa promesse. Peu jaloux de la tenir, Talut mit pour prix à la main de sa fille l'apport des langues de trois cents ennemis, espérant que Daud serait tué dans cette tentative. Celui-ci se mit à la tête d'une expédition où il défit une armée innombrable et captura beaucoup de prisonniers, ce qui lui permit de couper trois cents langues et de les envoyer au roi. Talut différa encore de donner sa fille, mais il y fut forcé par les reproches de Shamuil et des principaux d'Esraïl, interprètes de l'amour du peuple pour Daud. La manifestation de cet amour alluma dans le cœur de Talut[1] une jalousie qu'il dissimula, tant que Shamuil vécut. Après sa mort il dit à un de ses fils : « Il faut que tu fasses périr Daud[2] ; autrement, la dignité royale passera de notre famille dans la sienne. »

---

[1] I, Samuel, chap. xvii, 9. Et Saül envia David à partir de ce jour.
[2] Ib., chap. xix, 1. Et Saül dit à son fils Jonathan et à tous ses serviteurs de tuer David.

Jonathan objecta : « Comment agir ainsi après les services que Daud nous a rendus? » Mais Talut persista dans son dessein, et Jonathan en informa sa sœur pour qu'elle avertît Daud de se tenir sur ses gardes. Talut consulta ses ministres qui lui conseillèrent de prendre pour complice la femme même de David. Celle-ci, pressée par son père, feignit d'entrer dans ses projets ; mais elle avisa son mari et, d'accord avec lui, une certaine nuit, quelque temps après, mit dans son lit un sac de cuir, une outre de sa taille, remplie de vin et l'habilla avec les vêtements de Daud. (I, Samuel, chap. xix, 13.) Puis elle alla dire à son père : « J'ai fait boire beaucoup de vin à Daud; maintenant il dort dans son lit. » On sait qu'alors la religion ne défendait pas de boire du vin.

Aussitôt cet avis reçu Talut se rendit à l'appartement de David armé d'une épée tranchante et frappa sur le lit avec une telle force qu'il coupa en deux les habits de David et le sac de cuir ; des gouttes du vin qui jaillit tombèrent sur la figure de Talut, et il s'écria: « Qu'Allah pardonne à Daud son intempérance ! »

Quand Talut crut Daud mort, il s'en retourna à sa demeure et s'y reposa, l'esprit satisfait. La nuit suivante Daud s'introduisit près du lit de Talut, fixa une de ses flèches à la tête, une autre aux pieds, et une troisième à la gauche du lit, puis s'en alla. Quand Talut s'éveilla le matin, il reconnut les flèches et sut par là que Daud était en vie. Il dit alors avec un profond soupir : « Le Tout-Puissant pardonnera à Daud, parce qu'il est plus généreux et meilleur que moi, car j'ai voulu lui donner la mort sans motif, et, lui, après mon crime, a épargné ma vie qui était entre ses mains.

Après cette aventure, Daud se tint caché; il errait aux environs secrètement, tantôt dans des lieux habités, tantôt dans le désert.

tandis que sa femme faisait courir dans le peuple le bruit de sa mort. Talut envoyait des espions à sa recherche et des gens pour le saisir. Un jour il le poursuivit lui-même, à cheval, sans pouvoir l'atteindre. Les prêtres et les pieux d'Esraïl, indignés de cette persécution, défendirent à Talut de faire aucun mal à Daud. Alors le premier proscrivit les nobles d'Esraïl. La foule des ignorants, toujours hostiles aux hommes de savoir, les extermina partout où elle put les trouver. On amena même une vieille femme savante et pieuse à Talut qui chargea un officier de la mettre à mort. Celui-ci en eut pitié et la cacha chez lui.

Quelque temps après, Talut se repentit et fit pénitence, puis il se mit à errer la nuit dans les cimetières en poussant des gémissements et en disant: « Qui sait si le repentir d'un pécheur tel que moi a été accepté? » Une voix lui répondit : « Après avoir frappé l'élite d'Esraïl, tu viens maintenant nous tourmenter et ravir aux tombes leur repos : vivants et morts sont également tes victimes. »

Le roi au désespoir n'obtint quelque compassion que de l'officier qui avait caché la vieille femme pieuse. Il le pria de lui indiquer un homme éclairé et pouvant lui apprendre si son repentir avait été accepté. L'officier répondit par cet apologue: « Un roi arrivant dans un village entendit un coq chanter à contre-temps, alors il fit tuer tous les coqs de l'endroit. A la nuit il prescrivit qu'on l'éveilla le lendemain matin au chant du coq, et il fallut lui rappeler qu'il n'y avait plus de coqs au village. » Et il ajouta : « Il ne reste plus en Esraïl aucune personne de savoir excepté la vieille femme que tu m'as ordonné de tuer et dont j'ai eu pitié. » Talut fit venir cette femme et lui posa la question qui l'intéressait tant. Elle répondit : « Je ne sais rien. Cependant, si nous allons ensemble à la tombe de Shamuïl, peut-être aurons-nous une réponse. » En conséquence, tous trois s'en vinrent au tombeau de Samuel où la vieille femme, intercédant par le nom ineffable, dit : « Habitant de ce tombeau, lève-toi, sors-en, par permission du Très-Haut ! » Alors Shamuil se dressa, secoua la poussière de sa tête, de sa figure et de son corps, se montra étonné à la vue de ces trois personnes et demanda : « Est-ce que le jour de la résurrection a lui ? » (Voir l'appendice.) On répondit : « Non, mais Talut est fortement tourmenté d'une affaire très grave ; il désire apprendre de toi si son repentir est accepté ou non. » Shamuil interrogea : « O Talut, qu'as-tu fait depuis ma mort ? » Il répondit : « Il n'y a pas de mauvaise action que je n'aie commise. » Et il confessa ses fautes.

Shamuil prononça alors : « Ta pénitence sera acceptée, si tu consens à abdiquer la royauté, à abandonner le pouvoir et à combattre dans une guerre sainte avec tes fils jusqu'à ce qu'ils expirent sous tes yeux et que toi-même tu obtiennes après eux l'honneur du martyre[1]. »

Après avoir parlé ainsi, Shamuil rentra dans son tombeau et y reprit son premier état.

Talut rapporta à ses fils les paroles de Shamuil ; tous lui déclarèrent qu'ils ne voulaient pas lui survivre et qu'ils lui obéiraient en tout ce qu'il leur commanderait. Alors Talut fit immédiatement tout préparer pour une expédition et livra aux Infidèles une bataille où tous ses fils furent tués successivement devant lui, et où lui-même trouva la mort. Après cet événement, la royauté fut conférée à Daud[2].

---

[1] Tout Musulman qui meurt en combattant les Infidèles est un martyr et a droit en paradis.

[2] Il est intéressant de rapprocher ce récit de la mort de Saül de celui ci-après de la Vulgate.

Les Rois, liv. I, chap. XXVIII. — 3. Après la mort de Samuel, Saül proscrivit les mages et les devins.

4. Les Philistins se rassemblèrent et campèrent à Sunam et Saül vint à Gelboé avec tout Israël.

RÈGNE DE SHAUL

APPENDICE AU TITRE XXXI

La vie future pour les Musulmans

I. — Entre le décès et le jour de la résurrection

Lorsqu'un mort est mis dans le tombeau, un Ange lui annonce la venue des deux Anges examinateurs, *Monkir* et *Nakir*. Ces Anges noirs

5, 6. Effrayé de la force de l'ennemi, il consulta le Seigneur qui ne lui répondit ni par un songe, ni par les prêtres, ni par les prophètes.

7, 8. Alors, sous un déguisement et accompagné de deux serviteurs seulement, il alla trouver Pythonisse d'Endor.

9. Celle-ci lui dit : « Tu sais comment Saül a traité les devins, et tu me tends un piège *mortel* pour me faire périr. »

10. Saül lui jura au nom du Seigneur qu'elle n'avait rien à craindre.

11. Elle lui demanda : « Quel mort veux-tu que j'évoque ? » Il répondit : « Samuel. »

12. Alors elle s'écria : « Tu m'as trompée ; tu es Saül. »

13. Le roi reprit : « Parle sans crainte. Qu'as-tu vu ? »

14. « J'ai vu, dit-elle, sortir de terre un vieillard enveloppé dans un manteau. » Saül comprit que c'était Samuel ; il se prosterna et adora.

15. Samuel demanda : « Pourquoi as-tu interrompu mon repos ? » Saül répondit : « Je suis aux abois. Les Philistins m'attaquent et Dieu m'a abandonné. Je t'ai appelé pour que tu m'apprennes ce que je dois faire. »

16. Samuel lui dit : « A quoi bon m'interroger, puisque Dieu s'est retiré de toi et s'est déclaré pour ton compétiteur ?

17. Ainsi qu'il me l'a annoncé, il arrachera de tes mains le sceptre pour le donner à David, parce que tu lui as désobéi et que tu as épargné Amalek. Il livrera Israël aux Philistins avec toi. Demain, toi et ton fils, vous me suivrez dans la tombe. »

Et Saül tomba la face contre terre.

Chap. XXXI. — 1. Les Israélites fuirent devant les Philistins et tombèrent sous leurs coups sur le mont Gelboé.

2. Les Philistins assaillirent Saül et ses trois fils et tuèrent ceux-ci.

3. Saül eut alors à supporter tout l'effort du combat ; tous les archers dirigèrent toutes leurs flèches contre lui et le blessèrent grièvement.

4. Saül dit alors à son écuyer : « Tire ton épée et frappe-moi, pour que je ne tombe pas aux mains des incirconcis. »

5. Mais l'écuyer, frappé de terreur, ne lui obéit point ; alors Saül se jeta lui-même sur son épée et se transperça.

6, 7. Son écuyer en fit autant. Ainsi périrent tous ceux qui combattaient avec Saül.

et livides et d'un aspect terrible font mettre le défunt sur son séant et l'interrogent sur sa foi en l'unité de Dieu et la mission du Prophète. S'il répond d'une manière satisfaisante, ils permettent que le corps repose en paix et soit rafraîchi par l'air du paradis ; en cas contraire, ils le frappent sur les tempes avec des masses de fer jusqu'à ce que ses cris de douleur soient entendus du levant au couchant par tous les êtres, excepté les hommes et les génies. Puis, ils pressent la terre sur ce corps qui est mordu et rongé jusqu'au jour de la résurrection par ses péchés transformés en bêtes venimeuses: les plus gros piquent comme des dragons, les moyens comme des scorpions. Le Coran fait allusion à cet examen (chap. XIII et XLVII, etc.).

Quant à l'âme, l'Ange de la Mort la sépare du corps tout doucement, s'il s'agit d'un homme de bien, violemment en cas contraire, et elle entre dans l'état *intermédiaire* (entre la mort et la résurrection), el Berzakh. (Coran, chap. XVIII.) Si le défunt est un croyant, deux Anges viennent au-devant d'elle et la conduisent à la place qui lui est destinée suivant son mérite et son rang. Celles des prophètes sont reçues tout d'abord dans le ciel; celles des martyrs dans le gésier des oiseaux verts nourris des fruits du paradis. Les opinions sont partagées au sujet du séjour temporaire des autres âmes. Les uns croient qu'elles se tiennent habituellement près des sépulcres, mais avec la liberté d'aller où il leur plaît [1].

D'autres les placent avec Adam dans le ciel le plus bas et ils s'appuient pour cela sur l'autorité du Prophète qui a raconté qu'au retour de son voyage nocturne au ciel le plus élevé il avait vu dans le ciel le plus bas les âmes destinées à habiter le paradis à la droite d'Adam, et les âmes coupables à sa gauche.

[1] Croyance des Chinois et aussi, selon Fustel de Coulanges (*Cité antique*), des Anciens.

XXXII

DAUD (DAVID), LE ROI PROPHÈTE

Avant Daud, le prophète d'Esraïl appartenait à une tribu et le juge à une autre. Daud réunit dans sa personne le pouvoir spirituel et le temporel. Le Très-Haut a dit : « Daud, nous t'avons désigné pour prince souverain sur la terre ; en conséquence, juge entre les hommes avec vérité. » (Coran, chap. XXVII, 25.) A ce moment, il lui envoya les psaumes remplis d'exhortations et de préceptes. La voix de Daud était si belle qu'elle ravissait tous ceux qui l'entendaient ; on prétend que son gosier avait soixante-dix notes. Selon l'historien Wuhub, quand il lisait les psaumes, les animaux sauvages, les fauves et les oiseaux accouraient autour de lui et ne se faisaient entre eux aucun mal.

Lorsqu'il vit les génies aussi bien que les hommes, captivés par la voix de Daud, lui obéir docilement, Eblis, le cœur consumé par la flamme de l'envie, rassembla tous les démons afin de trouver avec eux un moyen de détourner de Daud le cœur des hommes. Il leur proposa d'inventer une voix dont les sons ressemblassent à ses notes, et, d'accord avec eux, il se mit à fabriquer toutes sortes d'instruments de musique, à l'aide desquels les disciples de Satan détournèrent les hommes du droit chemin et les précipitèrent dans la vallée de la perdition [1].

---

[1] La musique n'est point admise dans les cultes juif, musulman et protestant.

D'après la tradition, quand Daud louait et glorifiait le Seigneur, les animaux, la mer et la terre s'unissaient pour accompagner ses chants.

Selon Wuhub, le prophète Daud était extrêmement pieux et sensible, le soutien des faibles, des pauvres, des orphelins et des veuves. Il se promenait le plus souvent vêtu de laine, méditant, errant dans les rues et les places publiques, interrogeant les gens du peuple (*incognito*) sur lui-même, sur leur contentement ou leur mécontentement, sur les qualités bonnes et mauvaises qu'on lui attribuait. Un jour, un Ange se présenta à lui sous le déguisement d'un voyageur et répondit à ses questions : « Daud serait le meilleur des hommes, si, au lieu de vivre sur le trésor public, il gagnait lui-même sa vie. » Daud alors demanda au Tout-Puissant quel métier il devait apprendre. Il lui fut répondu : « Celui de fabricant de cottes de mailles ou de tisseur de cuirasses. » Le plus glorieux des prophètes a dit : « Nous lui avons enseigné l'art de faire des cottes de mailles. » (Coran, chap. XXVI, 80.) Des écrivains affirment que cette occupation était pour lui un simple passe-temps pour distraction.

Des histoires rapportent que le Souverain Maître fit présent à Daud d'une chaîne qui, par une de ses extrémités, était suspendue à la voix lactée et, par l'autre, aboutissait à son oratoire. Suivant qu'elle s'approchait ou s'éloignait, elle confirmait la vérité ou dénonçait la fausseté des témoignages.

Des commentateurs interprètent le vers : « Nous lui avons donné la royauté, avec la sagesse et l'éloquence » (Coran, chap. XXXVIII, 18), comme une confirmation de la pompe que déployait David quand il passait une nuit en prières à l'autel du Souverain Maître. Mille guerriers veillaient sur lui avec tant de respect qu'il n'était pas tenu un seul propos contraire à la Loi ou à la Sagesse. Ce respect fut porté à son comble dans tout le peuple par le fait suivant :

Un homme du peuple accusa devant Daud un grand de lui avoir pris sa vache. Comme il ne fournissait aucune preuve, le roi sursit au jugement. Quelques jours après, il entendit en songe ces paroles : « L'accusateur a raison et l'accusé mérite la peine capitale; fais-le mourir. »

A son réveil Daud se dit : « Est-ce que je puis, sur la foi d'un songe, mettre un homme à mort ? » Mais, lorsqu'il eut entendu trois nuits de suite les mêmes paroles, il ne douta plus de l'avertissement du Très-Haut, fit venir l'accusé et le menaça de mort; celui-ci répondit : « En vertu de quelle loi peut-on mettre à mort un Musulman sans preuves contre lui. » Daud répondit : « C'est par ordre de Dieu que j'agis ainsi. » Quand le coupable vit sa mort certaine, il dit : « O prophète d'Allah, j'ai mérité ce châtiment, non pour avoir volé une vache, mais pour avoir fait périr le père du propriétaire de la vache. »

A partir de ce moment, Daud inspira une grande crainte à tous les enfants d'Esraïl et personne n'osa plus lui désobéir en quoi que ce soit.

L'Épreuve de David

On rapporte que des théologiens ayant, en présence de Daud, affirmé qu'il ne se passait pas de jour sans que chacun des enfants d'Esraïl ne commît quelque péché, David se dit à lui-même: « Le jour de l'autel (c'est-à-dire celui où je suis en prières) j'évite tout acte coupable. » A cause de cette présomption, la Volonté éternelle décréta qu'il commettrait une faute. Un jour qu'il était à l'autel de son oratoire lisant les psaumes, apparut tout à coup un pigeon dont le corps était d'or, les ailes de brocard brodé de perles, le bec de rubis, les yeux d'émeraudes et les pieds de turquoises. Cet oiseau entra par la fenêtre et vint se poser près de Daud qui fut émerveillé de sa beauté. Il voulut le prendre pour en faire cadeau à son plus jeune fils, mais, quand il étendit la main pour le saisir, l'oiseau s'éloigna un peu, ce qui fit que Daud, interrompant sa lecture, se leva pour le poursuivre ; mais il s'envola par la fenêtre ; alors Daud monta sur le toit, regarda de tous côtés où il était allé et finit par l'apercevoir dans le jardin d'Aoriah (Uriah). En s'approchant du bord du toit, il jeta un coup d'œil dans le jardin. Ses yeux rencontrèrent une belle femme qui se baignait sur le bord d'un étang. (II, Samuel, chap. xi, 2.) Cette femme modeste, apercevant dans l'eau l'image réfléchie d'un homme, voila tout son corps de sa chevelure. Quand Daud retourna à son oratoire, il eut envie de la connaître. Il apprit par deux confidents qu'elle était l'épouse d'Aoriah alors sous les ordres de Thoab (Joab), neveu de Daud, qui assiégeait une forteresse du côté de Balgar ; alors Daud adressa à Thoab l'ordre de faire donner l'assaut par Aoriah ; la place fut emportée, mais Aoriah fut tué. A l'expiration du deuil Daud obtint la main de la veuve à la condition que l'aîné de leurs fils hériterait de la royauté : ce fils fut Suliman (Salomon).

Il se passa beaucoup de temps sans que Daud eût conscience de sa faute. Le Très-Haut l'en avertit ainsi : « Un jour que Daud lisait les psaumes dans son oratoire, pendant que ses gardes veillaient autour avec ordre de ne laisser pénétrer personne, deux hommes apparurent tout à coup près de lui et lui dirent : « Ne crains rien, nous sommes deux plaideurs ; décide entre nous avec justice. » (Coran, chap. xxxvii, 21.) Puis l'un d'eux exposa : « Mon frère que voici a quatre-vingt-dix-neuf moutons, et moi j'avais une seule brebis. Il a voulu la joindre à son troupeau, et il me l'a prise de force. » Daud répondit : « Certainement il t'a lésé ; ainsi lèsent le prochain tous les hommes, excepté le petit nombre des croyants et des justes [1]. » Quand Daud eut prononcé ces paroles, les deux hommes se regardèrent en souriant et en disant : « Il s'est jugé lui-même, » puis ils disparurent. Daud reconnut que c'étaient des anges qui l'avertissaient de sa faute, il en sentit toute la gravité, se repentit et implora le pardon de Dieu. Pendant quarante nuits et quarante jours, il resta prosterné en adoration, ne levant la tête que pour prier et pour faire ses ablutions [2]. Il pleura tant que ses larmes firent pousser le gazon autour de lui. Pendant qu'il poussait des cris et des gémissements, il s'entendit appeler et répondit : « Seigneur, j'écoute et j'obéis. » Alors la voix reprit : « J'ai pardonné la faute et remis ton péché. » *C'est ainsi que nous lui avons pardonné, et il sera admis auprès de nous, et il aura une délicieuse demeure dans le Paradis.* (Coran, chap. XXXVIII, 24.)

Des écrivains ajoutent qu'après avoir adoré et remercié le Très-Haut Daud dit : « Seigneur, tu m'as pardonné, mais que répondrai-je à Aoriah s'il m'accuse le jour de la résurrection. » (Voir l'appendice du titre XXXII.) Une voix lui ordonna : « Va à la tombe d'Aoriah et implore son pardon pour toi ; je vais le ressusciter. » Daud obéit et, arrivé au tombeau, appela à haute voix Aoriah. Celui-ci répondit : « Qui vient m'éveiller de mon sommeil et interrompre le cours de ma félicité. » Daud se nomma et ajouta : « Pardonne-moi le mal que je t'ai fait. Je t'ai envoyé à la mort. » Aoriah lui dit : « Je t'en remercie, car c'est grâce à cela que j'habite maintenant les jardins du Paradis. » Alors Daud acheva son aveu : « Je t'ai envoyé à la mort pour prendre possession de

---

[1] Coran, chap. XXXVIII, 22 et 23. Voyez aussi la Parabole de Nathan à David. II, Samuel, chap. XII.

[2] Les prières ne sont efficaces qu'avec des ablutions et, quand l'eau manque pour celles-ci, on doit les faire figurativement avec de la terre et du sable.

la femme. » Aoriah se tut, bien que Daud désolé répétât trois fois ces paroles. Enfin il rompit le silence pour accabler Daud de malédictions, et celui-ci retomba dans son désespoir. Le Seigneur lui dit : « Aoriah ne t'accusera pas le jour de la résurrection où je lui accorderai tous les bonheurs du Paradis, des houris, des palais, etc. » Daud eut confiance dans le pardon du Seigneur et vécut encore trente ans, mais toujours triste et repentant.

Shalum (Absalon), fils de Daud

Pendant que Daud s'absorbait dans la pénitence, les affaires de l'État tombèrent en souffrance. Quelques ignorants parmi les enfants d'Esraïl vinrent dire à Shalum, fils de Daud et petit-fils de Talut : « Ton père est incapable de gouverner ; tu es le fils aîné de la maison du prophète et le plus digne de commander ; prends donc possession du pouvoir ; nous, tes serviteurs, nous t'obéirons et t'assisterons de toutes nos forces ; si ton excellent père t'adresse des reproches, tu lui répondras que tu as assumé sur toi cette lourde responsabilité pour empêcher les ennemis de la monarchie de s'emparer du trésor et du pouvoir suprême. » Cédant à ces conseils pervers, Shalum prit les rênes du gouvernement [1].

---

[1] Notre auteur, fort indulgent pour Absalon, n'a pas retenu que, pour donner un gage à ses partisans, ce prince infligea à son père le dernier outrage en polluant publiquement ses concubines qu'il avait laissées dans son palais en l'abandonnant à leurs soins. (Les Rois, livre II, chap. VI.)

21. Et ait Architopel ad Absalon : « Ingredere ad concubinas patris tui quas dimisit ad custodiendam domum : ut cum audiverit omnis Israel quod fœdaveris patrem tuum, roborentur tecum manus eorum.

22. Tenderunt ergo Absalon tabernacula in Solario, ingressusque est ad concubinas patris sui coram universo Israel.

Lorsque Daud l'apprit, il fut extrêmement blessé de la conduite de son fils et quitta les enfants d'Esraïl avec son neveu Thoab (Joab) et le commandant en chef de son armée qui était aussi habile dans le conseil que brave dans l'action. Shalum, informé de la fuite de son père, s'efforça de le faire prisonnier. Alors Daud envoya vers lui le commandant en chef, en le chargeant secrètement de ramener par ses conseils Shalum à son devoir. Celui-ci en effet se rendit à ses instances et le prophète retourna honorablement à la résidence royale, mais son fils rebelle prit peur et s'enfuit. Daud invita Thoab à amener par la persuasion son fils chéri à revenir auprès de lui et lui enjoignit d'épargner sa vie, sous peine de perdre la sienne. Thoab atteignit Shalum, le défit et le tua, puis il informa le roi de ce qu'il avait fait et de son prochain retour[1]. Daud, profondément affligé, menaça Thoab de la peine du talion; cependant, pour des raisons politiques, il ne mit pas ses menaces à exécution contre Thoab, qui jouissait d'une grande popularité, à cause de ses talents guerriers et de ses victoires. Mais, à son lit de

---

[1] *Vulgate.* — *Fin d'Absalon:*

Chap. XVIII. — 9. Absalon, fuyant après sa défaite sur un mulet, passa sous un chêne dont les branches accrochèrent ses cheveux; et, sa monture continuant à courir, il se trouva suspendu en l'air.

10. Un serviteur de David vit cet accident, et il l'apprit à Joab qui lui dit :

11. « Pourquoi ne l'as-tu pas mis en terre ? Je t'aurais donné plus de dix sicles d'argent. »

12, 13. Le serviteur répondit :

« Tu aurais beau m'en donner mille, je ne toucherais pas au fils du roi qui a ordonné qu'on veillât sur les jours d'Absalon. Si j'agissais autrement, tu serais le premier à m'accuser. »

13, 14. « Puisque tu refuses, repartit Joab, c'est moi qui le frapperai en ta présence. » Il prit alors trois javelots, et les plongea dans le cœur d'Absalon, pendant qu'il palpitait suspendu.

15. Dix jeunes écuyers de Joab accoururent et l'achevèrent.

16. On emporta Absalon aux ravins, et on le jeta dans une grande fosse qu'on recouvrit d'un gros tas de pierres.

mort, il ordonna à son fils Suliman de ne pas l'épargner et celui-ci le déchargea du fardeau de sa tête.

On raconte qu'au temps de Daud les enfants d'Esraïl avaient prodigieusement multiplié, et qu'il reçut cette invitation d'En-Haut: « J'ai décidé d'affliger les enfants d'Esraïl d'un fléau afin de réduire leur nombre. Choisis donc entre ces trois calamités : la famine, la conquête par l'ennemi et la peste. » Daud consulta le peuple qui s'en remit à sa sagesse ; il dit alors: « La famine éteint toute pitié et brise les liens de parenté ; la conquête par l'ennemi ne peut être subie par quiconque a du cœur, elle n'épargne ni grands ni petits. En conséquence, il vaut mieux mourir sous notre toit de la peste et nous abandonner à la volonté de Dieu, le Sage, le Miséricordieux par excellence.

Il mourut cent soixante-dix mille personnes entre le lever et le coucher du soleil.

Loué soit le Créateur dont le merveilleux pouvoir abat la sagesse des prophètes sur le sol de la faiblesse (distique).

Dans cette journée Daud s'avança en procession avec les théologiens et les prêtres dans la plaine autour de la Demeure Sainte (Jérusalem), la tête courbée en signe d'adoration, perdu en gémissements et en lamentations. Dieu écouta les prières du roi prophète et des prêtres. Daud annonça à ceux-ci qu'elles étaient agréées. Quand la colère divine fut apaisée, Daud dit au peuple :

« Vous devez une immense gratitude au Seigneur pour ses bienfaits, et la meilleure manière de la lui témoigner est de lui élever une mosquée dans cette terre sainte. » Les enfants d'Esraïl se montrant dociles, Daud pria à ce sujet et, ayant obtenu la permission de Dieu, fit exécuter par eux en toute diligence les fondations de la future mosquée [1].

[1] Le Coran donne au temple de Jérusalem le nom de Mosquée.

Tous les propriétaires des terrains sur l'emplacement choisi les abandonnèrent gratuitement, excepté un indigent. On l'amena à Daud auquel il déclara qu'il s'en rapporterait pour le prix à sa décision prophétique. Daud lui offrit de couvrir tout son lot de terre d'autant de chameaux et moutons qu'il pourrait en contenir et de les lui donner. Le propriétaire demanda qu'on entourât son champ d'un mur de sa hauteur et qu'on le remplît de deniers. Daud fit part au peuple de ses exigences ; alors l'indigent dit : « Celui à qui rien n'est caché sait que j'attache plus de prix au pardon d'un seul de mes péchés qu'à tous les trésors. J'ai voulu seulement éprouver le peuple et nullement prendre de l'argent. Maintenant mettez-vous avec joie et entrain à construire la mosquée, car je ne veux rien accepter. »

Daud, assisté des chefs du peuple, fit exécuter les fondations et élever les murs jusqu'à la hauteur d'un homme ; alors il eut cette révélation : « Votre ouvrage est accepté, ainsi que votre gratitude. Arrêtez votre construction dont l'achèvement est réservé à un des excellents fils de Daud, afin qu'il reste pendant des siècles un souvenir et un monument de son règne parmi les enfants d'Esraïl. A l'âge de cent ans Daud rendit à Dieu son pur esprit dans son appartement privé et partit pour les jardins du paradis. A ses obsèques, son cercueil fut escorté de quarante mille prêtres et d'une multitude innombrable. Comme, ce jour, la chaleur était insupportable, Suliman ordonna à une nuée d'oiseaux d'entre-croiser leurs ailes sur le cortège d'un côté seulement, de telle sorte que l'autre côté, celui d'où venait la brise, restait ouvert, pour que la foule pût la recevoir.

APPENDICE AU TITRE XXXII

La Résurrection

Le temps de la résurrection n'est connu que de Dieu seul; l'Ange Gabriel a avoué à Mahomet son ignorance à ce sujet. Mais on reconnaîtra l'approche de ce jour à certains signes qui doivent le précéder. Ces signes sont de deux espèces: les uns d'ordre moindre, les autres plus éclatants.

Les premiers sont [1] :
1° L'affaiblissement de la foi parmi les hommes;
2° L'élévation des personnes de basse condition aux dignités éminentes;
3° L'abandon des deux sexes à la sensualité;
4° Du tumulte et des séditions;
5° De si grands maux que ceux qui passeront auprès du tombeau d'un homme diront:
« Plût à Dieu que je fusse à sa place, » etc.

Les signes éclatants sont au nombre de dix-sept, dont voici les principaux :
1° Le lever du soleil à l'occident;
2° L'apparition pendant trois jours d'une bête immense qui sortira de la terre dans le temple de La Mecque ou quelque autre lieu saint. Elle aura la tête d'un taureau, les yeux d'un porc, les oreilles d'un éléphant, les cornes d'un cerf, le col d'une autruche, la poitrine d'un lion, la couleur d'un tigre, le dos d'un chat, la queue d'un bélier, les jambes d'un chameau et le braiement de l'âne. Elle sera d'une agilité si grande que personne ne pourra lui échapper. Elle portera la verge de Moïse avec laquelle elle marquera au visage tous les Musulmans du mot « croyant » et le sceau de Salomon qui imprimera sur la face des non-croyants le mot « Infidèle ». Cette bête parlera arabe et enseignera la fausseté de toutes les religions autres que l'Islam. — Cette description ressemble à celle de la bête de l'Apocalypse.
3° Une guerre avec les Grecs;

---

[1] Ce sont les mêmes signes que ceux qui, dans les Pouranas, se produisent dans la période dernière de dégénérescence d'un Yoga (âge du monde).

4° La venue de l'Anté-Christ. Il doit ravager tous les lieux du monde, excepté La Mecque et Médine qui seront défendues par les Anges. A la porte de *Lud* il rencontrera Jésus qui le mettra à mort ;

5° La descente de Jésus sur la terre, comme elle est rapportée au titre XLII ;

6° La venue du Mahdi, un descendant du prophète qui règnera sur le monde entier ;

7° Un vent qui emportera les âmes de ceux qui auront de la foi, ne fût-ce que comme un grain de moutarde.

L'heure même de la résurrection sera déterminée par le premier des trois sons de la trompette dit : *le son de la consternation*. Les montagnes et les cieux se fondront ; le soleil, la lune et les étoiles seront jetés dans les mers changées en feu. Les mères, dit le Coran, oublieront de donner le sein aux enfants qu'elles allaitent et on négligera totalement les femelles des chameaux qui auront des petits de dix mois.

Tous les animaux épouvantés accourront ensemble dans un même lieu. (Coran, cap. LXXVI).

Au second son, *son de l'exanimation*, toutes les créatures qui habitent le ciel et la terre, sauf celles que Dieu voudra excepter, seront anéanties en un clin d'œil ; l'Ange de la Mort mourra le dernier.

Quarante ans après le troisième son, celui de la résurrection, sera sonné du temple de Jérusalem par Israfil rappelé à la vie avec Gabriel et Michel avant tous les autres êtres.

A cet appel, toutes les âmes viendront se rendre dans la trompette et, lorsqu'elle cessera de se faire entendre, elles en sortiront en volant comme un essaim d'abeilles et rentreront chacune dans les corps qu'elles avaient occupé et qui, en ce moment-là, sortiront de la terre. Le Coran enseigne que la résurrection s'étendra à toutes les créatures, anges, génies, hommes, animaux.

Cependant des commentateurs contestent cette interprétation pour les animaux. Tous seront rassemblés dans un même lieu, sur la situation duquel on n'est pas d'accord. Les élus ressusciteront glorieusement et sans crainte ; les réprouvés, avec confusion et épouvante.

Les hommes auront des corps parfaits et seront, comme en venant au monde, nus et incirconcis. Les meilleurs trouveront préparés pour eux des chameaux blancs et ailés, ayant des selles d'or.

Dieu, en ce jour, mettra des marques particulières à dix espèces de pécheurs.

1° Les sectateurs du Zend auront la forme de singes ;

2° Les gens qui se seront enrichi malhonnêtement et en opprimant le public, celle de porcs ;

3° Les usuriers auront la tête renversée et les pieds tordus ;

4° Les juges iniques seront aveugles et erreront à l'aventure ;

5° Ceux qui se glorifieront de leurs propres œuvres seront aveugles, sourds, muets et sans entendement ;

6° Les savants et docteurs qui ne pratiquent point les préceptes qu'ils enseignent rongeront leurs langues qui pendront sur leur poitrine ; un sang corrompu sortira de leur bouche ;

7° Ceux qui auront fait du mal à leurs voisins auront les mains et les pieds coupés ;

8° Les faux accusateurs, les faux témoins seront attachés à des troncs de palmiers ou à des pieux ;

9° Les luxurieux et ceux qui n'ont pas consacré à Dieu la partie de leurs biens qui est prescrite seront plus puants que des cadavres ;

10° Les orgueilleux, les vaniteux, les arrogants seront revêtus d'habits doublés de poix [1].

Les génies et les bêtes brutes seront jugés immédiatement.

Le bétail qui n'est pas armé prendra vengeance des bêtes à corne, jusqu'à ce que celui qui a été outragé ait reçu entière satisfaction.

Le genre humain restera en attente du jugement pendant une durée qui varie suivant les théologiens entre quarante jours et cinquante mille ans. Les hommes seront debout regardant vers le ciel sans en recevoir ni ordre ni aucune nouvelle. Le soleil se rapprochera d'eux jusqu'à la distance de la longueur d'un poinçon, en sorte que leur être bouillera comme une marmite. Les bons seront préservés de ce tourment, étant à couvert à l'ombre du trône de Dieu ; mais les méchants en souffriront cruellement.

Ils seront plongés dans un bain formé de la sueur qui découlera de leur corps et qui montera plus ou moins, suivant la grandeur de leurs crimes, depuis la cheville jusqu'à la bouche et aux oreilles.

---

[1] Cette énumération semble un emprunt à la métempsycose indienne à laquelle croient plusieurs ordres religieux musulmans, notamment les Derviches de Scutari.

XXXIII

SULIMAN (SALOMON), FILS DE DAVID

I.— Sagesse et puissance de Suliman.— II.— Construction de la Mosquée (Temple). — III. — La fourmi

I. — Sagesse et puissance de Suliman

Dès son enfance Suliman se faisait remarquer par toutes les qualités du corps et de l'esprit. Même encore très jeune Daud le consultait en tout, parce qu'il avait eu plusieurs preuves de son intelligence extraordinaire, entre autres la suivante :

Daud avait désigné un juge pour régler les différends entre ses sujets. Une dame d'une beauté et d'une grâce incomparables s'adressa à ce dernier pour un bien en litige. Le juge s'éprit d'elle, ajourna sa décision et fit demander sa main. Elle déclara ne pas vouloir se marier; alors il lui proposa l'adultère qu'elle rejeta avec indignation. Ne pouvant obtenir une décision du juge, elle s'adressa au chef de la police ; même chose advint avec lui, et aussi avec le chambellan de David. Ces trois libertins, se trouvant un jour ensemble et sans autres témoins, se racontèrent le refus essuyé et complotèrent la perte de cette femme vertueuse. Tous trois vinrent témoigner qu'ils l'avaient surprise en fornication avec un chien. Elle fut condamnée, suivant la Loi de Moïse, à être lapidée. La voyant mener au supplice Suliman demanda qu'on différât l'exécution de sa sentence, et, ayant obtenu de Daud l'autorisation d'éclaircir cette affaire, interrogea chacun des déposants, en particulier, sur la couleur du chien. Ils déclarèrent chacun une couleur différente et, ainsi convaincus de faux témoignage, subirent la peine qu'ils avaient voulu faire infliger à une femme innocente [1].

Une autre fois deux femmes se présentèrent devant Suliman. Pendant qu'elles lavaient dans le désert, elles avaient perdu de vue quelques instants leurs deux enfants placés à proximité et un loup avait emporté l'un d'eux. Chacune des deux femmes prétendait que l'enfant survivant était le sien. *Salomon* ordonna de couper l'enfant en deux et de le partager entre les deux femmes. L'une d'elles accepta ce jugement ; l'autre éplorée s'écria : « Donnez l'enfant à l'autre femme, je ne veux pas qu'on le fende en deux. » Alors Suliman prononça : « L'enfant appartient à la femme qui pleure et ne veut pas le partage. »

Lorsque Suliman eut ceint le diadème, il pria le Souverain Maître de lui accorder un empire qui n'eût point d'égal. Les auteurs diffèrent sur l'étendue de ses États ; quelques-uns affirment qu'ils embrassaient toute la terre et se fondent sur ce texte historique : « Quatre rois ont possédé le monde tout entier : deux, Zulgarneen et Suliman étaient Croyants ; deux, Nemrud et Balthanassar, infidèles. »

D'autres historiens rapportent qu'il eut d'abord la Syrie et ensuite lui annexa la Perse.

Le Seigneur qui donne et ôte le pouvoir à qui il veut, assujettit à Suliman les génies, les animaux de la terre, les oiseaux du Ciel. Le vent lui-même dut obéir à ses ordres.

Lorsque Suliman fut assis sur le trône de la domination uni-

---

[1] Ce récit est bien inférieur à celui de la chasteté de Suzanne démontrée par Daniel, et qui a été le sujet de plusieurs tableaux. (Vulgate, prophétie de Daniel, chap. XIII.)

verselle, il commanda aux Satans (génies) un tapis d'une étendue égale à celle sur laquelle campait son armée. Quand il voulait se rendre d'un lieu à un autre très éloigné, il faisait placer sur ce tapis son trône, tout le service de sa maison royale, et tout son armée en ordre de bataille. Puis il commandait au vent de porter le tapis à l'endroit désigné. Allah a dit : « Le vent courait à son ordre vers le pays auquel nous avions accordé notre bénédiction (celle de la vue de Suliman). (Coran, chap. xxi, 81.) Il passait doucement sur les campagnes sans faire de mal aux récoltes.

C'est ainsi qu'un jour Suliman partit le matin de la Syrie vint dîner à Estakar, en Perse, et prit son repas du soir Kaboul.

II. — *Édification de la Ville Sainte et de la future Mosquée (le Temple)*

Après la mort de Daud, Salomon décida d'achever la future mosquée et de fonder une ville autour. Il engagea des hommes de métier et des génies spéciaux, chargea d'habiles architectes d'établir en marbre les fondements de la cité et de la diviser en douze quartiers séparés par des remparts, un quartier pour chaque tribu. Il fallut un certain temps pour achever la Ville Sainte. (Coran, chap. xxi, 81.)

Suliman commanda aux Génies d'extraire des mines d'apporter des rubis, des saphirs, des topazes, des émeraudes de l'or, de l'argent, etc. ; il les envoya à la mer pêcher des perles et des coraux et mit une autre troupe à transporter des pierres. Quand tous les matériaux et les outils furent prêts, les tailleurs de pierre coupèrent les pierres et polirent les surfaces; les maçons placèrent les unes sur les autres des pierres alternativement blanches, vertes et jaunes, jusqu'à ce qu'ils eussent monté à leur hauteur les murs de la mosquée. Les colonnes furent faites de pierre translucide ; les plafonds et les lambris (murs) furent incrustés d'une quantité de pierres précieuses d'un tel éclat qu'on voyait aussi clair dans le temple pendant la nuit qu'en plein jour.

Lorsque l'édifice fut terminé, Suliman donna un festin auquel il invita tous les nobles et les grands des enfants d'Esraïl et leur dit : « Cette demeure a été élevée uniquement pour l'adoration de Dieu le Très-Haut. Elle ne doit pas rester une seule heure privée de l'enseignement des théologiens et de la lecture des félicités de l'autre monde. »

Suliman mit beaucoup d'années à construire et à orner la Demeure Sainte (Jérusalem) et la future mosquée (le Temple). Quand Balthanassar (Nabuchodonosor) s'empara de la Syrie, il détruisit la ville, arracha des parois et plafonds du temple toutes les pierreries et les perles et les emporta dans sa capitale. (II, Les Rois, chap. xxiv, 10-16.)

On raconte que, par ordre de Suliman, les génies, en même temps qu'ils élevaient les forts de Jérusalem, en édifiaient de pareils dans l'Yémen et les décoraient d'images et de représentations de figures d'anges, de prophètes, de saints, de héros, d'oiseaux et d'animaux sauvages, en or, argent, airain, agate et cristal. Ils exécutèrent deux lions qui portaient sur le dos le trône de Suliman. On dit qu'ils composèrent aussi un talisman (mécanisme) par l'effet duquel, toutes les fois que le roi voulait monter sur le trône, les lions levaient en l'air leurs pattes de devant et les mettaient l'une contre l'autre. Suliman empruntait cette sorte d'escabeau vivant qui l'élevait jusqu'à son siège. Après la mort de Suliman, un autre roi voulut en user de même, mais les lions lui cassèrent une jambe et, depuis lors, personne n'a osé s'approcher du trône. Cependant Allah seul sait si ces récits sont vrais.

Suliman, constamment en actions de grâces, apprit au peuple qu'il comprenait le langage des oiseaux. Les voix des oiseaux le tenaient au courant des intentions des Esraïlites. Un jour, on entendit dans l'assemblée le roucoulement d'un pigeon et l'on demanda ce qu'il disait. Suliman expliqua qu'il proférait ces mots :

Vous naissez pour mourir, vous édifiez (ce qui sera) des ruines. »

On raconte que, par l'ordre de Dieu, il avait fait exécuter devant la salle où il siégeait d'ordinaire une terrasse pavée de briques alternativement d'or et d'argent. Il avait un trône d'or pur incrusté de rubis et de perles que tous les jours on transportait sur cette aire et que l'on reportait ensuite au palais; beaucoup de chaires, dont plusieurs d'or et d'argent entouraient le trône. La plus rapprochée était celle d'Azat (son vizir) qui s'occupait des affaires publiques; quatre mille chaires étaient occupées par des savants et des prêtres. En arrière du trône se tenaient pour servir le roi quatre cents courtisans, quatre mille génies et quatre mille fées. Pour écarter toute souffrance de son corps incomparable, des oiseaux formaient au-dessus de sa tête un dais avec leurs ailes entrecroisées, interceptant ainsi la chaleur du soleil. Chaque jour Suliman occupait le siège de juge depuis le lever jusqu'au coucher du soleil; il retournait ensuite à son palais. Il avait appris le métier de vannier, mais, dès qu'il le sut, il se livra à d'autres occupations. Il avait un moment fixé pour la prière, mais il passait la plus grande partie de la nuit à lire les psaumes.

On raconte que les Satans (Génies) firent les marmites et les autres vases de la cuisine de Suliman si vastes et si hauts qu'on ne pouvait les remuer et que, quand les aliments étaient cuits, il fallait monter sur des échelles pour les prendre.

Dans cette cuisine, on faisait chaque jour sept cents pains de fleur de farine de blé, et on préparait les autres aliments en proportion, quoique le roi se bornât à manger du pain d'orge en compagnie d'un pauvre.

Lorsque Suliman fut à l'apogée de sa puissance, il eut l'idée de donner un grand repas à toutes les espèces d'hommes, de génies, d'oiseaux, de poissons et de créatures de Dieu, afin d'accroître sa gratitude envers le Créateur. Après avoir obtenu la permission du Très-Haut, il choisit pour emplacement une immense prairie sur le bord de la mer et ordonna aux génies de faire deux mille sept cents marmites, chacune de mille coudées de diamètre. On tua 22,000 brebis. On peut juger par cette donnée de la quantité des aliments de toutes sortes qui furent préparés. Quand tout fut réuni, mets et invités innombrables, il plut au Très-Haut de montrer à Suliman sa toute-puissance pour l'entretien quotidien de ses créatures. Il envoya à terre un monstre marin qui dit à Suliman : « Tu donnes un festin à toutes les créatures, tu t'es donc chargé aussi de me faire subsister aujourd'hui. Fais-moi donner ma portion. » Suliman répondit : « Va à la cuisine et mange à ta faim. » La bête alla et dévora tous les mets préparés; puis elle retourna auprès de Suliman criant la faim. Quand Suliman vit que tout le produit du travail de ses cuisiniers avait été dévoré par une seule créature inassouvie, il craignit de ne pouvoir satisfaire les autres créatures. Le monstre ajouta : « J'ai consommé le tiers de ma nourriture quotidienne, à qui dois-je m'adresser pour le reste. » Suliman répondit : « Tu as consommé ce qui avait été amassé pour une foule d'êtres. » Le monstre reprit : « Il ne serait pas glorieux pour toi de me renvoyer avec la faim aujourd'hui qu'Allah le Magnifique m'a adressé à toi comme hôte. Si tu ne peux satisfaire une seule créature, comment as-tu pu entreprendre de nourrir les génies, les hommes, les quadrupèdes, les oiseaux et les reptiles? » Averti par ces paroles, Suliman se réfugia dans le Seigneur, se repentit et implora son pardon en disant : « Je demande pardon à cause de mon ignorance. Seigneur, ayez pitié de mon ignorance ! » Et le Maître de la Gloire lui pardonna.

III. — La fourmi

Allah a dit : « Suliman avait rassemblé autour de lui des armées de génies, d'hommes et d'oiseaux, et il les avait conduits par bandes distinctes jusqu'à la vallée des Fourmis[1]; alors une fourmi dit : « O fourmis, rentrez dans vos demeures de peur que Suliman et son armée ne vous foulent aux pieds par mégarde. » (Coran, chap. XXVII, 17, 18.)

Quand Suliman apprit les craintes du roi des fourmis et les ordres qu'il avait donnés à ses sujets, il se mit à rire et dit : « Seigneur, inspire-moi, afin que je puisse te remercier dignement des faveurs dont tu nous as comblés, moi et mes pères. » Il défendit que personne de sa suite ne descendît dans la vallée des Fourmis avant que toutes fussent rentrées dans leurs nids, puis il demanda que le roi des fourmis se mît doucement dans la palme de sa main et s'entretînt affablement avec lui.

> Un grand ne doit point dédaigner un derviche,
> Puisque Suliman dans sa pompe n'a point dédaigné une fourmi.

Suliman interrogea : « Ne sais-tu pas que je suis un prophète d'Allah et que je ne voudrais pas faire du mal même à une fourmi sous mon pied. » La fourmi répondit : « Je le sais;

---

[1] Suliman se rendait avec son armée de la Perse au Yémen et avait dépassé Médine et La Mecque.

mais ceux qui te suivent pouvaient nous faire du mal même sans le voir, ainsi que le dit le vers sacré. » Suliman demanda encore : « Mon pouvoir est-il plus grand que le tien? » La fourmi s'exclama : « O prophète d'Allah, ton trône est porté par le vent et le mien est dans le creux de ta main! »

Suliman reprit : « Et tes armées sont-elles plus nombreuses que la mienne? »

Le roi des fourmis répondit : « Donne-moi un peu de temps pour t'en faire voir quelques-unes. »

Suliman consentit, et alors le roi des fourmis invita à haute voix ses sujets à venir se présenter devant le prophète d'Allah. Aussitôt sortirent de leurs nids soixante-dix mille légions de fourmis, chaque légion si nombreuse que Dieu seul pourrait la décompter. Salomon interrogea : « As-tu encore d'autres armées ? » Le roi fourmi répondit : « Soixante-dix années ne suffiraient pas à les faire passer devant toi [1]. »

Suliman émerveillé voulait s'éloigner, mais le roi des fourmis lui dit : « Attends un peu que je te fasse un présent en rapport avec ma fortune, car, selon un vieil adage : visiter un homme vivant et n'accepter rien de lui, c'est comme visiter un mort. »

Suliman tomba d'accord là-dessus et alors le roi des fourmis lui présenta la moitié d'une jambe de sauterelle.

> C'est une faute, mais c'est le propre d'une fourmi,
> D'apporter à Suliman le pied d'une sauterelle.
> Un jour une fourmi visita Suliman
> Tenant à la bouche le pied d'une sauterelle.
> Elle plaida avec éloquence et dit pour son excuse:
> Le don est en rapport avec le pouvoir de celui qui l'offre.

---

[1] Cet apologue appartient sans doute à Salomon qui, en sa qualité de naturaliste, connaissait et voulait faire connaître la puissance irrésistible de la nature vivante dans sa division jusqu'à l'infini.

XXXIV

BALQIS, REINE DE SABA

Salomon avait assigné à chaque oiseau un emploi. Il avait chargé le vanneau d'étudier la terre et de faire connaître en quels lieux l'eau est le plus près de sa surface, parce qu'il voyait l'eau souterraine comme les hommes voient l'huile dans des bouteilles diaphanes.

Dans le cours de ses conquêtes, Suliman arriva à Sana'a dans l'Yémen et, charmé de la beauté du lieu, il s'arrêta dans les prairies pour dire ses prières et faire manger son armée. Son vanneau, le voyant ainsi occupé, saisit l'occasion, s'envola, parcourut ce magnifique pays en long et en large, et, quand il eut tout admiré, vint se poser sur le sommet d'un arbre où il rencontra un autre vanneau avec lequel il entra en conversation. Ce camarade lui dit : « Cette ville est la capitale d'un royaume dont la reine se nomme Balqis. Elle a douze généraux qui ont chacun cent mille hommes sous leurs ordres. Tous les habitants adorent le soleil. » Ainsi informé, le vanneau s'en retourna. Mais, pendant son absence, Suliman eut besoin de le consulter à cause du manque d'eau ; ne le voyant pas à sa place, il avait demandé : « Où est le vanneau ? » (Coran, chap. XXVII, 20.) L'aigle, chef des oiseaux, n'ayant pu donner de lui aucune nouvelle, partit à sa recherche et le rencontra sur la route du royaume de Saba ; ils s'en revinrent ensemble. Le vanneau se présenta à Salomon qui lui saisit la tête en le menaçant d'un cruel châtiment. (Coran, chap. XXVII, 21.) Le vanneau se récria : « O prophète, pense au jour du jugement et aux comptes que tu auras à rendre. » Alors Salomon lâcha sa tête et lui demanda : « Où es-tu allé ? » L'oiseau répondit : « J'ai visité une contrée que tu ne connais pas, et je t'en apporte des nouvelles importantes. (Coran, chap. XXVII, 22.) Ce pays a pour reine Balqis, fille de Marahil, de la race de Yarob, fils de Qohtân (Kotan) et de Rihana, fille du roi des génies. Allah a accordé à cette princesse tous les dons et un vaste royaume. A la mort de son père, une partie de ses États se détacha d'elle pour se donner à un chef qui devint un tyran insupportable. Ses sujets voulant s'en débarrasser se concertèrent avec Balqis qui eut recours à un stratagème. Elle envoya au tyran ce message : « Il serait bon que nos deux royaumes fussent réunis, et cela pourrait bien se faire par un mariage entre nous ; daignez accepter cette offre. »

Les noces furent arrêtées d'un commun accord; mais Balqis eut soin de choisir une heure faste pour elle et néfaste pour le roi. La nuit du mariage, Balqis qui l'avait poussé, le soir, à de copieuses libations, lui coupa la tête et devint par là maîtresse incontestée de tout l'héritage paternel. On raconte que le Seigneur lui fit présent d'un lit d'or incrusté de rubis, de perles et de toutes sortes de pierres précieuses. Il avait, dit-on, 30 coudées de long et de haut et était monté sur des jambes faites de rubis et d'émeraudes. »

Quand le vanneau eut terminé ce récit, Suliman demanda : « Quelle religion professent la reine et ses sujets ? » Le vanneau répondit : « Ils adorent le soleil. » (Coran, chap. XXVII, 24.)

Alors Suliman fit écrire par Azaf, fils de Baraha, une lettre à Balqis et à ses sujets pour les inviter à embrasser l'Islam. Voici l'invitation de Suliman : « Au nom du Dieu miséricordieux, ne vous élevez pas contre moi, mais venez et soumettez-vous à moi. » (Coran, chap. xxvii, 31.) Suliman mit son sceau sur la lettre et l'envoya à Saba par le vanneau :

> O vanneau du zéphir ! Je t'envoie à Saba.
> Remarque bien d'où tu es envoyé.

« Va avec cette lettre et jette-la au milieu d'eux; puis mets-toi de côté et attends la réponse qu'ils feront. » (Coran, chap. xxvii, 28.) Quand le vanneau arriva à Saba, il trouva les sept portes du pavillon de Balqis fermées ; alors il fit le tour du palais, entra dans l'appartement privé par la fenêtre et déposa la lettre dans le sein de Balqis. Quand elle la vit, en s'éveillant, elle fut fort étonnée d'abord et finit par apercevoir le vanneau messager. Fort effrayée en reconnaissant le sceau de Suliman, elle lut la lettre, rassembla ses ministres et ses conseillers, leur communiqua le message reçu et leur demanda ce qu'était Salomon. Ils lui répondirent : « C'est un roi, fils de roi, qui invite les hommes à professer la religion de Musa ; les hommes, les fées, les oiseaux, les animaux et les démons lui obéissent. » Balqis dont l'amour avait déjà saisi le cœur reprit : « Quand des rois s'emparent d'une cité, ils la dévastent et mettent à mort les habitants les plus puissants. (Coran, chap. xxvii, 34.) Je vais envoyer des présents. (*Ib.*, 35.) Si Suliman est seulement un roi, il les acceptera; mais, s'il est en même temps un prophète, il les refusera et exigera que nous embrassions l'Islam ; et, dans ce cas, nous ne pouvons lui résister. » Cet avis fut approuvé et Balqis choisit dans sa suite cent jeunes garçons et cent jeunes filles qu'on ne pouvait distinguer entre eux, tous ayant la même délicatesse, les mêmes chevelures longues et point de barbe.

Elle mit un rubis vierge dans une cassette fermée avec un

cadenas d'or; elle prit deux lingots d'or et deux d'argent, tous les quatre incrustés de saphirs et d'autres pierres précieuses; enfin elle désigna pour ambassadeur Mundhir Ben A'mru, l'un des hommes de l'époque les plus renommés pour son intelligence et son savoir; elle lui adjoignit sept sages et lui donna cette instruction : « A ton arrivée au palais féerique de Suliman, prie-le de faire la distinction entre les jeunes garçons et les jeunes filles; cela lui sera facile, s'il est prophète. Demande-lui quel est l'objet renfermé dans la cassette et la manière de le percer. S'il parle et agit d'une manière satisfaisante, offre-lui ces présents; sinon rapporte-les-moi. Demande-lui quelle est l'eau qui ne provient ni du ciel ni de la terre, et cependant étanche la soif de quiconque la boit. »

La reine ajouta : « Si Suliman te regarde avec hauteur et orgueil tu reconnaîtras que c'est un roi et non un prophète; en conséquence, tu ne te laisseras pas intimider et tu lui parleras avec hardiesse. Mais, s'il te reçoit avec courtoisie et bonté, sois sûr que c'est un prophète; écoute-le attentivement et réponds avec humilité et respect. »

Jébraïl envoyé par le Seigneur instruisit Suliman de tout cela et de ce qu'il devait dire et faire dans cette occasion. Par l'ordre du roi les démons pavèrent la vaste plaine de briques alternativement d'or et d'argent, en laissant quatre places de briques vides sur le passage de l'ambassade.

D'innombrables multitudes s'assemblèrent dans cette plaine, les enfants des hommes rangés d'un côté, les Satans (génies) de l'autre. Tout autour et à proximité, des animaux et des fauves étaient tenus muselés ou en laisse. Au centre s'élevait le trône de Suliman, flanqué de quatre mille sièges pour les grands d'Esraïl, au-dessus desquels de grands oiseaux entrecroisaient leurs ailes. A leur arrivée, les ambassadeurs furent éblouis et honteux de la pauvreté de leurs présents comparés au pavage de la plaine. Ils déposèrent les quatre lingots d'or dans les quatre vides qui y avaient été laissés à dessein. Quand ils aperçurent les formes étranges et terribles des démons, ils s'arrêtèrent effrayés, mais ceux-ci leur crièrent : « Avancez sans crainte ; par l'effet de la justice de Suliman, ni vous, ni personne ne peut recevoir ici aucun mal. » En conséquence les ambassadeurs traversèrent les légions des génies et des hommes et les troupes des différentes espèces d'animaux et de fauves, et enfin parvinrent jusqu'à Suliman. Sa Majesté les ayant reçus avec bonté et compassion, Mundhir présenta la lettre pleine de respect que Balqis avait écrite. Suliman s'informa des lingots et Mundhir avoua humblement qu'il les avait jetés. Ensuite, à l'aide de la lumière prophétique, Suliman fit la séparation des jeunes garçons et des filles et fit percer par un démon avec un diamant le rubis renfermé dans la cassette. Il expliqua que l'eau qui ne provient ni de la terre ni du ciel et cependant étanche la soif est la sueur de cheval. Puis il refusa les présents de la reine en disant : « Vous ne pouvez augmenter ma richesse, ce que m'a donné le Tout-Puissant est au-dessus de tout ce que vous pouvez m'offrir. » Enfin il donna congé à Mundhir en ces termes : « Dites à vos maîtres qu'ils embrassent la Foi, autrement je viendrai avec une armée invincible, je les chasserai de leur pays et je prendrai possession du Yémen et du royaume de Saba. Mundhir rendit compte de ce qu'il avait vu, de la puissance et de la dignité prophétique de Suliman. Alors la reine, sur l'avis des hommes les plus habiles, envoya à Suliman un nouvel ambassadeur choisi avec le plus grand soin pour lui annoncer qu'elle allait se rendre auprès de lui avec les principaux chefs du royaume pour lui rendre alléance et hommage.

Les préparatifs de départ terminés, la reine fit placer son

trône dans l'appartement le plus reculé de son palais, qui était précédé de six autres appartements, et elle emporta les sept clefs.

Elle laissa aussi une compagnie de gardes et de serviteurs de confiance pour le garder. Cela fait, elle se mit en route avec une pompe qui effaçait la splendeur des cieux, et elle s'arrêta à la distance d'un farsack [1] du camp de Suliman.

Celui-ci, prévenu dès le matin de l'arrivée de la reine, avait réuni les hommes et les génies et leur avait dit : « Quel est celui de vous qui, avant l'arrivée de Balqis, m'apportera son trône ? »

Un génie d'un aspect formidable répondit : « Je te l'apporterai ici avant que tu te lèves de ton siège. » (Coran, chap. XXVII, 39.) (Suliman y restait depuis le matin jusqu'au soir pour juger.)

Suliman répliqua : « Je le veux plutôt que cela. » Alors un homme pieux versé dans les Saintes Écritures dit au roi : « Je te l'apporterai en un clin d'œil. » (*Ibidem*, 40.) Le Tout-Puissant lui accorda ce pouvoir miraculeux à cause de sa piété.

Suliman fit préparer pour la réception de la reine un lieu dont la magnificence défie toute description. Il fit placer son trône décoré à nouveau en face du sien propre. Puis, quand elle arriva, il la fit asseoir près de lui sur le trône de la prophétie. Alors celle-ci vit en face son propre trône, et on lui demanda si c'était le sien. Elle répondit : « On le dirait » (Coran, chap. XXVII, 42), sans affirmer ni nier d'une manière absolue. Quand Suliman eut reconnu l'intelligence de Balqis, il l'envoya demeurer chez sa sœur qui, au bout de quarante jours, lui rendit compte des nobles vertus, des qualités éminentes et du caractère élevé de son hôte. Sa Majesté se résolut alors d'attacher cette perle royale du diadème de la souveraineté à la chaîne

---

[1] Un farsack = trois milles, près de 5 kilomètres.

du mariage [1] ; cette nouvelle affligea vivement les femmes de Salomon et, pour le dégoûter de Balqis, elles répandirent le bruit qu'elle avait les jambes très velues. Suliman voulut se convaincre par ses propres yeux de la vérité de ce bruit ; il fit bâtir par ses démons sur l'eau un palais et se plaça dans un endroit où, pour venir à lui, il fallait passer sur une surface qui paraissait liquide quoi qu'elle fût solide. Balqis étant venue mit ses jambes à nu, pour traverser cet endroit ; sur quoi Suliman l'avertit que c'était du cristal et non de l'eau ; et elle, toute confuse, s'excusa, ainsi qu'Allah le dit dans le glorieux Coran : « Seigneur, j'ai affligé sans motif ma propre âme et je m'en remets (par la résignation) avec Suliman à Allah, le Seigneur des créatures. » (Coran, chap. XXVII, 45.)

Après que Balqis eut embrassé l'Islam, Suliman l'épousa et fit tomber le poil de ses jambes. Les démons employèrent à cet effet le bain et la chaux en pâte ou mortier, le premier comme fortifiant, et la pâte comme épilant. L'usage de ce traitement était perdu à cette époque parmi les enfants des hommes.

Selon quelques historiens, Suliman fit exécuter pour Balqis un trône d'or autour duquel étaient quatre lions qui avaient la vertu des talismans. Les lions étaient près des supports du trône, mais à l'intérieur, et vomissaient du feu. Sur chaque lion se tenaient deux vautours dont les yeux étaient de rubis et les dents de perles. Toutes les fois que Suliman montait sur ce trône avec Balqis, deux aigles faisaient tomber sur eux doucement de l'eau de rose à leur demande. Aux extrémités supérieures du lit se tenait un couple d'oiseaux qui étendaient leurs ailes autour du trône et dérobaient Suliman et Balqis à la vue, toutes les fois qu'ils le désiraient. Sur les côtés du trône se dressaient

---

[1] Nous donnons ici comme spécimen la traduction littérale du texte persan.

quatre paons dont les becs exhalaient [1] constamment le parfum de l'ambre gris. Près du siège qu'occupait Asaf, fils de Baraquia, se tenait un lion qui se jetait sur quiconque portait un faux témoignage.

---

[1] Pour que le lecteur puisse comparer, nous donnons ci-après le récit de la Vulgate sur la reine de Saba :

Les Rois, liv. III, chap. x. — 1. La renommée de Salomon au nom du Seigneur parvint jusqu'à la reine de Saba, et elle vint l'éprouver pour la solution des énigmes.

2. Elle fit son entrée à Jérusalem avec une nombreuse escorte, de grandes richesses, des chameaux chargés d'aromates, une quantité infinie d'or et de pierres précieuses ; elle alla vers Salomon et lui exposa tout ce qu'elle désirait apprendre.

3. Salomon la satisfit sur tous les points et ne laissa aucune de ses questions sans réponse.

4, 5. Admirant la sagesse de Salomon, et le temple et le palais qu'il avait édifiés, et toute sa magnificence, elle dit :

6, 7. « Ce qu'on m'a rapporté de la sagesse et de tes œuvres n'est pas la moitié de ce que je vois.

8. Heureux les serviteurs et tous ceux qui entendent la sagesse.

9. Béni soit le Seigneur ton Dieu à qui tu as plu et qui t'a établi roi et juge sur Israël. »

10. Elle fit présent au roi de cent vingt talents d'or et d'une infinité de pierres précieuses et d'aromates.

13. Salomon lui donna tout ce qu'elle voulut et lui fit un présent royal lorsqu'elle reprit la route de son royaume.

14. Salomon recevait comme tribut annuel 666 talents d'or, sans compter les taxes et dons des commerçants.

21. L'or était si abondant pendant son règne qu'on n'attachait pas de prix à l'argent. La flotte d'Hiram, roi de Tyr, lui apportait l'or et les bois précieux d'Ophir. Il fit de ces bois la charpente du Temple et les instruments de musique qui accompagnaient le chant.

22. Tous les trois ans la flotte de Salomon avec celle d'Hiram se rendait à Tarsis et en rapportait de l'or, de l'argent, des dents d'éléphant, des singes et des paons.

23. Le roi Salomon fut exalté au-dessus de tous les rois de la terre pour ses richesses et pour sa sagesse.

24. Toute la terre voulait contempler ses traits et entendre ses paroles.

25. Outre des armures et des équipements d'un prix inestimable, il avait mille quatre cents chars de guerre et douze mille cavaliers. Il achetait ses chevaux en Egypte et en Syrie.

Salomon régna quarante ans sur les douze tribus d'Israël.

XXXV

I. — L'ÉPREUVE DE SULIMAN. — II. — DIEU POUR SULIMAN FAIT RÉTROGRADER LE SOLEIL. — III. — MORT DE SULIMAN

I. — L'épreuve de Suliman

Le Magnifique a dit : « Nous avons aussi éprouvé Suliman et nous avons mis sur son trône un faux Suliman. »

Vahab Bin Muniah raconte ainsi cette épreuve :

Suliman avait appris qu'une île avait un roi idolâtre du nom de Sidrun. Comme il consacrait tout le temps dont il disposait à combattre les ennemis de la religion, il commanda au vent de transporter son tapis dans cette île, tua le roi, captura sa fille, très remarquable par sa beauté et par son élégance, et bientôt s'éprit d'elle. Satan profita de cette occasion pour faire une grande tentative sur le monde. Il prit la forme de la nourrice de la princesse et vint auprès d'elle pleurer la chute du royaume de son père et lui dire : « Comment peux-tu vivre en paix et amicalement avec Suliman qui a tué ton père et mis à sac son royaume[1]. La princesse lui répondit en pleurant :

Mes jours se passent dans les larmes et mes nuits dans une cuisante
Loin de toi je mène la vie plus triste.   [douleur.

[1] Comme aux yeux des Orientaux, il ne saurait y avoir de tache dans la renommée et la gloire de Salomon, ce récit a sans doute été imaginé pour remplacer celui de la Bible au sujet du culte idolâtrique que Salomon a permis à ses femmes ; nous croyons devoir le donner ici.

Eblis lui suggéra alors : « Quand Suliman vient te voir, pleure et gémis sans cesse. Quand il t'en demandera la cause, dis-lui que tu désires ardemment voir ton père, prie-le de faire exécuter par les génies une statue de pierre à l'image de ton père, dont la vue continuelle puisse soulager ton chagrin. » La princesse, sans défiance, suivit ce conseil et, lorsqu'elle eut la statue, se mit à lui rendre avec ses suivantes un culte semblable à celui qu'elle rendait autrefois aux idoles, de sorte qu'au bout de quarante jours le bruit courut qu'elle adorait une idole. Ce bruit parvint aux oreilles du premier ministre Asaf, qui se promit de mettre promptement un terme à cette impiété. Avec la permission de Suliman, il réunit une grande assemblée d'hommes et de génies auxquels il exposa l'histoire des prophètes, mais en s'arrêtant à la mort de Daud.

Quand Suliman se trouva seul avec Asaf, il lui demanda pourquoi il n'avait rien dit de lui. Asaf répondit : « Je ne pouvais louer une personne chez laquelle, depuis quarante jours on pratique l'idolâtrie. Puis, pressé par Suliman, il lui apprit ce qui se passait. Suliman alors prononça ces mots : « Nous appartenons à Dieu et nous devons retourner à lui. » (Coran, ch. II, 151.)

Les Rois, livre III, chap. XI.
1, 2. Le Roi Salomon aima beaucoup de femmes appartenant à des nations avec lesquelles Dieu avait défendu aux Hébreux de contracter aucun lien, de peur qu'ils n'adoptassent leurs dieux.
3. Il eut soixante-dix épouses ou reines et trois cents concubines qui détournèrent son cœur.
4, 5. Quand il devint vieux, elles lui firent adorer leurs dieux : Astarté, déesse de Sidon, et Moloch, idole des Ammonites.
6, 7. Il éleva un sanctuaire à celui-ci et à Chamos, idole de Moab, sur le mont en face de Jérusalem, appelé depuis la colline du péché (*mons offensionis*).
8. Et il eut la même faiblesse pour ses autres femmes.
9, 10. Dieu irrité de cette transgression dit à Salomon : « Parce que tu n'as pas observé mon pacte et mes préceptes, je scinderai ton royaume en deux.
« Mais, à cause de David, mon serviteur, je différerai ce partage jusqu'à la fin de tes jours et je donnerai à ton fils une tribu et Jérusalem, mon élue.

Puis il revint à son palais, brisa l'idole et châtia la fille de Sidrun. Ensuite il mit des vêtements neufs tissés par des vierges, fit répandre des cendres dans son appartement privé, se livra à des lamentations et implora son pardon. A la nuit, il sortit de son oratoire et confia, selon sa coutume, son cachet (sceau) à une jeune fille du harem nommée Jarada.

Mais le démon Sakhar, profitant d'un moment d'éloignement du roi, se présenta à Jarada sous la forme de Suliman, lui prit le cachet royal, le passa à son doigt et se mit sur le siège de Suliman où les hommes et les génies vinrent lui rendre hommage et obéissance. Quand Suliman revint, il demanda son cachet à Jarada, mais elle affirma qu'elle l'avait remis à son propriétaire et que, quant à lui, elle ne le connaissait pas. Il avait sans doute un peu changé. Il jeta donc un regard sur son trône et le vit occupé par un autre. Alors il se persuada qu'en punition de sa faute le Souverain Maître avait retiré de ses mains les rênes du pouvoir. En conséquence, il n'insista plus pour avoir le cachet et s'en alla.

On rapporte qu'il s'en fut de ville en ville quêter sa nourriture comme mendiant. Quand on lui demandait son nom, il répondait : « Suliman ! » Alors on le traitait de fou et on lui jetait de la poussière à la face en lui disant : « Vois Suliman qui siège sur son trône dans toute sa gloire. »

Un jour il demanda l'hospitalité dans une maison dont le maître, un Israélite, était absent : sa femme l'envoya se reposer et se réconforter au jardin jusqu'au retour de son mari. Il y but de l'eau, mangea quelques fruits et s'endormit. Alors un noir serpent, reconnaissant Suliman par une révélation divine, prit dans sa bouche une branche parfumée et se mit à l'éventer pour chasser les mouches de sa figure. Quand le mari rentra, il fut frappé de ce spectacle et en fit jouir sa femme; puis il s'approcha de Suliman, ce qui fit que le serpent se retira dans un coin. Il éveilla le prophète et lui dit : « Nous connaissons ton haut rang et la faveur dont tu jouis auprès d'Allah. Regarde cette maison comme la tienne. Nous avons une belle fille que nous voulons te donner pour femme. Accepte cette offre et vis heureux dans la maison de ton serviteur. » Suliman y consentit avec joie et resta trois jours et trois nuits sous leur toit. Le quatrième jour, il leur déclara qu'il ne voulait pas être plus longtemps à leur charge et s'en alla sur le bord de la mer où il vécut avec des pêcheurs jusqu'au moment où il fut délivré de la misère et de l'affliction, de la manière suivante : le génie Sakhar qui avait usurpé le trône de Suliman n'aimait pas la société des hommes et passait la plus grande partie de son temps avec les génies. Pendant ces quarante jours, il rendit des édits contraires à la sagesse et à la religion, en sorte que le peuple, mécontent de ses actes illégaux, porta plainte à Asaf qui fit part de ses soupçons sur la substitution de personne. Pour les vérifier, Asaf fit une visite au harem et apprit par les épouses et les concubines que, depuis quelque temps, elles n'avaient pas vu Suliman. Alors, Asaf dit au peuple : « Le malfaiteur n'est pas Suliman, mais un démon qui a pris sa place. »

Pendant son court règne, Sakhar composa des livres de magie et de sorcellerie, les scella du cachet de Suliman et les cacha sous son trône. Après la mort du prophète, les Satans s'emparèrent de ces compositions superstitieuses et les attribuèrent à Suliman ; c'est ainsi qu'elles eurent cours parmi les hommes. Le Très-Haut a dit : « Ils suivirent le plan que les Démons avaient tramé contre le royaume de Suliman ; et Suliman était un croyant, mais les Démons étaient des non-croyants ; ils enseignèrent aux hommes la sorcellerie. » (Coran, chap. II, 96.) Quand le peuple et les grands d'Esraïl furent dans le doute au sujet de

Sakhar, afin d'éclaircir ce doute, ils firent devant lui la lecture de la Loi Mosaïque. Le démon ne put supporter cette lecture; il disparut du trône et jeta à la mer le cachet de Salomon; un poisson l'avala par ordre de Dieu et fut ensuite pris au filet par un pêcheur dont Suliman était l'aide. Le pêcheur donna ce poisson à Suliman en paiement de sa journée et, le soir, celui-ci le donna à sa femme pour le faire rôtir. Quand elle lui ouvrit le ventre elle vit le cachet dont l'éclat illumina toute la maison. Suliman alors mit l'anneau à son doigt, et, à ce moment même, les hommes, les génies, les quadrupèdes, les oiseaux se rassemblèrent autour du palais du roi, car, bien que cet anneau miraculeux eût été en la possession du démon, il n'avait pu en faire aucun usage.

> S'il n'est au doigt de Salomon
> Quel pouvoir peut procurer son cachet.

Quand Salomon eut repris possession de son trône il se fit amener par les démons Sakhar tout enchaîné et le fit jeter à la mer avec ses adhérents. Le Magnifique a dit : « Nous lui avons livré les autres tout enchaînés. » (Coran, chap. XXXVIII, 3.) Et le prophète (Muhammad) a dit : « Dans les derniers temps les Satans que Suliman a jetés à la mer viendront se mêler à vous, prétendant vous enseigner les préceptes de votre religion, mais ne les recevez pas d'eux. »

Nous passons sous silence mille récits merveilleux de l'épreuve de Salomon.

> J'ai dit bien des mots, mais je n'ai pas dit
> L'histoire de l'amant charmeur et charmé.

II. — *Le Seigneur fait rétrograder le soleil pour Salomon*

Sur le déclin du jour, on avait fait présent à Salomon de chevaux d'un très grand prix. Celui qu'on ne saurait assez glorifier a dit : « Lorsque ces chevaux qui se tiennent sur trois jambes et touchent le sol seulement du bout du quatrième pied et rapides à la course paradèrent devant lui (Salomon), le soir, il dit : « Certainement j'ai aimé les choses terrestres jusqu'à oublier mon Seigneur et à laisser tomber le voile de la nuit. Ramenez-moi les chevaux, » et ensuite il leur coupa les jambes et le cou. (Coran, chap. XXXVIII, 30, 32.) Un commentateur explique que Salomon frotta de ses mains les jambes et le cou, et donna les chevaux pour la guerre sainte. Le Tout-Puissant alors fit rétrograder le soleil pour qu'il pût faire, pendant le jour, les prières qu'il avait oubliées de dire avant la nuit.

III. — *Mort de Suliman*

Suliman avait un autel auquel il faisait ses dévotions. Dans cet oratoire (chap. x) chaque jour apparaissait un arbre venant du monde invisible. Un jour Suliman l'interrogea: « Quel est ton nom?» Réponse: « Karrub (caroubier). » « Ta qualité? » Réponse: « La destruction de la royauté et du pouvoir. » Salomon reprit : « J'ai compris. » Ensuite le Créateur lui révéla qu'il devait préparer son départ pour l'autre monde. Alors il écrivit ses dernières volontés et pria le Tout-Puissant de tenir sa mort cachée aux génies et aux satans jusqu'à ce qu'ils eussent achevé les tâches qu'il leur avait imposées. Ensuite il mit ses habits du dernier voyage, entra dans l'oratoire de verre qu'il avait fait construire pour lui-même, se soutenant à l'aide du bâton sur lequel il s'appuyait quand il était fatigué. Le preneur des âmes s'empara de son pur esprit et l'emporta au paradis. Les satans apercevant son corps dans l'oratoire crurent qu'il vivait absorbé dans ses dévotions. Ils ne découvrirent sa mort qu'au bout d'un an, quand son bâton tomba en poussière rongé intérieurement par un escargot.

Cette surprise des démons préparée par la sagesse de Salomon détrompa les hommes auxquels ceux-ci faisaient croire qu'ils connaissaient les choses cachées et l'avenir; c'est pourquoi le Très-Haut a dit : « Quand les membres de Salomon se détachèrent, on vit clairement que, si les génies avaient connu ce qui est secret, ils n'auraient pas achevé leur rude punition. » (Coran, chap. xxxiv, 13.) Selon quelques historiens, les travaux imposés aux génies étaient ceux qui restaient à exécuter pour l'achèvement de la Maison Sainte (le Temple).

XXXVI

I. — LOQMAN, LE PHILOSOPHE. — II. — JONAS, LE COMPAGNON DU POISSON

I. — Loqman

La plupart des historiens ne regardent pas Loqman comme un prophète; mais, comme il était constamment dans la compagnie de David et comme il a accompli des choses extraordinaires, on admet qu'il tenait à la fois du philosophe et du prophète. Celui qui distribue l'innocence et la grâce a dit : « Nous avons accordé la sagesse à Loqman. »

Selon le Târikeh-i-Hukma, Loqman était un noir de Nubie, qui fut l'esclave d'Arabes habitant la Syrie où il étudia la morale et les sciences. On raconte qu'il fut acheté par un Israélite grand joueur, qui convint, en faisant une partie de dés, sur le bord d'une rivière, que le perdant boirait la rivière ou céderait au gagnant la moitié de ses biens. L'Israélite perdit et était résigné à se dépouiller de la moitié de sa fortune ; cependant son antagoniste lui accorda jusqu'au lendemain pour s'exécuter ou trouver une excuse valable. Il rentra chez lui très préoccupé et, pressé par son esclave, lui avoua la cause de son souci. Celui-ci lui donna confiance et l'accompagna le lendemain sur les lieux, où il déclara qu'il ne donnerait pas ses biens, mais qu'il remplirait la première condition. Alors Loqman dit : « Par boire la rivière on n'a pu entendre la mettre à sec sur toute sa longueur et pour toujours, mais seulement boire ce qui passe entre ses rives dans un moment donné ; si tu veux que mon maître boive ce qui coulait au moment où vous avez joué, retrouve-le et présente-le ; si c'est ce qui passe maintenant, arrête-le pour qu'on puisse le saisir. Si tu prétends que c'est toute l'eau qui est dans le lit au-dessus de ce lieu, alors sépare-la et de l'eau en dessous et de celle des sources. Mon maître attendra que tu aies fait l'une ou l'autre de ces trois choses. » Le gagnant confus renonça à toute prétention, et Loqman fut affranchi par son maître [1].

Une troupe d'anges fut envoyée à Loqman pour lui offrir un trône, il le refusa avec les meilleures raisons dans l'intérêt de son repos et de son salut.

On croit universellement que le Tout-Puissant lui donna à choisir entre la dignité de prophète et la sagesse (la philosophie, la science) et qu'il préféra la sagesse. La faveur divine illumina son esprit au point qu'il fut le plus sage de ses contemporains [2]. Il était continuellement dans la compagnie de Daud.

Les préceptes moraux de Loqman

Loqman a dit à son fils Tharan :

« Sois toujours patient et véridique. Soumets tes passions à tes principes. Brave la mauvaise fortune et ne mets rien au-dessus du salut éternel. Contente-toi de peu et ne désire que le pain quotidien. Réfléchis beaucoup et garde le silence. Quand

---

[1] Quelques-uns identifient Loqman avec Esope.
[2] On lui attribue aussi la définition qu'a donnée Esope de ce qu'il y a à la fois de meilleur et de pire dans le corps humain : « Le cœur et la langue. »

on te loue d'une qualité que tu n'as pas, ne te laisse pas égarer par la flatterie. Ne travaille pas pour perdre ton bien et posséder celui d'autrui; considère comme ton bien ce que tu amasses pour l'autre monde, et non ce que tu laisseras à d'autres en héritage.

O mon fils! prends refuge auprès de Dieu contre les femmes perverses et corrompues et sois en garde même contre les femmes vertueuses, parce que les voies de toutes tendent au mal. Ne sois pas inquiet et soupçonneux, autrement tu n'aurais pas d'amis. Il est plus facile à un prince de mourir que de gouverner des hommes pervers. Les rois dépourvus de richesses laissent un nom sans gloire; cependant, il y a plus de mérite à employer de faibles sommes judicieusement qu'à en dépenser de fortes en prodigalités.

II. — *Jonas, le compagnon du poisson*

Après la mort de Salomon, ses successeurs se divisèrent entre eux et ses États furent convoités par les rois voisins, notamment par le roi de Ninive dans la Mésopotamie Arabe, qui marcha avec son armée contre les Juifs et conquit leur pays. Il emmena en captivité une partie des tribus, et alors Dieu fit par un de ses prophètes dire au roi d'envoyer à Ninive un des plus grands prophètes pour inviter les habitants à embrasser la foi et à rendre la liberté aux enfants d'Esraïl. Le roi fit choix de Yunas et, malgré ses refus persistants, le décida par la persuasion à se rendre à Ninive. Mais les habitants n'écoutèrent point ses exhortations et le chassèrent. Yunas ne se découragea point, revint au milieu d'eux et les exhorta de nouveau. Ils persévérèrent dans leur endurcissement et l'accusèrent de mensonge. Yunas les menaça d'un châtiment prochain du ciel. Ils se moquèrent de ses menaces. Le prophète alors appela sur leur tête la vengeance divine et, sachant qu'elle allait éclater, quitta la ville avec sa famille en avertissant les habitants que le châtiment ne se ferait pas attendre plus de trois jours. Il se retira sur une montagne voisine, afin de pouvoir venir implorer pour les habitants, s'ils se repentaient, la miséricorde divine.

Par ordre du Tout-Puissant, Gabriel emporta à Ninive quelques simouns de la région infernale et la ville fut immédiatement environnée de flammes. Les habitants effrayés se repentirent et cherchèrent Jonas pour lui déclarer leur foi en ses paroles, mais en vain. Ils se retirèrent alors au sommet d'un pic où ils firent une insigne pénitence. Au bout de quarante jours Dieu, à l'intercession des Anges, commanda à Gabriel de faire cesser le châtiment. Allah a dit: « Plusieurs villes rebelles auraient pu être épargnées, mais elles ne se repentirent qu'après l'exécution de la sentence, excepté celle désignée pour la mission de Jonas. » (Coran, chap. x, 98.)

Après la fin du châtiment, Yunas rejoignit sa famille sur le bord de la mer et y trouva en partance un navire qui ne put prendre qu'une partie de sa famille; il resta avec deux fils pour embarquer sur un second navire qui suivait le premier. L'un d'eux en voulant y monter glissa et se noya, et, dans le même temps, l'autre fut dévoré par un loup. Yunas reconnut par là que la main de Dieu s'appesantissait sur lui (sans doute parce qu'il avait quitté Ninive). Quand il fut en pleine mer, le navire s'arrêta tout à coup, sans cause apparente et, malgré tous ses efforts, resta immobile. On interrogea à ce sujet Jonas, qui répondit: « Vous avez à bord un serviteur qui s'est enfui de chez son maître; le navire n'avancera qu'après que vous l'aurez jeté à la mer. Ce serviteur, c'est moi. » Comme on savait que Yunas était un prophète, on refusa son sacrifice; mais un monstre marin étant venu, par ordre de Dieu, passer près du navire, la gueule béante, Yunas se précipita lui-même. Dieu ordonna au poisson: « Avale Yunas sans lui faire de mal. Ton ventre doit lui servir seulement de prison. » Yunas resta quarante jours et quarante nuits dans son estomac. Quand il eut assez souffert, le Souverain Maître fit tomber le bandeau qui voilait son intelligence et découvrit à ses yeux l'étrange et merveilleux spectacle de l'intérieur de la mer. Dans son admiration il se mit à glorifier le Créateur. Il s'écria dans les ténèbres : « Il n'y a de Dieu que Toi; louange à Toi! Certainement, j'ai été au nombre des injustes. » (Coran, chap. XXI, 87.) Reconnaissant la voix de Jonas, les anges dirent en pleurant : « Seigneur, une faible voix nous arrive d'un endroit étrange. » Il leur fut répondu : « C'est la voix de mon serviteur Yunas qui avait péché et qui a pour prison l'estomac d'un poisson. D'après la manière dont je punis mes serviteurs, jugez du châtiment que j'infligerai à mes ennemis. » Les Anges intercédèrent en faveur de Yunas et, sur l'ordre de Dieu, transmis par Jébraïl, le monstre vomit Yunas comme un enfant enveloppé de langes, juste à l'endroit où il s'était embarqué. Le Tout-Puissant y fit pousser subitement un arbre touffu, à calebasses, sous lequel Yunas reposa et y fit venir une daine de ces prairies pour le nourrir de son lait. Quand il eut repris son ancienne vigueur, Dieu ordonna au soleil de brûler l'arbre, en sorte qu'il sécha. La perte de cet arbre et l'ardeur du soleil affligèrent si fort Yunas qu'il pleura. Mais Dieu lui adressa ce message: « Yunas, cet arbre n'avait pas grandi par tes soins, pour que tu pleures ainsi sa perte. Tu es plus sensible à la perte d'un arbre sans valeur qu'à la mort de plusieurs milliers de personnes sur lesquelles tes prières ont appelé mon châtiment. » Alors Yunas demanda pardon, et le Tout-Puissant l'envoya de nouveau à

Ninive où sa présence, de bon augure, apporta la prospérité. Il enseigna au peuple la religion et les règles de la Loi. Ensuite, avec la permission de Dieu, il fit des voyages sur mer. Vers la fin de sa vie, il eut de nombreux rapports avec les hommes; il fréquenta aussi beaucoup les ermites et les religieux.

XXXVII

**VARIATIONS ET VICISSITUDES DES ENFANTS D'ESRAIL
I. — SADIQUA (EZÉCHIAS)
SENJARIB (SENNACHERIB) ET SHAIA (ISAIE)
II. — ARMIA (JÉRÉMIE) ET BAKHTANASSAR**

I. — *Sadiqua (Ezéchias).* — *Senjarib (Sennacherib) et Shaïa (Isaïe)*

Allah a déclaré expressément aux enfants d'Esraïl dans le Livre :

« Deux fois vous commettrez le mal sur la terre et, dans vos emportements, vous vous lèverez contre moi pleins d'insolence. La première fois, j'enverrai pour châtier mes serviteurs de terribles guerriers. » (Coran, chap. XVII, 4, 5.)

Après une longue période de temps, les Juifs péchèrent contre le Seigneur et Dieu leur envoya, sous chaque roi, un prophète pour les admonester et les guider et pour lui rendre compte de leurs actes bons et mauvais. Quand le trône échut à Sadiqua (Ezéchias), prince pieux et juste, Dieu lui envoya Shara Bin Musa (Isaïe) qui prophétisa la venue d'Isa (Jésus) et de Muhammad en ces termes : « Réjouis-toi : deux grands prophètes viendront vers toi : le premier qui aura pour monture un âne,

Isa ; le second qui aura pour monture un chameau [1]. » (Voir l'appendice.)

Sanjárib (Sennacherib), roi de Babylone, marcha avec six cent mille hommes contre la Maison Sainte [2]. Sadiqua, atteint d'un mal au pied, fut accablé de crainte [3]. Il eut recours à Isaïe qui l'invita à faire son testament, à désigner son successeur et à implorer la protection divine. Le roi se mit à prier avec une telle ferveur qu'il fut exaucé. Isaïe vint lui annoncer que Dieu lui avait accordé à la fois la victoire sur l'ennemi, une augmentation de cinquante ans de la durée de sa vie (Isaïe, chap. XXXVIII, 5), la guérison de son pied à l'aide de certains remèdes. Sadiqua et son peuple se levèrent le lendemain matin, ils virent que les ennemis étaient tous morts, à l'exception de Sanjárib et de cinq personnes de sa suite, parmi lesquelles se trouvait Bakhtanassar.

Suivant le conseil d'Isaïe, Sadiqua renvoya honorablement dans son royaume Sanjárib et ses compagnons pour qu'ils rendissent témoignage de la puissance miraculeuse du Dieu d'Esraïl. Sept ans après, Sanjárib mourut, après avoir désigné Bakhtanassar pour son successeur.

Sadiqua vécut jusqu'à l'expiration des cinquante ans accordés. Après lui les enfants d'Esraïl, en complète anarchie, méprisèrent les avertissements de Shaïa et voulurent le tuer. Il s'enfuit et aperçut sur son chemin un arbre ouvert dans sa longueur qui s'écria : « Viens à moi, prophète de Dieu. » Shaïa se blottit dans son creux. Mais Satan tira le bord de son vêtement

---

[1] Vulgate (Isaïe), chap. XXI, 7. Vidit currum duorum equitum, ascensorem asini et ascensorem cameli, etc. — Les musulmans croient à la venue du Mahdi ; les chrétiens, à celle du Christ pour le jugement ; les zoroastriens, à celle du prophète Sabioth au moment de la résurrection. (Bundehesh, chap. XXXI).

[2] II, Les Rois, chap. XVIII, 13. — Dans la quatorzième année du roi Ezéchias, Sennacherib, roi d'Assyrie, vint attaquer les villes fortes de Juda.

[3] Isaïe, chap. XXXVIII, 1. « Mets ordre à tes affaires, car tu mourras. »

qui se trouva ainsi dehors. Les gens à la poursuite d'Isaïe le découvrirent et le scièrent en deux avec l'arbre. Cependant, d'après quelques historiens, cette fin fut celle, non d'Isaïe, mais de Zachria (Zacharie).

II. — *Armia (Jérémie) et Bakhtanassar (Nabuchodonosor)*

Bakhtanassar était un élégant écrivain, descendant d'une noble famille déchue par des revers de fortune. Orphelin, il avait vécu d'abord du travail de ses mains et avait été alors, dans une maladie grave, sauvé par les soins du prophète Daniel le Grand. Celui-ci, averti par une révélation divine de la future grandeur de Bakhtanassar et de la future destruction de la Maison Sainte par ses armes, avait obtenu de lui dans cette circonstance, à prix d'argent, une lettre de protection pour lui et pour sa famille en prévision de cet événement. Distingué par Sanjárib qui l'éleva graduellement jusqu'à la dignité de gouverneur, Bakhtanassar fut heureux et victorieux dans toutes ses entreprises. Au moment où il succéda à Sanjárib, les enfants d'Esraïl avaient pour roi Nushia, fils d'Amos, et pour prophète Armia (Jérémie), que Dieu avait particulièrement désigné [1] pour les guider. Mais ce peuple pervers l'insulta, le battit et le jeta en prison. (Jérémie, chap. XXXII, 2.)

Le bruit de la désobéissance des enfants d'Esraïl parvint aux oreilles de Bakhtanassar qui jugea le moment favorable pour les attaquer et fit ses préparatifs. Alors Armia monta sur un rocher près de la ville, déchira ses vêtements, se couvrit la tête de poussière et de cendres et s'adressa au peuple en ces termes : « Voici ce que dit le Seigneur : « Cessez votre désobéissance, ou

---

[1] Jérémie, chap. III, 2. — Tiens-toi debout à la porte de la maison du Seigneur et, là, proclame cette parole, etc.

j'enverrai contre vous une armée d'adorateurs du feu qui ne craignent ni n'espèrent rien de moi; ils vous extermineront, raseront et détruiront la Maison Sainte. Les Juifs répliquèrent : « Tu fais mentir Dieu, car jamais le Seigneur ne détruira sa propre mosquée, et le Juge équitable n'assujettira jamais ses amis à ses ennemis. » Ils méprisèrent ses avertissements et le jetèrent en prison.

A ce moment Bakhtanassar arriva avec son armée et investit la ville. Après un long siège, des hommes pervers se rendirent et lui ouvrirent les portes. Tous les défenseurs furent passés au fil de l'épée. Le roi ayant appris que Daniel le Grand était mort se fit amener Daniel Bin Hazquil, son successeur; grâce à la lettre de protection, il fut épargné avec sa famille.

On brûla et on rasa la Maison Sainte et on détruisit les livres de la Loi Mosaïque.

La vengeance du vainqueur s'étendit à toute la Syrie; il fit prisonniers 70,000 Esraïlites et les emmena captifs avec un immense butin. Le roi, connaissant les avertissements et conseils salutaires qu'avait donnés Jérémie, lui demanda comment il avait su à l'avance ce qui arriverait : « Dieu sait tous les secrets et l'avenir, » répondit le prophète. « Si les Juifs m'avaient écouté, ils n'auraient été subjugués ni par toi, ni par personne. »

Bakhtanassar offrit à Jérémie le choix entre le séjour à sa cour et l'habitation en toute sécurité de son propre pays. Il préféra rester en Esraïl sous la protection de Dieu. Le roi lui rendit la liberté et emmena Daniel, fils de Hazquil, avec la famille de Daniel le Grand à laquelle il témoigna une grande bonté.

Quelques-uns ont dit que A'zra, fils de Satoria, était aussi de la famille de Daniel le Grand, qu'il était au nombre des captifs et fut à la fin élevé à la dignité de prophète.

Armia resta dans la Maison Sainte, il poussait constamment des lamentations sur sa désolation. Les hirondelles vinrent lui tenir compagnie ; de là, la défense qui a été faite de tuer ces oiseaux. Quand ceux qui avaient échappé au carnage virent ce que faisait Armia, ils sortirent de leurs cachettes, se groupèrent autour de lui et tombèrent d'accord de se rendre en Egypte pour y vivre sous la protection du gouverneur de cette province. Armia partit avec eux [1].

Quand Bakhtanassar le sut, il écrivit au roi d'Égypte : « Beaucoup de mes sujets se sont réfugiés chez toi. Renvoie-les-moi, sinon l'Égypte aura le même sort que la Demeure Sainte. » Le roi d'Égypte répondit : « Ces hommes sont libres et nobles ; il serait inhumain de les livrer. » A cette occasion Armia invita encore les Esraïlites à se repentir et à demander pardon de leurs péchés pour éviter un nouveau malheur. Un très petit nombre seulement écoutèrent sa voix et il se rendit avec eux sur les bords du Nil dans un endroit caché et fixa comme piédestaux d'attente quatre pierres en disant : « Quand Bakhtanassar s'emparera de ce pays, il dressera son trône en ce lieu et prendra ces pierres pour base des colonnes qui le soutiennent. »

Bakhtanassar, en effet, vainquit l'Egypte et fit prisonniers les Esraïlites fugitifs. Il aperçut parmi eux Armia et lui reprocha d'avoir manqué de gratitude en faisant cause commune avec ses ennemis. Celui-ci répondit : « Je les ai avertis que tu te rendrais maître de ce pays ; et, pour confirmer la vérité de mes paroles, j'ai enterré quatre pierres dans un endroit désigné, en leur annonçant que, sur ces pierres, tu ferais reposer les colonnes de ton trône. »

Bakhtanassar vérifia le fait et remit le prophète en liberté.

---

[1] Jérémie, chap. XLVIII, 7. Ainsi ils se rendirent en Egypte, désobéissant à la voix du Seigneur.

APPENDICE AU TITRE XXXVII

La Prophétie d'Isaïe

Par le passage cité plus haut et auquel correspond la note 1 de la page 255, on voit que, aux yeux des théologiens musulmans, Isaïe a prédit à la fois la venue du Christ et celle de Mahomet. La prophétie d'Isaïe appartient donc à l'histoire sainte de l'Islam à un triple titre, suivant qu'on l'envisage comme annonçant le Prophète (point de vue exclusivement musulman), *ou* le Verbe de Dieu, le Christ (point de vue à la fois chrétien et musulman), *ou* l'humanisation, le futur cosmopolitisme de la loi d'Israël et le Messie Juif toujours attendu.

Isaïe a été l'avènement de l'Altruisme, soit de la charité universelle, dans le monde sémitique, comme Bouddha celui de la compassion universelle dans le monde asiatique. C'est pourquoi Renan a dit que le christianisme commence à Isaïe. C'est pourquoi saint Paul évangélisant a trouvé tant de gentils judaïsant, en attendant qu'il en fit des chrétiens.

A l'idée de la rénovation spirituelle d'Israël et de Jérusalem se lie intimement dans Isaïe l'idée Messiaque, idée qui faisait alors partie des croyances de la Perse où l'élite de la nation juive avait été emmenée en captivité.

Pour les chrétiens et les musulmans, le Messie prédit est le Christ; pour les Juifs, c'est une sorte de souverain ou législateur ou prophète qui fera de Jérusalem la reine de tous les peuples, la Cité de Dieu.

Nous avons groupé ensemble les textes d'Isaïe qui se rapportent plus particulièrement à chacun de ces points de vue ou dont le ton se rapproche le plus du caractère, on pourrait dire du tempérament de l'une ou de l'autre des trois religions d'origine sémitique, la note dominante étant celle de paix et de miséricorde presque exclusivement propre à Isaïe.

Ce rapprochement fait ressortir ce qu'ont de commun ces trois religions et montre que l'antisémitisme n'a pas sa raison d'être en ce qui concerne les Juifs avancés qui se sont ralliés à Isaïe, dont les versets se lisent en inscriptions dans beaucoup de synagogues.

Beaucoup de Juifs ont des opinions socialistes qu'ils appuient sur la Bible.

§ 1. — *Insuffisance de la pratique judaïque; développement et expansion de la Loi Mosaïque; la future Jérusalem*

CHAPITRE I. — 1. Princes de Sodome (premiers de Jérusalem), écoutez la parole du Seigneur; peuple de Gomore (d'Israël), entends la voix de notre Dieu.

11. Que me fait la multitude de vos victimes? J'en suis repu. Loin de moi les holocaustes de béliers, la graisse des animaux, le sang des veaux, des agneaux et des boucs [1].

13. Cessez de m'offrir des sacrifices stériles. Votre encens m'écœure.

14. Mon âme déteste vos fêtes et vos solennités; elles lui font horreur.

15. Car vos mains sont pleines de sang.

16. Purifiez-vous, faites disparaître de mes yeux vos pensées criminelles, cessez vos actions perverses.

17. Apprenez à faire le bien; observez la justice, dit le Seigneur, vos péchés fussent-ils rouges comme la pourpre, vous deviendrez blancs comme la neige; fussent-ils voyants comme le vermillon, vous serez comme la laine sans tache.

CHAPITRE LVIII. — 4. Vous jeûnez, n'ayant en vue que des querelles et des procès et vous frappez avec le poing sans craindre Dieu.

5. Et voilà le jeûne que j'ai prescrit? Est-ce qu'il consiste à se torturer et à se serrer dans un cilice? A se couvrir d'un sac et de cendres?

6. N'ai-je pas pour le jeûne donné ces prescriptions : « Mets à néant les complots impies ! Soutiens ceux qui succombent sous le faix; délivre les prisonniers et décharge tout fardeau? »

7. Partage ton pain avec celui qui a faim; ouvre ta maison à l'indigent sans abri; couvre sa nudité et considère-le comme ta propre chair.

8. Après cela tu invoqueras le Seigneur et il t'exaucera; tu l'appelleras et il répondra: « Me voici, » si tu brises la chaîne et t'abstiens de gestes et de propos vains.

CHAPITRE LXVI. — 1. Le Seigneur dit: « Le ciel est mon trône et la terre

---

[1] David avait déjà dit dans le *Miserere* : Si voluisses sacrificium dedissem utique, holocaustis non delectaberis. Sacrificium Domino spiritus contribulatus, cor contritum et humiliatum, Deus, non despicies.

mon marchepied ; quelle demeure pouvez-vous m'édifier ? Quelle place de repos me consacrer !

3. Immoler un bœuf, c'est presque tuer un homme ; égorger une brebis, c'est presque mettre à mort un chien ; faire un sacrifice, c'est presque offrir le sang des siens ; faire fumer et projeter l'encens, c'est presque adorer une idole [1].

Ils ont introduit toutes ces pratiques dans le culte et leur âme s'est complue dans ces abominations.

4. C'est pourquoi je balayerai leurs illusions et leur infligerai les maux qu'ils redoutaient. »

10. Réjouissez-vous avec Jérusalem, soyez transportés d'allégresse, vous tous qui l'aimez.

11. Car le Seigneur dit : « Je verserai sur elle la gloire des nations comme un fleuve de paix, comme un torrent débordé. Elles vous porteront comme des enfants auxquels on donne le sein et qu'on caresse sur les genoux.

18. Je rassemblerai les pensées et les œuvres de mes élus dans toutes les nations et toutes les langues. Ils viendront et ils contempleront ma gloire.

19. Et je leur imprimerai une marque et j'enverrai l'élite de ceux qui auront été sauvés, dans la Méditerranée, en Afrique et en Lydie, en Italie et en Grèce, aux îles lointaines, vers ceux qui ignorent mon nom et ma splendeur. Et ils annonceront ma gloire aux nations (aux Gentils).

20. Toutes les nations prendront dans leur sein tous vos frères et les amèneront en don au Seigneur, sur des chevaux, des quadriges, des litières, des mulets, à ma sainte montagne de Jérusalem.

21. Et j'en prendrai parmi eux pour prêtres et pour lévites, dit le Seigneur.

22. Car votre descendance et votre nom seront comme un nouveau ciel et une nouvelle terre que je ferai apparaître.

23. Le mois succédera au mois et le sabbat au sabbat ; toute chair viendra adorer devant ma face, dit le Seigneur. »

CHAPITRE II. — 1. Dans une vision sur Jérusalem et Juda, il a été révélé à Isaïe, fils d'Amos.

5. Dans les derniers jours, un mont sera préparé pour être la demeure

---

[1] On retrouve dans ce verset des idées zoroastriennes.
[2] Ce verset pourrait s'appliquer soit à la prédication de saint Paul, soit aux rapides conquêtes des Musulmans.

du Seigneur; elle sera le couronnement de tous les monts et toutes les nations y afflueront.

3. Et beaucoup de peuples s'y rendront en disant : « Venez, montons sur la montagne sainte, demeure du Dieu de Jacob; il nous enseignera ses voies, nous marcherons dans ses sentiers, car de Sion sortira la loi de Jérusalem, le Verbe du Seigneur [1]. »

4. Et il jugera les nations et il enseignera des peuples nombreux. Ils convertiront leurs glaives en socs de charrue et leurs lances en faux; aucune nation ne tirera l'épée contre une autre, aucune ne s'exercera à combattre.

CHAPITRE XLIX. — 1. Ecoutez, peuples lointains, prêtez l'oreille : Le Seigneur m'a appelé dès le sein de ma mère.

2. Et a dit : « C'est peu que tu sois mon serviteur pour exhorter les tribus de Jacob et laver les souillures d'Israël; je t'ai destiné à être la lumière des nations (des Gentils) et le salut jusqu'aux extrémités de la terre.

9. Tu diras à ceux qui sont dans les fers : « Soyez libres, » à ceux qui sont dans les ténèbres : « Voyez! » Tous chemins leur seront ouverts, toutes plaines leur serviront de parcours.

10. Ils ne sentiront ni la faim, ni la soif, ni la chaleur du jour, ni l'ardeur du soleil, parce que le Miséricordieux les conduira et les abreuvera aux sources [2].

12. Et ces appelés viendront dans un vaste rayon, les uns de l'aquilon et de la mer, les autres du sud et des régions à droite.

18. Promène, ô Sion, tes regards autour de toi et vois : tous sont venus à toi par un concours unanime, car ton éclat frappe tous les yeux et tu es parée comme une fiancée.

21. Et tu diras dans ton cœur : « De qui me sont venus ces enfants, à moi, stérile, émigrée et captive? Qui me les a donnés, à moi, déshéritée et délaissée? Où étaient-ils? »

22. Dieu dit : « J'étendrai ma main vers les nations (Gentils) et j'élèverai mon signal vers les peuples et ils apporteront tes fils dans leurs mains et les filles sur leurs épaules. »

23. « Et les rois seront tes nourrissons et les reines tes nourrices : on t'adorera, la face contre terre, et on lèchera la poussière de tes pieds. Et tu sauras que je suis le Seigneur qu'on n'attend pas en vain. »

[1] Cet alinéa peut aussi s'appliquer au Christ, ainsi que le verset 4.
[2] On trouve ici quelque chose du style du Coran.

Chapitre LIV. — 2. Agrandis l'emplacement de tes tentes et développes-en les peaux ; tends de longues cordes et fixe-les solidement par des clous.

3. Car tu t'étendras de tous côtés, et ta descendance héritera des nations (Gentils) et habitera les citées abandonnées.

5. Ton Dieu, le Seigneur des armées, le saint Rédempteur d'Israël, sera appelé le Dieu de toute la terre.

14. Tu auras pour fondements la justice ; voici venir à toi celui qui m'ignorait ; celui qui était pour toi un étranger te sera adjoint [1].

Chapitre LX. — 1. Lève-toi ! illumine-toi, Jérusalem ! Voici venir la lumière et la gloire du Seigneur éclater sur toi.

3. Les nations marcheront dans la lumière et les rois dans la splendeur de ton lever.

5. Alors tu apercevras et tu t'empresseras de regarder. Ton cœur se dilatera, quand viendra vers toi une multitude semblable aux flots de la mer, toute la force des nations.

8. Qui sont tous ceux-ci qui volent comme des nuées et se précipitent vers toi comme des colombes vers les ouvertures des habitations.

10. Les fils des étrangers construiront tes murs et leurs rois te serviront [2].

11. Et tes portes seront ouvertes pour tous ; on ne les fermera ni le jour ni la nuit, afin que tu reçoives toute la force des nations et que leurs rois te soient amenés.

13. Car toute nation, tout royaume qui ne t'obéira pas périra ; ses provinces dévastées deviendront des solitudes.

14. Les fils de ceux qui t'ont humiliée viendront à toi, courbés jusqu'à terre, et tous ceux qui te méprisaient adoreront les traces de tes pieds et ils t'appelleront la cité du Seigneur, Sion du saint Israël.

16. Tu suceras le lait des nations et des mamelles royales l'allaiteront, et tu sauras que je suis le Seigneur ton Sauveur et le puissant rédempteur de Jacob.

19. Le soleil ne t'éclairera plus pendant le jour, ni la lune pendant la nuit ; mais le Seigneur sera éternellement ton flambeau et ton Dieu sera perpétuellement ta gloire.

---

[1] Cette prédiction peut être interprétée comme s'appliquant soit à la future Jérusalem juive, soit au développement de l'Islam à son début.

[2] Ce verset paraît un souvenir ou une promesse de la restauration de Jérusalem par Cyrus.

22. Le moindre de tes habitants aura la force de mille hommes; un de tes enfants en bas âge triomphera d'une troupe de vaillants.

CHAPITRE LXV. — 1. Ceux qui autrefois n'interrogeaient pas ont questionné et ont appris ce dont ils ne s'enquéraient pas, car je leur ai dit : « Voici que je vais à ceux qui n'invoquaient pas mon nom (les Gentils).

2. J'ai tendu tout le jour les mains vers le peuple incrédule qui fait fausse route, n'écoutant que ses vaines pensées. »

8. Voici ce que dit le Seigneur : « De même qu'il est ordonné pour le grain réservé : « Tu ne le dissiperas pas, parce qu'il est une bénédiction, » de même je disposerai envers mes serviteurs pour ne pas perdre la totalité.

9. Je mettrai à part les plus purs descendants de Jacob et ceux de Juda qui possèdent mes montagnes saintes; et mes élus recueilleront tout l'héritage, et mes serviteurs y habiteront.

14. Ils seront dans la joie, et vous serez dans la confusion.

15. Vous abandonnerez votre nom à mes élus et le Seigneur donnera un autre nom à vos serviteurs.

16. Les anciennes entraves ont été écartées, les vieux errements ont disparu de mes yeux.

17. Et voici que je crée de nouveaux cieux et une nouvelle terre ; ce qui existait auparavant sera mis en oubli et le cœur le rejettera.

18. Mais ce que je crée fera éternellement votre joie et excitera vos transports incessants ; je crée la Jérusalem de l'exultation et le peuple de l'allégresse.

19. J'exulterai en Jérusalem et je me réjouirai en mon peuple; on n'y entendra plus ni sanglots, ni cris de douleur.

20. Il n'y aura plus d'enfant prématurément moissonné, ni de vieillard qui ne remplisse toute sa carrière ; on mourra à cent ans dans l'innocence de l'enfance ; on sera maudit à cent ans dans le péché.

21-22. Chacun habitera la maison qu'il aura bâtie; chacun jouira du fruit de la vigne qu'il aura plantée. Les jours de mon peuple seront résistants comme les fibres du chêne et les œuvres de ses mains seront solides et durables.

23. Mes élus ne travailleront pas inutilement ; ils n'engendreront pas dans l'anxiété, parce qu'ils sont la semence des bénis du Seigneur, eux et leurs descendants.

24. Je les exaucerai avant qu'ils élèvent leur voix vers moi; je comblerai leurs vœux au moment même où ils me les adresseront.

§ 2. — *Le Messie, le Verbe de Dieu suivant les chrétiens et les Musulmans*

Chapitre XLV. — 1, 3. Vous tous qui avez soif venez à la source. Prêtez l'oreille et venez à moi.

4. Voici celui que j'ai donné aux peuples pour me rendre témoignage, aux nations pour guide et pour précepteur.

5. Tu appelleras à toi ceux dont tu ignorais l'existence, et les nations qui ne t'avaient pas connu accourront à toi à cause du Seigneur ton Dieu.

Chapitre LII. — 10. Le Seigneur a préparé aux yeux de toutes les nations (celui qui est) son bras saint, et toutes les extrémités de la terre verront (celui qui est) le salut de notre Dieu.

13. Voici mon serviteur qui aura l'intelligence : il sera exalté et élevé jusqu'aux cieux.

14. De même que beaucoup ont tremblé devant toi, de même il apparaîtra sans éclat et sans gloire parmi les fils des hommes.

15. Il bénira la multitude des nations et les rois se tairont devant lui. Ceux auxquels ses actes n'ont pas été narrés en ont été témoins et ceux qui ne l'ont pas entendu l'ont vu.

Chapitre LIII. — 6. Qui a cru ce que nous avons annoncé? A qui le bras du Seigneur (le Messie) s'est-il manifesté?

2. Il s'élèvera devant le Seigneur comme un rejeton, comme la tige née d'une terre aride, sans beauté ni éclat; nous l'avons vu et, malgré son humble aspect, nous avons soupiré après lui.

3. Méprisé, le dernier des hommes, l'homme des douleurs, succombant à sa faiblesse, nous l'avons méconnu.

4. Il a porté nos fardeaux et souffert nos douleurs; à cause de cela nous l'avons rejeté comme un lépreux, un maudit de Dieu, un infime.

5. Il a été percé de coups à cause de nos iniquités, couvert de plaies à cause de nos crimes. Notre paix a été le fruit de sa résignation, et notre guérison le prix de sa souffrance.

6. Nous avons tous erré comme des brebis qui s'écartent de tous côtés, et le Seigneur a mis sur lui l'iniquité de tous.

7. Il a été offert en sacrifice parce qu'il l'a voulu et il n'a pas ouvert la bouche à l'encontre. Il sera conduit à la mort comme une brebis et il restera soumis comme l'agneau que l'on tond.

8. Il a été arraché aux liens et au supplice. Qui racontera comment il

a été engendré? Il a été ravi de la terre des vivants, je l'ai frappé à cause du crime de mon peuple.

10, 11, 12. La volonté du Seigneur sera accomplie par ses mains ; dans sa science, il amènera un grand nombre d'hommes parmi les justes, en assumant sur lui-même leurs iniquités.

C'est pour cela qu'il a donné sa vie et qu'il a été supplicié comme un criminel ; et il a porté lui-même les fautes de la multitude des pécheurs et a prié pour eux.

Chapitre LXII. — 1. Je ne me tairai pas sur Sion et je ne détournerai pas mes yeux de Jérusalem jusqu'à ce que son Juste se lève comme un astre et que son Sauveur s'illumine comme un flambeau.

2. Et les nations (les Gentils) verront ton Juste, et tous les rois contempleront ton Illustre (*Inclytum*), et la bouche du Seigneur t'appellera d'un nom nouveau.

3. Et tu seras une couronne de gloire dans la main du Seigneur, un diadème royal dans la main de ton Dieu.

6. Sur le mur qui t'enceint, ô Jérusalem, j'ai placé des gardes qui se tiendront mutuellement éveillés jour et nuit perpétuellement. Vous qui vous souvenez du Seigneur ne cessez jamais votre veille, jusqu'à ce que Jérusalem fasse entendre sur toute la terre la louange.

10. Franchissez, franchissez les portes ; préparez la voie pour le peuple, aplanissez le chemin, choisissez les pierres et élevez le signal vers les nations.

11. Le Seigneur a fait entendre jusqu'aux extrémités de la terre ces paroles : « Dites à la fille de Sion : « Voici venir ton Sauveur avec le prix de ton rachat, et son œuvre se manifeste devant lui. »

12. On appellera ceux qui sont rachetés par le Seigneur : « le peuple saint », et Jérusalem : « la Cité désirée » et non la délaissée.

§ 3. — *Versets d'Isaïe qui ressemblent à des versets du Coran*

Chapitre XLII. — Chantez au Seigneur un nouveau cantique. Que ses louanges retentissent jusqu'aux extrémités de la terre.

11. Une voix criera du haut des monts : « Que le désert et ses tribus se lèvent ; que Cédar s'abrite sous des toits. Que les habitants de la Pierre (les régions pierreuses et arides, comme l'Arabie Pétrée) louent le Seigneur ! »

13. Le Seigneur surgira comme un vaillant. Il excitera au combat

comme un terrible guerrier ; il criera, il vociférera, exterminera ses ennemis.

16. Je conduirai les aveugles par un chemin qu'ils ne connaissent pas, je leur ferai suivre des sentiers qu'ils ignoraient ; je changerai leurs ténèbres en lumière, et leurs vices en vertus. Je ne leur ai point dit ces paroles en vain et je ne les ai point abandonnés.

Chapitre LXI. — 14. Voici ce que dit le Seigneur, roi des armées : « Tu assujettiras les travailleurs de l'Égypte, les commerçants de l'Ethiopie et les valeureux montagnards de Saba ; et ils t'appartiendront, ils marcheront derrière toi les mains liées, ils t'adoreront et te supplieront. Il n'y a de Dieu qu'en toi, et hors de toi il n'y a pas de Dieu.

20. Rassemblez-vous, venez et approchez ensemble, vous tous, parmi les Gentils (les nations), qui êtes sauvés.

22. Que toute la terre se convertisse à moi ! Elle obtiendra le salut, car je suis Dieu et il n'est pas d'autre Dieu.

24. Tout genou sera fléchi devant moi ; toute langue jurera en mon nom.

25. Donc il dira dans le Seigneur : « Je suis le Justicier et le Souverain. » Tous ceux qui lui sont rebelles viendront et seront confondus.

Chapitre LIX. — 17. Il s'est armé de la justice comme d'une cuirasse ; il a couvert sa tête du casque du salut. Il a pris la vengeance pour vêtement et la colère pour manteau.

20. Ceux qui viennent de l'Occident craindront le nom du Seigneur, et ceux qui arrivent de l'Orient tomberont prosternés devant sa gloire, lorsque Celui que transporte l'esprit du Seigneur se précipitera comme un torrent.

21. Et Sion aura son Rédempteur, ainsi que tous les enfants de Jacob sortis de l'iniquité.

XXXVIII

LE PROPHÈTE DANIEL

I. — Daniel et Bakhtanassar. — II. — Cyrus et Rome
III. — Osaïr (Osée)

I. — Daniel et Bakhtanassar (Nabuchodonosor)

De retour à Babylone Bakhtanassar prit en grande amitié avec la famille de Daniel le Grand, Daniel fils d'Hazquil, — au point que les Mages [1] en conçurent de la jalousie et dirent au roi : « Tu aimes un ennemi de ta religion, un homme qui ne mange pas les mêmes aliments que toi. » Bakhtanassar s'assura du fait en invitant Daniel à un repas et ensuite le fit mettre en prison. Peu après, il fit un rêve affreux et en demanda l'interprétation à ses magiciens et devins. Ceux-ci exigèrent au préalable la description détaillée du songe [2]. Le roi avait été tellement effrayé qu'il avait oublié les circonstances principales : il déclara aux devins que, si dans trois jours il n'avait pas reçu une explication, il les mettrait tous à mort. Ce bruit se répandit en ville et vint jusqu'aux oreilles de Daniel. Il chargea le

---

[1] Le mot, dans le texte original, est *magus*, que l'auteur confond avec celui d'adorateur du feu.
[2] Daniel, chap. II, 4. « Décris ton songe à tes serviteurs et nous t'en donnerons l'interprétation. »
[3] Daniel, chap. II, 5. « Vous serez mis en pièces. »

geôlier d'informer le roi qu'il se chargeait d'interpréter le songe. Le roi le fit venir et Daniel lui dit : « Tu as vu dressée sur le sol une statue dont la tête était d'or, le cou d'argent, le tronc d'airain, les jambes de fer et les pieds d'argile cuite. Pendant que tu la regardais, une pierre tombant du ciel l'a brisée en morceaux (Daniel, chap. II, 31, 34), tandis que tu croyais que tous les hommes et les Génies réunis n'auraient pu y parvenir; alors s'éleva un vent qui dispersa les débris de la statue jusqu'à la plus petite parcelle ; en même temps, la pierre qui était tombée du ciel augmenta de volume au point d'occuper toute la surface de la terre, de sorte que tu ne pouvais plus rien voir que cette pierre et le ciel. » Bakhtanassar affirma : « C'est bien mon rêve, tu n'y as rien ajouté, et tu n'en as rien retranché. Explique-le donc ! »

Daniel reprit : « La statue représente le temps présent et les royaumes actuels. La tête d'or, c'est Votre Majesté; le cou, votre fils; le tronc, les autres royaumes; le fer figure l'empire des Perses dont la solidité et la prospérité doivent être renforcées sur leurs anciens fondements; les pieds d'argile indiquent cependant qu'un jour leur puissance déclinera. La pierre tombée du ciel figure un prophète qui sera envoyé dans les derniers temps, vaincra les rois et abolira toutes les autres religions, et dont la loi régnera jusqu'au jour de la résurrection [1]. Le roi complètement satisfait offrit à Daniel de l'attacher à sa personne avec une haute situation et, celui-ci ayant accepté, il lui donna toute sa confiance et tout pouvoir. Cette faveur extraordinaire excita l'envie des grands de Babylone. Ils dénigrèrent Daniel dans l'esprit du roi et offrirent à celui-ci de faire

---

[1] Cette prophétie est aussi mentionnée dans le *Sharastan*, livre de la religion de Zoroastre : la pierre signifie un prophète dont la religion remplira le monde. En conséquence, les musulmans prétendent que ce prophète est Muhammad.

pour son usage un dieu supérieur à celui de Daniel, qui le renseignerait sur tout et l'aiderait en tout. Bakhtanassar autorisa l'essai de ce dieu. Alors ces insensés réunirent des ouvriers pour exécuter une idole de grandes dimensions avec différents métaux et mirent sur sa tête un diadème d'or incrusté de pierreries. Ils allumèrent un grand feu et forcèrent le peuple à adorer l'idole. (Daniel, chap. III.) Quiconque s'y refusait était jeté dans le feu. Plusieurs enfants d'Esraïl perdirent alors la vie. Daniel, fils d'Hazquil, et trois jeunes hommes de la famille de Daniel furent jetés dans le feu à l'insu de Bakhtanassar.

Mais celui-ci, de la terrasse de son palais, aperçut ce brasier dans lequel se tenaient assises cinq personnes dont l'une avait des ailes avec lesquelles elle éventait les quatre autres. A la vue de ce miracle, le roi épouvanté cria aux hommes de sortir du feu. Ceux-ci vinrent sains et saufs se présenter à lui; il leur demanda : « Qui vous a éventés au milieu du feu ? Pourquoi ne m'avoir pas prévenu du supplice qu'on vous a infligé ? » Daniel répondit : « Dieu a envoyé un Ange pour nous préserver des atteintes du feu. Nous avons accepté cette épreuve pour montrer au peuple la Toute-Puissance de Dieu et la protection qu'il accorde à ses amis. » Édifié par ce prodige, Bakhtanassar redoubla de bonté envers ces jeunes hommes.

Daniel eut encore à expliquer au roi un autre songe dans les mêmes conditions que le précédent. D'abord il le lui rappela ainsi : « Dans ton sommeil t'a apparu un arbre dont le sommet touchait le ciel; les oiseaux habitaient sur ses branches; les fauves et les animaux de proie reposaient sous son ombre. Pendant que tu admirais sa beauté et les troupes d'oiseaux et d'animaux, un Ange vint armé d'une hache pour l'abattre; tout à coup un autre Chérubin s'exclama : « La volonté du Tout-Puissant est que tu n'attaques pas cet arbre par la racine, mais que tu lui enlèves seulement une partie de ses branches et que tu laisses le reste. » Pendant que l'Ange ébranchait l'arbre, les oiseaux et les animaux se dispersèrent et le tronc de l'arbre reprit sa beauté et sa vigueur. »

Le roi ayant reconnu l'exactitude de ce récit, Daniel donna l'interprétation suivante : « L'arbre c'est toi, les oiseaux ce sont ta famille, ton armée et tes adhérents. Les fauves et les autres animaux ce sont tes sujets qui vivent à l'ombre de ton autorité. Tu as encouru la colère divine pour avoir laissé les grands du royaume ériger une idole. C'est pourquoi Dieu a commandé à un Ange de te faire disparaître et de disperser pour un temps une partie de tes enfants. »

Le roi demanda : « Quel sort me destine le Tout-Puissant ? » Daniel reprit : « Pendant sept ans, à titre d'avertissement, tu revêtiras les formes de toutes sortes de créatures, et à la fin de ce temps tu reprendras la forme humaine [1]. »

---

[1] D'après la tradition de la Vulgate (*Prophetia Danelis*, chap. iv), Nabuchodonosor adressa à ses sujets une déclaration publique de ce qui lui était arrivé après la prédiction de Daniel ; en voici la conclusion :

26, 27, 28. Au bout de douze mois, comme il se promenait dans son palais une voix éclata dans le ciel : « La royauté va t'être enlevée ; on te chassera et tu habiteras avec les bêtes et les fauves ; tu brouteras de l'herbe et mangeras du foin comme le bœuf et tu passeras ainsi sept ans jusqu'à ce que tu reconnaisse que le Très-Haut règne sur les hommes et leur dispense ses dons comme il lui plaît. »

30. Sur l'heure même, cette sentence s'exécuta. Le roi Nabuchodonosor dut paître comme le bétail ; son corps reçut la pluie du ciel et s'en imprégna au point que ses cheveux devinrent semblables à l'aigrette de la tête d'un aigle et ses ongles aux griffes des oiseaux.

31, 33. A la fin des jours marqués, moi, Nabuchodonosor, j'ai élevé mes yeux vers le ciel et mon sens m'a été rendu, j'ai recouvré mon ancienne forme ; mes chefs et mes magistrats sont venus alors au-devant de moi ; et j'ai été rétabli sur le trône avec une nouvelle splendeur.

34. Louange et gloire au Roi du Ciel, dont toutes les œuvres sont vraies et toutes les voies droites et qui sait humilier ceux qui se gonflent d'orgueil.

Nota bene. — La Vulgate a soin de prévenir le lecteur que le récit de la métamorphose de Nabuchodonosor ne se trouve pas dans le texte hébreu, et

Bakhtanassar interrogea : « Ne pourrais-je me racheter par le repentir et par l'aumône ? » « Non, répondit Daniel, le décret de la prédestination est rendu (fatalisme). »

Bakhtanassar abdiqua la royauté en faveur de son fils et se réfugia dans la retraite et la pénitence. A la fin de la semaine il monta sur la terrasse de son palais pour jouir de la brise. Tout à coup, il lui poussa des ailes, un bec, des serres, et il fut changé en aigle. Sous cette forme, il attaqua et vainquit les autres oiseaux, en sorte que le bruit courut dans le pays qu'un oiseau d'une nouvelle espèce venait d'être créé. Bakhtanassar passa ainsi pendant sept ans successivement dans le corps d'un grand nombre d'animaux [1].

Pendant ce temps Daniel exerça le pouvoir comme vice-roi du fils de Bakhtanassar en annonçant à ses sujets son prochain retour.

Vuhub bin Muniah nous apprend que Bakhtanassar rentra dans son palais avec le corps d'un cousin. Quand il eut repris son ancienne forme et fait sa toilette du corps, il sortit de ses appartements l'épée à la main, convoqua ses sujets de tout rang et de toute condition et les harangua ainsi : « Jusqu'aujourd'hui nous avions adoré des dieux insensibles et inertes, maintenant je crois dans le Dieu d'Esraïl. Quiconque m'imitera sera mon ami, quiconque me désobéira sera la proie du glaive. Je vous donne un jour et une nuit pour réfléchir et pour devenir monothéistes. »

Ensuite il rentra dans ses appartements privés et, la nuit même, rendit son âme à Dieu.

que celui qu'elle donne a été emprunté à l'édition de Théodolen (sans doute grecque).

[1] La version juive n'attribue à Nabuchodonosor qu'une seule métamorphose et le fait régner encore après son retour. Notre auteur emprunte quelque chose à la métempsycose.

Après sa mort, son fils monta sur le trône et afficha sa rébellion contre la loi de Dieu. Il mangea du porc et but du vin dans les vases sacrés (œuvre des génies) de Suliman et chassa Daniel de sa cour. Un jour qu'il était assis à un festin avec les grands de son royaume, une main apparut (Daniel, chap. v, 5) tout à coup, traça trois mots et disparut. Comme personne ne pouvait les expliquer, on conseilla au roi de faire venir Daniel en invoquant son pardon. Daniel lut : « Wazana fakhaffa ; wawada fanjaza ; wajama fafarraga. » (Il pesa et trouva le poids léger ; il promit et accomplit sa promesse ; il rassembla et il dispersa.) Le roi demanda le sens de ces phrases et Daniel les interpréta ainsi : « Dieu a pesé tes œuvres et a trouvé un très faible poids ; il t'a promis la royauté et te l'a donnée ; il a rassemblé les causes de ta magnificence et de ta grandeur et les a jetées au vent[1]. » Le roi reprit : « Quand cela aura-t-il lieu ? » Daniel répondit : « Dans trois jours tu seras tué, et ton royaume appartiendra à un autre. Le roi rentra dans son palais et ordonna à un de ses serviteurs les plus dévoués de tuer quiconque essaierait d'y pénétrer. La quatrième nuit après la prédiction de Daniel, le roi sortit du palais et le serviteur de garde l'attaqua à son retour. Il eut beau crier : « Je suis ton bienfaiteur, ton roi, » le soldat resta sourd et l'expédia pour l'enfer.

Le successeur de ce prince consulta, au sujet de la captivité des enfants d'Esraïl, des hommes sages qui lui dirent : « Les maux qui ont accablé ce royaume proviennent de ce que nous avons méprisé et opprimé ce peuple ; le mieux est de lui permettre de retourner dans son pays. »

En conséquence, le roi décida que les enfants d'Esraïl partiraient sous la conduite de Daniel avec tous les ornements et les

---

[1] Daniel, chap. v, 25, 29. Voir aussi le *Journal Asiatique*, 1886, t. VIII, pp. 36-68.

objets sacrés que Bakhtanassar avait emportés de la Demeure Sainte à sa capitale.

On lit dans le *Maghâzi* que, durant le khalifat d'Omar, commandeur des Croyants, lors de la prise de possession de Sus par Abu Musa, celui-ci fit ouvrir un caveau caché dans une trésorerie et qu'on y trouva une grande tombe contenant le corps d'un homme très grand et très gros dont le nez paraissait avoir une palme de long. C'était celui de Daniel qui avait été envoyé à Sus pour mettre fin à une grande famine et y avait été retenu par le roi du pays jusqu'à sa mort [1]. Toutes les fois que la ville était frappée par quelque fléau, on se réunissait autour de cette tombe pour implorer l'intercession de Daniel.

Informé de ces circonstances, Omar donna l'ordre d'exhumer le corps de Daniel, de le placer dans un nouveau linceul et de lui faire des obsèques conformes à la loi musulmane.

II. — *Kosruh (Cyrus) et Rum (Rome)*

Selon la tradition de Kodaïfa, l'exil des Juifs dura cent ans après la prise de Jérusalem par Bakhtanassar. Ensuite un roi du nom de Kosruh (Cyrus) renvoya les enfants d'Esraïl avec les vases et les autres objets sacrés formant un immense convoi [2]. La Ville Sainte se repeupla et les enfants d'Esraïl furent pendant cent ans soumis à Dieu. Puis ils recommencèrent à pécher, et Dieu leur donna pour maître le souverain de Rome qui emporta tous les objets sacrés.

On prête à Muhammad (Mahomet) cette prédiction : « Quand le Madhi viendra à la fin des temps, il rapportera à leur place

---

[1] Daniel peut avoir été inhumé en Perse, comme l'ont été beaucoup de Juifs qui y avaient été envoyés et y avaient vécu pendant la captivité de Juda.

[2] Esdras, chap. 1, 17. Cyrus mit au jour les vases sacrés.

les objets sacrés de la Demeure Sainte. » — Mais Allah est le plus savant.

III. — *Le prophète Ozaïr (Osée ou Esra)*

Ozaïr (Osée) et Ozar, fils jumeaux de Shariah, furent très jeunes emmenés avec leurs compatriotes à Babylone. Au retour de la captivité, Ozaïr était de tous les docteurs le plus savant dans la Loi Mosaïque et regardé comme un prophète. Il vécut avec son frère Ozar jusqu'à l'âge de cinquante ans, puis partit en voyage, emportant des figues, des raisins et du lait, et arriva à une ville de Syrie que Dieu avait détruite avec ses habitants. A la vue des ruines et des ossements épars, il s'écria : « Comment Dieu pourra-t-il réveiller cette cité qui est morte ? » Ensuite il s'endormit dans ce lieu, et le Tout-Puissant prenant possession de son âme déroba son corps à la vue des hommes et à la dent des fauves. Les vivres qu'il avait avec lui restèrent frais et intacts. Mais sa monture périt. Quelques années après qu'Ozaïr se fût endormi, le roi du pays, obéissant à l'inspiration divine, releva et repeupla la ville ; après cent ans de sommeil, Ozaïr s'éveilla ; un Ange vint et lui demanda : « Combien de temps as-tu dormi ? » Il répondit : « Un jour ou une partie de jour. » (Coran, chap. II, 261.) L'Ange repartit : « Tu es resté ici cent ans, regarde ton âne. » (Coran, *ibidem*.) Ozaïr vit alors le squelette de sa monture. Puis les os du squelette se rajustèrent et se revêtirent de tendons, de veines et de chair, et Ozaïr dit : « Je sais qu'Allah peut tout faire. » Puis il monta sur sa bête et s'en retourna à sa demeure. Pour se faire reconnaître des habitants de son pays natal, il lui fallut opérer un miracle si éclatant que ceux-ci le crurent fils de Dieu. C'est pourquoi le plus éloquent des prophètes a dit : « Les Juifs prétendent qu'Ozaïr est le fils de Dieu et les chrétiens affirment que le Messie est le fils de Dieu. » (Coran, chap. ix, 30.)

Ozaïr vécut encore cinquante ans avec Ozar, et tous deux moururent le même jour, celui-ci âgé de deux cents ans et celui-là seulement de cent ans.

Ozaïr est réputé le premier qui parla du destin et de la prédestination. Il osa dire au Tout-Puissant nourricier : « Je m'étonne que tu aies livré tes fidèles serviteurs et les enfants de tes prophètes aux idolâtres qui les ont tués ou pris, ont détruit la Mosquée et déchiré ton livre. » — Il lui fut répondu : « Ceux à qui je m'étais fait connaître ont transgressé ma loi ; en punition, je les ai asservis aux infidèles. » Ozaïr répliqua : « Si tu ne l'avais pas voulu, ils ne t'auraient pas désobéi. » Alors il reçut cette révélation : « Les décrets du destin sont un de mes mystères ; malheur à celui qui essaie de découvrir mes secrets. » En conséquence, Ozaïr cessa pendant quelque temps ses questions ; puis il les renouvela. Alors une voix lui dit : « Les enfants d'Esraïl ont, au mépris de mes commandements, commis les actes que j'ai défendus ; ils ont mis à mort mes prophètes ; en conséquence, je les ai assujettis à un peuple qui ne désirait pas mes récompenses et ne craignait pas mes châtiments. Je les ai ainsi frappés plus sûrement que si je leur avais donné des maîtres aimés de moi. » Ozaïr interrogea encore : « Seigneur, tu es un juge équitable. Pourquoi punir un grand nombre pour la faute d'un petit nombre ? Pourquoi frapper les innocents avec les coupables ? » Alors une voix d'En-Haut ordonna : « Va au désert et tu y trouveras réponse. « Ozaïr y alla en effet et, sous le poids de la chaleur, s'endormit au pied d'un arbre isolé. Il fut éveillé par de cruelles morsures de fourmis, et, dans sa colère, il détruisit par le feu toute la fourmillière. Alors il entendit ces paroles : « Pourquoi as-tu exterminé toutes les fourmis? Quelques-unes seulement t'avaient mordu. » Ozaïr comprit cette leçon et implora son pardon. Alors le Tout-Puissant voulut bien lui adresser cette révélation : « Quand mes coups atteignent en même temps des coupables et des innocents, j'accorde aux derniers une éternelle félicité. Où est l'injustice? Si tu me questionnes encore sur le destin et la prédestination, j'effacerai ton nom de la liste des prophètes[1]. »

[1] Osée occupe chronologiquement la même place dans ce livre et dans la Vulgate. Celle-ci ne donne sur lui aucun récit biographique, mais seulement sa prophétie qui ne renferme que des imprécations contre les dix tribus d'Israël qui s'étaient séparées du royaume de Juda. Notre auteur persan s'est servi du nom d'Osée pour introduire dans son ouvrage une apologie théologique du dogme du fatalisme très peu accentué dans le Coran.

XXXIX

I. — ZAKRIA (ZACHARIE) ET MARIAM (MARIE)
II. — YAHIA (JEAN-BAPTISTE)

I. — Zakria (Zacharie) et Mariam (Marie)

Le Très-Haut a dit : « Allah a certainement choisi, de préférence au reste des humains, Adam et Noé et la famille d'Ebrahim, et la famille d'Emram, tous formant une descendance unique. Allah est celui qui écoute et qui sait. (Souviens-toi que) Quand la femme d'Emram a dit : « Je t'ai voué le fruit de mes entrailles pour être consacré (à ton service) ; accepte-le de moi. » (Coran, chap. III, 30.) — Dieu a dit aussi : « En souvenir de la miséricorde du Seigneur (envers) son serviteur Zakria, il l'a ainsi distingué (et placé) au-dessus de tous les personnages mentionnés dans le Coran (en révélant tout un chapitre sur lui et les siens). »

Le père de Zakria, nommé Badhán, était de la race des prophètes. Emram Ben Mâthan, père de Mariam (Marie), était un descendant de Suliman ben Daud (Salomon). L'épouse d'Emram, mère de Marie, se nommait Hanna (Anne) et elle avait une fille aînée du nom d'Ashbaa, mariée à Zakria. D'un âge avancé, n'espérant plus avoir d'enfant, Hanna, assise à l'ombre d'un arbre, vit un oiseau ouvrir un œuf et en faire sortir un petit. Cette vue lui donna envie d'avoir un enfant et elle pria le Maître Souverain de lui en accorder un. A ce moment ses règles reparurent ; son mari s'approcha d'elle et elle conçut : alors elle fit vœu que, si son enfant venait à terme, elle en ferait un *Muharear*, c'est-à-dire une personne renonçant au monde pour s'absorber entièrement dans l'adoration de la très Sainte Essence de Dieu dans la Mosquée de Jérusalem. Les femmes n'étant point considérées comme susceptibles de cette vocation, Hanna, quand elle donna le jour à Mariam, fut extrêmement affligée de ne pouvoir accomplir son vœu. Dieu lui prête ces paroles : « J'ai mis au jour une fille ; je l'ai nommée Mariam, et je la recommande à ta protection contre Satan qui a été chassé à coups de pierres [1]. »

Hanna enveloppa Mariam de langes et la porta au prêtre des Juifs dans la Mosquée (sic). L'Uléma (le grand-prêtre) fut d'abord mécontent de cette démarche ; mais Dieu lui dit : « J'ai accepté la fille à la place d'un fils [1]. » Le prêtre qui officiait ce jour était Zakria ; mais, comme le Seigneur avait adopté l'enfant, tous les prêtres de la Mosquée se disputèrent le privilège de l'élever. En vain Zakria fit valoir les droits particuliers qu'il avait comme époux de sa sœur. Il dut subir avec les autres l'épreuve du sort, et ses concurrents mirent un tel acharnement dans leur convoitise que, sous de faux prétextes, ils firent recommencer l'épreuve trois fois par des procédés différents. Le sort fut constamment favorable à Zakria, et il envoya Marie à sa maison, pour y être formée par sa sœur Ashbaa à la piété, à l'adoration et au service de la Mosquée (du Temple). Puis il fit préparer dans le Temple pour Mariam une petite

---

[1] Coran, chap. III, partie du verset 31. Ces mots font allusion aux pierres qu'Abraham lança contre Satan qui s'efforçait de le dissuader de sacrifier son fils.

[2] Coran, chap. III, 32. Le Seigneur l'accepta avec des paroles gracieuses.

chambre convenablement ornée, où il lui rendait quelquefois visite. Il vit près d'elle dans cette chambre différents fruits d'été et d'hiver dont une partie à contre-saison, et lui en demanda la provenance. Elle répondit : « Ces fruits viennent d'Allah qui comble ceux qu'il aime. » Frappé des faveurs que recevait Marie, Zakria se dit en lui-même : « Puisque le Tout-Puissant donne à Marie des fruits hors saison, il peut m'accorder un fils, bien que je sois hors d'âge. »

Il était très vieux et sa femme était fort âgée. Cependant il éleva ses mains en disant : « Dieu, tire de toi pour moi un bon rejeton, car tu écoutes celui qui te prie. » (Coran, chap. III, 33.) Le Créateur l'exauça et, pendant qu'il priait, Jebraïl lui annonça la naissance de Yahia (Coran, chap. III, 34), et Allah la confirma dans ces termes : « Ton fils sera appelé Yahia, nom que personne n'a porté avant lui. » (Coran, chap. XIX, 7, 8.) Il ajouta : « Celui qui porte témoignage au Verbe qui vient d'Allah est pur et chaste. » (Coran, chap. III, 34.) Zakria s'écria : « Seigneur, comment pourrai-je avoir un fils maintenant que je suis accablé par l'âge, et que ma femme est stérile. » (Coran, chap. III, 39.) La femme de Zakria eut de nouveau ses règles, et, après la purification, il s'approcha d'elle et elle devint enceinte de Yahia. Alors Zakria la quitta, et, pendant trois jours, n'eut pas la force de prononcer un seul mot. « Pendant trois jours tu ne parleras à personne que par geste. » (Coran, chap. III, 36.) A la fin de la grossesse, Yahia naquit à la grande joie de ses parents. Très peu de temps après, le Créateur l'illumina du flambeau de la science. « O Yahia, reçois le livre (de la Loi) avec une ferme résolution (de l'étudier et l'observer). Et nous lui avons accordé la sagesse à lui, enfant. » (Coran, chap. XIX, 13.)

II. — *Yahia (Jean-Baptiste)*

On raconte qu'à l'âge de quatre ans Yahia, appelé par d'autres enfants pour jouer, leur répondit : « Nous n'avons pas été créés pour jouer. » Encore très petit, il demanda à ses parents de porter l'habit religieux. Il passait son temps dans la mosquée en prières, mangeant et buvant très peu, en sorte que la pleine lune de sa face se changea en croissant et son corps devint maigre, aigu comme un cure-dent. Son père et sa mère le pressèrent de proportionner ses dévotions à sa force physique, mais il ne le voulut point et il pleura tant par respect et crainte de Dieu que ses larmes creusèrent sur ses joues deux ruisselets et que sa mère y colla deux bandes de feutre pour absorber ses larmes.

Quand Yahia assistait à la prédication de son père, celui-ci évitait de parler de l'enfer dont Yahia ne pouvait entendre prononcer le nom. Un jour cependant, plongé dans une profonde méditation, Zakria ne s'aperçut pas de la présence de son fils et dit : « Jébraïl m'a appris qu'il y a dans l'enfer une montagne du nom de Sakran et, à côté, une vâdi appelée A'siân (vallée du péché) où des tourments sont infligés par la colère de Dieu. » (Voir l'appendice au titre XXXIX.) En entendant ces mots, Yahia poussa un cri et tomba sur la face, privé de sentiment[1]. Zakria courut informer sa mère de l'accident et tous deux revinrent ; mais l'enfant avait disparu. Ils le cherchèrent trois jours et trois nuits ; le quatrième jour, ils le trouvèrent assis

---

[1] Ce récit est très remarquable ; il correspond aux doctrines et sentiments d'une confrérie musulmane, qui, par la charité, se rapproche beaucoup du christianisme ; elle a été fondée par Sidi Abdelkader Djilali, grand admirateur du Christ.

près d'une fontaine sur une des collines aux abords de Jérusalem, les pieds dans l'eau et les yeux levés au ciel. Ses parents lui parlèrent avec une extrême tendresse et réussirent à le ramener sous leur toit. Ils lui firent prendre quelque nourriture. Puis sa mère lui ôta ses vêtements de laine, et le mit au lit. Yahia s'endormit de suite sans avoir dit ses prières; à son réveil il s'exclama : « Apporte-moi mes vêtements de laine grossière, je ne veux pas de ton lit délicat. » Zakria dit à son épouse : « Laisse Yahia vivre comme il l'entend. J'espère que ses aspirations seront satisfaites dans l'autre monde. » Comme Yahia était toujours en larmes, Zakria lui dit : « Mon enfant chéri, tu empoisonnes ma vie par tes pleurs qui ne tarissent pas; tu es pour moi un sujet continuel d'inquiétude et de chagrin. » Yahia répondit : « Tu m'as dit tenir de Jebraïl (Gabriel) qu'il existe entre le paradis et l'enfer un désert couvert de flammes qui ne peuvent être éteintes que par des larmes; ne m'empêche donc pas de pleurer; je parviendrai peut-être à éteindre le feu de ce désert. » Zakria fut ému jusqu'aux larmes et dit : « En effet tu as raison de pleurer. »

Comme Isa (Jésus) était le Maître d'une loi religieuse, Yahia passait la plus grande partie de son temps avec lui. Un jour Isa dit à Yahia : « Je te vois toujours dans la tristesse et l'abattement; peut-être tu désespères de la miséricorde divine. » Yahia répondit : « Je te vois toujours sourire; tu es donc sûr de ne pas encourir le mécontentement du Seigneur? » Après cette discussion, le Maître Glorieux leur adressa à tous deux cette révélation : « C'est Isa qui a raison et Yahia qui se trompe. »

Zakria mourut dans son lit, suivant les uns, et, suivant d'autres, comme il a été dit plus haut au sujet de Shaia. Quant à Yahia, tous les historiens racontent sa fin comme il suit :

À cette époque les Juifs avaient un roi dont la femme détestait les prophètes et les saints. Elle avait eu d'un premier mari une fille très belle, et, comme elle craignait, à cause de son âge avancé, de perdre son influence sur le roi, elle lui proposa d'épouser sa fille. Le roi consulta Yahia qui déclara que cette union était interdite par la Loi [1]. La reine en conçut contre le prophète un profond ressentiment qu'elle dissimula jusqu'au moment où elle trouva l'occasion de le satisfaire.

Un jour que le roi était échauffé par le vin, elle para sa fille et la lui envoya. Se trouvant seul avec elle, il voulut en jouir ; elle mit pour prix à ses faveurs la vie de Yahia, et le roi, sous l'empire de l'ivresse et de la passion, céda à son désir. Il envoya un esclave qui décapita Yahia, mit sa tête dans un bassin et l'apporta au roi attablé à un festin. La tête lui adressa deux fois ces paroles : « La Loi te défend l'union avec cette fille. »

Selon quelques historiens, la mort de Yahia fut la seconde transgression des enfants d'Esraïl qui a été mentionnée dans le glorieux Coran. » (Coran, chap. XVII, 4-7 et notes sur ces versets.)

On rapporte qu'après la perpétration de ce crime Dieu, pour le venger, envoya contre les enfants d'Esraïl un roi de Perse nommé Kardus (ou Gudarz). Il ravagea la Syrie et vint camper près de la Maison Sainte. Il ordonna à Firus, son lieutenant, de tuer assez de Juifs pour que leur sang coulât jusqu'à son camp. En conséquence, Firus fit ouvrir un fossé depuis la porte de la Ville Sainte jusqu'au camp. Il entra dans la ville et arriva à un endroit où le sang bouillonnait comme une source chaude ; on lui apprit qu'il en était ainsi depuis le meurtre de Yahia.

---

[1] III, Mathieu, ch. XLIV. — Jean lui dit : « La loi ne te permet point de l'avoir pour femme. »

Le général commença le carnage ; quand 70,000 hommes eurent été immolés, la source de sang disparut, et Firus en informa le roi. Celui-ci ordonna de continuer le massacre jusqu'à ce que le flot du sang atteignît son camp. Cependant Firus prit pitié des Juifs survivants et ne fit plus égorger que du bétail et des quadrupèdes pour satisfaire le désir de Kardus.

Le prophète a dit : « Les pires peuples sont ceux qui mettent à mort les prophètes ou sont exterminés par eux, car les prophètes n'immolent que ceux dans lesquels il ne reste rien de bon et qui sont l'incarnation du mal et de l'iniquité. Le Créateur a voué à l'extermination une foule de malfaiteurs dont les prophètes auraient purgé le monde s'ils avaient existé de leur temps. Espérons qu'ils iront promptement rejoindre les ennemis des prophètes [1].

Beaucoup d'historiens placent la décollation de Yahia après l'ascension au Ciel du Seigneur Isa ; ils étaient presque du même âge et cousins. Que la bénédiction d'Allah soit sur notre prophète et sur eux aussi bien que sur tous les prophètes inspirés jusqu'au jour du jugement !

[1] L'auteur paraît faire allusion à des schismatiques des environs d'Hérat.

APPENDICE AU TITRE XXXIX

Le Dernier Jugement, l'Enfer

Quand le temps d'attente sera expiré, Dieu viendra sur des nuées environné de ses Anges et produira les livres où les actions de chaque homme ont été écrites par les Anges gardiens ; il ordonnera aux prophètes de porter témoignage contre ceux à qui ils ont été envoyés. (Voir Isaïe à la fin de cet appendice.)

Ensuite chaque homme rendra compte de la manière dont il aura acquis ses richesses et de l'usage qu'il aura fait : 1° de ses richesses ; 2° de son temps ; 3° de son corps ; 4° de ses connaissances et de son savoir.

Ce n'est pas que Dieu ait besoin de ces informations, mais elles seront produites pour que chacun fasse une confession publique et reconnaisse la justice de la rétribution qui sera prononcée.

Mahomet prendra l'office d'intercesseur après qu'Adam, Noé, Abraham et Jésus s'en seront excusés.

Toutes les choses seront pesées dans une balance que tiendra l'Ange Gabriel et dont l'un des plateaux sera suspendu sur le paradis et l'autre sur l'enfer, l'intervalle entre les deux bassins pouvant embrasser le ciel et la terre.

Lorsque les œuvres de chacun auront été justement pesées, il se fera une espèce de talion ou de compensation ; et toutes les créatures se vengeront les unes des autres ou recevront satisfaction de tous les torts qui leur auront été faits par les autres ; et, comme il n'y aura pas moyen alors de rendre la pareille pour donner cette satisfaction, on prendra une partie proportionnelle des bonnes œuvres de l'offenseur et on l'ajoutera à celles de l'offensé. Après cela, si l'excédent des bonnes œuvres d'une personne est du poids d'une fourmi, Dieu le doublera par miséricorde afin qu'elle puisse entrer en Paradis. Si, au contraire, toutes ses bonnes actions ne suffisent pas à donner satisfaction à ceux qu'il a offensés, on ajoutera à ses péchés un poids des péchés de ceux-ci proportionnel à la satisfaction qui leur est due [1], afin qu'il soit puni à leur place et il sera envoyé dans les enfers chargé de leurs crimes et des siens.

Les animaux seront réduits en poussière après qu'ils auront tiré vengeance les uns des autres. Les génies croyants seront également réduits en poudre et les génies rebelles, y compris les démons, seront précipités dans l'enfer avec les infidèles.

Le jugement terminé, tous les ressuscités passeront le pont Sirat jeté sur le milieu de l'enfer, plus étroit qu'un cheveu et plus acéré que le fil d'une épée. Les élus glisseront dessus avec la rapidité de l'éclair; les réprouvés tomberont la tête la première dans l'abîme. L'Enfer est divisé en sept étages pour sept classes de damnés. Les Infidèles seuls iront en enfer où ils souffriront éternellement. Les musulmans expieront leurs crimes dans le purgatoire. Le Koran dit au chapitre III, 198 et 199 :

« Parmi les juifs et les chrétiens, il en est qui croient en Dieu et aux prophètes envoyés à vous et à eux ; ils trouveront leur récompense auprès de Dieu qui est prompt à régler les comptes. »

L'enfer est séparé du paradis par le mur el Araf (élevé) dont le couronnement est occupé par ceux dont les bonnes et mauvaises œuvres s'équilibrent exactement et qui finiront par aller en paradis. Ils pourront s'entretenir tant avec ceux du paradis qu'avec ceux de l'enfer ; même les bienheureux et les damnés pourront se parler entre eux.

Presque tout ce qui concerne l'enfer se trouve aussi dans les livres juifs formant la tradition en dehors de la Bible.

Voici les textes de la prophétie d'Isaïe qui paraissent se rapporter à la résurrection des morts et au dernier jugement.

Chapitre LXVII. — 15. Le Seigneur viendra dans le feu et son char sera comme un tourbillon ; il manifestera son indignation par sa main vengeresse et son courroux par les flammes.

16. Car le Seigneur jugera au milieu du feu ; son glaive atteindra toute chair et fera un immense massacre.

17. Celui qui se parait d'une fausse sainteté, qui abritait sa pureté sous l'ombre de son enclos, derrière la porte fermée, et ceux qui mangeaient de la chair des animaux impurs seront brûlés ensemble, dit le Seigneur.

24. Les prévaricateurs seront mis à nu ; leurs cadavres éternellement

---

[1] Ce principe de compensation est tout l'inverse du principe bouddhique de la rétribution absolue et isolée de chaque œuvre pour elle-même. C'est la peine du talion généralisée. C'est aussi l'inverse du pardon des injures.

consumés par la flamme et rongés par les vers seront exposés à la vue de toute chair.

CHAPITRE XLI. — 1. Que les îles [1] se taisent devant moi! Que les nations perdent leur orgueilleuse confiance dans la force de leurs armes! Qu'elles viennent et qu'elles parlent à l'approche du jugement!

2. Qui a appelé de l'Orient le Juste? Qui l'a fait venir à sa suite pour faire comparaître devant lui les Nations et les Rois? Il les livrera à son glaive comme une poussière, à son arc comme un rameau emporté par le vent.

3. Il passera en paix en les poursuivant et ses pieds ne laisseront pas d'empreintes formant une piste.

6. Chacun prêtera aide à son voisin et dira à son frère: « Prends courage. »

---

[1] Pour les Juifs le mot : « îles » était synonyme de : « pays lointains ».

XL

NAISSANCE ET MISSION PROPHÉTIQUE D'ISA (JÉSUS)

Un jour que, dans la maison de sa sœur Ashbaa, Mariam avait tendu un rideau pour faire derrière sa purification menstruelle (Coran, chap. xix, 16-17), Jebraïl lui apparut sous la forme d'un beau jeune homme imberbe dont les cheveux tombaient en boucles[1]. *Nous lui envoyâmes notre esprit Jebraïl sous l'apparence d'un homme parfait.* A cette vue Mariam s'écria : « Je prends mon refuge en Dieu miséricordieux; si tu es pieux. (Coran, chap. xix, 17, 18.) Abstiens-toi d'incontinence, car l'homme pieux craint le châtiment de Dieu. » Gabriel répondit : « Oui, car le Seigneur dit : « Il m'est facile de le faire naître parmi les hommes comme un signe divin et comme la manifestation de ma miséricorde; et c'est une chose décrétée. (Coran, chap. xix, 21.) Allah lui enseignera l'Écriture, la Sagesse, la Loi et l'Évangile et il sera l'apôtre des enfants d'Esraïl. » (Coran, chap. xix, 43.)

Selon Ebn Abbas, après avoir parlé ainsi à Marie, il approcha et souffla sur elle, les uns disent dans sa manche, les autres dans son sein (*ventrem*). A ce moment, l'arbre des espé-

---

[1] On raconte qu'à cette époque à la personne de quelques femmes était attaché un tout jeune homme que, par ironie, on appelait un Pieu, et que Marie prit l'ange Gabriel pour un Pieu.

NAISSANCE ET MISSION PROPHÉTIQUE D'ISA

rances de Mariam porta des fruits de prospérité, et neuf mois après Isa vint au monde.

Les Anges dirent à Mariam : « Réjouis-toi, nous t'apportons de la part d'Allah une heureuse nouvelle au sujet de son Verbe qui procède de Lui-même. Il s'appellera le Messie Isa, fils de Marie, glorieux en ce monde et dans l'autre. Il aura accès près d'Allah, et il parlera aux hommes dès son berceau. » (Coran, chap. III, 40 et 41 [1].)

---

[1] Cette déclaration résume les chapitres XI et XLII de la prophétie d'Isaïe dont voici la traduction :

Chapitre XI. — 1. Un rejeton sortira de la souche de Jessé, et il fera éclore une fleur.

2. Sur lui reposera l'esprit de la crainte du Seigneur, l'esprit de la sagesse et de l'intelligence, l'esprit du conseil et de l'action, l'esprit de la science et de la piété.

3. Il ne jugera pas seulement d'après le témoignage des yeux, ni d'après l'audition des oreilles.

4. Mais il jugera les pauvres dans la justice et il décidera en équité pour les humbles et les doux de la terre ; il frappera celle-ci du fouet de sa parole ; le souffle de ses lèvres tuera l'impie.

5. La justice sera sa ceinture et la foi le soutien de ses reins.

6. Le loup habitera avec l'agneau, le léopard gîtera avec le faon ; le lion, le veau et la brebis se tiendront ensemble et le petit enfant leur fera des menaces.

7. Le bétail paîtra avec l'ours, le lion mangera de la paille.

8. L'enfant à la mamelle jouera avec l'aspic et mettra sa main dans le trou du serpent.

9. On ne tuera point, on ne frappera point sur ma montagne sainte, car la science du Seigneur enveloppera la terre comme une mer.

10. Dans ce jour, le rejeton de Jessé montré comme un signal à tous les peuples sera invoqué par les nations et son sépulcre sera glorieux.

11. Le Seigneur l'élèvera comme un appel aux nations et rassemblera tous les fugitifs de Juda et d'Israël depuis les quatre extrémités de la terre.

12. Juda et Ephraïm cesseront d'être rivaux et ennemis.

13. Et la mer d'Égypte livrera comme autrefois passage aux survivants de mon peuple.

Chapitre XLII. — 1. Voici mon serviteur que j'agréerai ; mon élu qui s'est plu en lui-même ; en lui est mon souffle ; je l'ai inspiré de mon esprit ; il sera le juge qui portera le jugement aux nations (Gentils).

2. Il ne criera pas, il ne jouera pas un rôle et ne fera pas entendre sa voix au loin.

Encore à la mamelle, Isa avait surnaturellement le don de la parole. Mariam a dit souvent : « Pendant ma grossesse, mon fils et moi nous conversions ensemble ; quand je ne pouvais causer avec lui, il louait Dieu et j'entendais ses paroles.

Ce miracle (de parler avant l'âge) eut lieu pour qu'on ne pût, dans l'âge mûr d'Isa, contester sa mission prophétique et l'accuser de mensonge.

Le charpentier Yusuf (Joseph), son cousin du côté maternel, s'aperçut le premier de la grossesse de Mariam. Il venait habituellement adorer dans la Ville Sainte et à l'occasion causait avec Marie. Fort affligé, il lui dit un jour : « J'ai sur ta piété et sur ta dévotion un soupçon dont je désire te faire part. » « Soit, répondit Marie. » Yusuf reprit : « A-t-on jamais obtenu récolte sans semence ? A-t-on jamais eu une semence qui ne provînt pas d'une moisson ? » Mariam répliqua : « Si tu admets que Dieu a créé une moisson, elle est venue sans semence ; si tu crois qu'il a créé une semence, celle-ci n'est pas parvenue d'une moisson ; si tu admets que Dieu a créé en même temps la moisson et la semence, aucune des deux ne provient de l'autre. » — Yusuf demanda ensuite : « A-t-il jamais existé un enfant sans père ? » « Oui, répondit Marie, et même sans une

---

3. Il ne broiera pas le roseau abattu, il n'éteindra pas le lin fumant ; il rendra ses jugements dans la vérité.

4. Il ne sera point mécontent ni inquiet ; jusqu'à ce qu'il juge sur la terre, les îles les plus lointaines seront dans l'attente de sa loi.

6. Moi, le Seigneur, je t'ai appelé dans ma justice, je t'ai pris par la main, je t'ai préservé et je t'ai donné comme gage d'alliance de mon peuple, pour illuminer les nations (les Gentils).

7. Afin que tu ouvres les yeux des aveugles, que tu fasses tomber les fers des captifs, que tu tires de la prison ceux qui y gisent dans les ténèbres.

8. L'ère ancienne a passé, je vous en annonce une nouvelle ; je vous ferai connaître à l'avance ce qui doit arriver.

mère. Adam et Ève n'eurent ni père ni mère. » Yusuf ne contesta pas, mais il ajouta : « Mes questions étaient purement philosophiques; maintenant, pardonne ma hardiesse et apprends-moi comment tu es devenue grosse. » Marie répondit : « Allah m'a fait savoir qu'il enverrait au monde son Verbe, procédant de lui-même, le Messie Isa, fils de Mariam. »

Quand le terme de la délivrance de Marie fut proche, elle reçut (de Dieu) une communication : « Quitte cette ville, car on tuera ton enfant. »

En conséquence, elle fit ses préparatifs et elle quitta la Ville Sainte avec le charpentier Yusuf pour compagnon, et pour guide l'ange Jebraïl. A une distance de deux farsaks, ils arrivèrent à un village de Syrie nommé *Beit-ul-Iham*, Maison de la Chair (Béthléem). Là, Marie fut prise par les douleurs de l'enfantement; elle s'arrêta, s'appuya contre un arbre desséché, en disant : « Plût à Dieu que je fusse morte auparavant, et que j'eusse disparu comme un objet perdu et tombé dans l'oubli. » (Coran, chap. XIX, 23.) Allah envoya alors des anges munis de tout ce qui était nécessaire dans la circonstance, et produisit dans ce lieu, par la chute d'une averse sur les terrains supérieurs, une affluence d'eau qui permit de laver Isa immédiatement après sa naissance. Et Mariam entendit ces paroles : « Ne t'afflige point; Allah a fait couler un ruisseau sous tes pieds. (Coran, chap. XIX, 24.) Secoue le palmier et il en tombera des dattes mûres que tu recueilleras. » (Coran, chap. XIX, 25.) Alors Mariam de s'écrier : « Seigneur ! quand j'étais pleine de santé, tu m'as donné gratuitement le pain quotidien ; maintenant que je suis sans force, tu m'ordonnes de secouer un arbre avec effort. Je ne devine point tes motifs. » Mariam reçut alors cette réponse : « Autrefois, j'occupais seul ton âme tout entière; maintenant que l'amour d'Isa a pris possession de ton cœur, il te faut secouer l'arbre pour te procurer ta nourriture, pour manger, boire et calmer ton esprit[1]. »

Mariam consulta Jebraïl : « Que dirai-je si on me demande d'où me vient cet enfant ? » Jebraïl lui dit : « Tu répondras : Aujourd'hui j'ai fait vœu de jeûne et je garde le silence. » *A cette époque le silence accompagnait obligatoirement le jeûne.* (Coran, chap. ix, 27.)

Quand les enfants d'Esraïl apprirent le départ de Mariam, ils se mirent à sa poursuite et l'atteignirent. Déchirant leurs vêtements et souillant leur tête de poussière, ils s'exclamèrent : « O Marie ! tu as commis une faute épouvantable. (Coran, chap. ix, 28.) O sœur de Aaron (*Ibidem*, 29), qui l'égalais en dévotion, ton père n'était pas un homme pervers (*Ibidem*), ni un fornicateur ; ta mère était honnête (*Ibidem*, 29) et non une femme de mauvaise vie. »

Mariam leur indiqua du doigt Isa, les invitant par ce geste à s'adresser à lui ; alors ils s'écrièrent : « Que pouvons-nous dire à un enfant au berceau. » (*Ibidem*, 30.) Cependant, par le pouvoir de Dieu Isa prononça ces mots : « Certainement, je suis le serviteur d'Allah. Il m'a donné le Livre (l'Évangile) et m'a désigné pour être prophète, etc. (jusqu'à la fin des vers). » (*Ibid.*, 31 et 34.) Après avoir prononcé ces paroles Isa retira sa langue dans le palais du silence jusqu'au moment où les enfants commencent ordinairement à parler[2].

Quand les Juifs virent ce miracle, ils cessèrent d'insulter Mariam et de la blâmer, reconnaissant qu'Isa était le

---

[1] Coran, chap. xiv, 26. Ce passage ainsi que tout le reste du Livre affirme qu'il faut se donner aveuglément et exclusivement à Allah pour obtenir complètement sa faveur. C'est la doctrine du Coran et de toutes les sectes musulmanes et principalement des ordres religieux mystiques.

[2] Nous avons dû traduire littéralement ce récit compliqué, parce qu'il est cousu de textes du Coran.

prophète dont les anciens Voyants avaient prédit la venue.

Selon la tradition la plus commune, Mariam, par ordre de Dieu, se rendit en Égypte; puis elle vint à Damas avec le charpentier Yusuf, et y demeura jusqu'au moment où Dieu envoya l'Évangile à Isa, âgé de douze ans; alors tous trois retournèrent dans leur pays.

Quand Isa eut reçu sa mission prophétique, il se rendit dans la Ville Sainte et invita les Juifs à embrasser sa religion. Ceux-ci l'insultèrent et l'accusèrent de mensonge; mais les apôtres crurent en ses paroles.

Allah a dit: « Quand Isa vit l'incrédulité des Juifs, il demanda: « Quels seront mes soutiens auprès d'Allah. » Les apôtres répondirent: « Nous serons les assistants d'Allah. » (Coran, chap. III, 45.)

Selon quelques historiens, les apôtres étaient des blanchisseurs et dégraisseurs d'habits, et Isa leur dit pendant qu'ils nettoyaient des vêtements: « Vous feriez mieux de purifier les tablettes de votre esprit des souillures du péché. »

Selon d'autres écrivains, ils étaient teinturiers et, quand Isa les invita à suivre la loi de Dieu, ils lui demandèrent un miracle. Alors Isa plongea tous les habits dans une même cuve et les en sortit chacun avec la couleur voulue. — Ils étaient au nombre de douze.

On rapporte que la première chose prescrite à Isa pour sa mission fut de prêcher l'unité de Dieu et de confesser que Muhammad serait un prophète: « *Et Isa, le fils de Mariam, a dit: « Enfants d'Esraïl, je suis certainement un apôtre envoyé vers vous pour confirmer la loi qui avait été (donnée) avant moi et apporter la bonne nouvelle d'un apôtre qui viendra après moi et qui se nommera Ahmed* [1]. »

---

[1] Coran, chap. XI, 6. Muhammad s'appelait aussi Ahmed.

Le Seigneur Jésus portait sur la tête un turban de laine et, sur le corps, un vêtement également de laine. Il avait un bâton à la main et était constamment en voyage; il passait toujours la nuit dans l'endroit où elle l'atteignait. Il avait pour dais les ténèbres, pour couche la terre, et pour oreiller une pierre. On a dit qu'il mangeait de la terre en guise de pain et que jamais il ne se réjouissait ou s'attristait d'avoir acquis ou perdu quoique ce soit. Il mangeait du pain d'avoine, voyageait à pied, s'abstenait de femmes et de parfums. Il ne s'inquiétait jamais de ses repas, et, en quelque endroit qu'il les prit, il mettait le pain à terre, en prenait peu, disant : « C'est beaucoup pour moi, car il faut mourir. » Un jour, un de ses apôtres le pressait de prendre une monture; il répondit : « Je n'en ai pas le prix. » Alors on en acheta une pour lui, il s'en servit pendant un jour; mais quand la nuit fut proche son noble esprit s'inquiéta de la nourriture et de l'eau nécessaires pour sa bête et alors il la rendit en disant : « Je n'ai pas besoin d'un objet qui attire mon cœur à lui. » Une autre fois, on voulut lui bâtir une maison. Il répondit : « A quoi bon une maison qui tombera en ruines, si ma vie se prolonge, et qui appartiendra à un autre si elle est courte. » Comme ses amis insistaient, il les amena sur le bord de la mer et leur dit : « Pouvez-vous bâtir sur les flots orageux? » Ils répondirent : « On ne peut asseoir ni même élever aucun édifice sur les flots. » Il leur dit alors : « Le monde d'ici-bas, ce sont les flots; le monde futur est l'édifice. »

Un jour il se promenait sur une route avec trois personnes qui tout à coup aperçurent deux lingots d'or et voulurent s'en emparer. Isa les en détourna en leur disant : « Sachez que ces deux lingots seront la cause de votre perte à tous trois. » Quand Isa les eut quittés, l'un des trois alla au bazar acheter des vivres; ses deux compagnons convinrent ensemble de le tuer pour se partager également le trésor et avoir chacun un lingot. Celui-ci, de son côté, empoisonna les aliments qu'il rapportait, afin de s'approprier tout l'or. Il fut assassiné à son retour et les deux assassins s'empoisonnèrent. Quand Isa revint auprès d'eux il contempla ces trois victimes de la prédestination et dit : « C'est ainsi que le monde traite ceux qui s'attachent à lui. »

Un des miracles de l'Esprit d'Allah (Jésus) consistait à pétrir de l'argile dans la forme d'une chauve-souris et à souffler sur l'oiseau qui alors s'envolait. Quand les Juifs virent ce prodige, ils s'écrièrent : « C'est évidemment de la sorcellerie. » Un autre miracle était de guérir les lépreux et les aveugles de naissance. (Coran, chap. III, 43.)

Un autre miracle était de ressusciter les morts. « Je ressusciterai les morts avec la permission d'Allah. » (*Ibidem.*) Un jour en voyage, il aperçut une femme âgée assise sur une tombe. Il lui adressa la parole, et elle lui apprit que cette tombe était celle de son fils et qu'elle ne la quitterait que le jour de sa mort ou bien le jour où son fils reviendrait à la vie. Alors le Seigneur Isa tomba à genoux en prières ; ensuite il alla à la tombe, et prononça à haute voix : « Que par la volonté d'Allah, votre fils se lève ! » A ce moment la tombe s'ouvrit et il en sortit un homme qui secoua la poussière de sa tête et dit : « Esprit d'Allah ! Pourquoi m'as-tu appelé ? » Isa lui apprit le désir de sa mère ; mais lui, pria Isa de lui permettre de retourner au champ de repos pour lui éviter une nouvelle agonie ; sa demande lui fut accordée, et il rentra dans son tombeau qui se referma de lui-même ; mais les Juifs endurcis dirent encore quand ils apprirent ce miracle : « Nous n'avons jamais entendu parler de pareille sorcellerie. »

XLI

I. — MIRACLES LES PLUS FAMEUX D'ISA; SA MISSION AU PAYS DE NASSIBIN; RÉSURRECTION DE SEM, FILS DE NOÉ
II. — UNE TABLE TOUTE SERVIE DESCEND DU CIEL A LA PRIÈRE D'ISA
III. — MIRACLES QU'OPÈRE ISA BANNI DE JÉRUSALEM

I. — Les miracles les plus fameux d'Isa. — Sa mission au pays de Nassibin. — Résurrection de Sem, fils de Noé

Il fut envoyé au pays de Nassibin qui avait pour roi un tyran orgueilleux et cruel. Il fit halte près de la ville et dit à ses apôtres : « Quel est celui de vous qui veut entrer dans la ville pour y annoncer la venue d'Isa, serviteur d'Allah, son envoyé et son Verbe? » Un des disciples, nommé Yagub, répondit : « J'irai, Esprit d'Allah ! » Le Seigneur Isa repartit : « Va, quoique tu doives être le premier à m'abandonner. » Un autre disciple Tuman (Thomas) demanda à accompagner Yagub. Isa le lui permit et lui dit : « O Tuman, bientôt tu souffriras cruellement. » Alors Shimäun (Simon) s'offrit aussi : « Si tu le permets, dit-il à Jésus, je serai le troisième, mais à la condition que, si j'invoque ton aide dans le danger, tu me l'accorderas. » Après qu'il eut obtenu cette promesse, ils partirent tous trois ensemble. Shimäun s'arrêta aux portes de la ville, en disant à ses compagnons : « Entrez et faites ce qu'Isa vous a ordonné; s'il vous arrive quelque malheur, je m'efforcerai de vous sauver »

Avant leur arrivée à Nassibin, les ennemis de la religion avaient répandu de faux bruits contre Isa et sa mère. Quand Thomas et Yagub furent entrés dans la ville, le dernier annonça à très haute voix : « Voici venir vers vous l'Esprit d'Allah et son Verbe, son serviteur et son envoyé. » Les habitants se tournèrent vers les deux apôtres et demandèrent: « Quel est celui de vous deux qui a prononcé ces paroles ? » Yagub s'en défendant, Tuman affirma que c'était lui. Alors on le traita de menteur et on se répandit en injures contre Isa et Mariam. On amena Tuman au roi qui lui ordonna, sous peine de mort, de révoquer ses paroles. Il s'y refusa et le roi lui fit couper les pieds et les mains, et crever les yeux avec un style; puis on le jeta encore vivant sur un fumier.

Ayant appris ce cruel traitement, Shimäun vint trouver le roi et lui demanda la permission d'adresser, en sa présence, quelques questions au patient sur son lit d'agonie.

Il demanda à Tuman : « Que prétends-tu ? » — R. : Isa est l'Esprit d'Allah, son serviteur et son envoyé. — D. : Quelles sont tes preuves ? — R. : Il guérit les aveugles-nés, les lépreux et toutes les maladies. — D. : Les médecins en font autant; que fait-il encore ? — R. : Il sait ce que les gens mangent dans leur maison et ce qu'ils mettent de côté. — D. : Les sorciers en font autant; quelle autre preuve ? — R. : Il ressuscite les morts. »

Alors Shimäun dit au roi : « Comme c'est seulement par le pouvoir d'Allah que les morts peuvent être ressuscités, il faut qu'Isa soit invité à ressusciter un mort pour prouver qu'il est le prophète et l'envoyé de Dieu. S'il s'y refuse, tu seras en droit d'infliger à son Tuman un supplice encore plus terrible, mais s'il ressuscite un mort tu devras croire à sa mission prophétique ». Le roi en convint, et il envoya chercher Isa et lui dit : « Puisque tu as le pouvoir de rendre la santé et la vie, commence par ton compagnon. » Isa rajusta les pieds et les mains de Tuman à leurs moignons, les serra dans ses mains et, par le pouvoir d'Allah, les membres revinrent à leur ancien état. Ensuite il frotta avec ses doigts les yeux de Tuman et il recouvra la vue. Shimāun s'écria : « O roi ! c'est bien le signe des signes, la preuve des preuves de la prophétie ! »

Après qu'Isa eut guéri tous les malades de Nassibin, on lui demanda de ressusciter un mort ; les habitants désignèrent Sem, fils de Noé, leur ancêtre, enterré à une faible distance de la ville. Isa y consentit ; arrivé au tombeau, il se jeta à genoux, élevant ses mains suppliantes. Quand il eut terminé ses prières, évoqua Sem au nom du Créateur du Ciel et de la Terre ; alors la terre s'agita et s'ouvrit, et un homme sortit du tombeau avec une barbe et des cheveux blancs, en disant : « J'obéis, ô Esprit d'Allah ! » Alors il harangua l'assistance en ces termes : « Celui qui m'a appelé est Isa, fils de la bienheureuse Vierge Mariam ; c'est l'Esprit d'Allah, qui prêche sa parole (son Verbe) ; vous devez croire à sa dignité de prophète et le suivre (suivre sa religion). »

Isa interrogea Sam (Sem) : « De votre temps, les cheveux des hommes ne blanchissaient pas ; pourquoi les vôtres sont-ils blancs ? » Sam répondit : « Quand j'ai entendu ta voix, j'ai cru que le jour de la résurrection était arrivé et, par l'effet de la crainte, mes cheveux ont blanchi. » Isa interrogea encore : « Combien y a-t-il d'années que tu es mort ? » Sam répondit : « Quatre mille ans. » Isa reprit : « Je prierai Dieu qu'il t'accorde encore de longs jours. » Sam répliqua : « Puisqu'il faut, après tout, avaler ce désagréable breuvage de la mort, je ne désire point cette misérable vie, car je me souviens toujours de l'agonie de ma mort. Implore le Tout-Puissant pour qu'il me reçoive de suite dans sa miséricorde. » Isa pria ; Sam revint à son ancien état et la terre se referma sur lui. Quand le roi de Nassibin eut été témoin de ce miracle, avec son peuple, il crut en Isa, ainsi que son armée et tous ses sujets.

II. — *Une table toute servie descend du Ciel à la prière d'Isa (miracle des cinq pains)*

Les apôtres et la multitude qui suivait Isa manquèrent de vivres et recoururent à lui. Le Glorieux s'exprime ainsi : « Tous prièrent Isa d'obtenir du Tout-Puissant qu'il fît descendre du Ciel une table couverte de mets. Il répondit : « Craignez Dieu, si vous êtes de vrais croyants. » (Coran, chap. v, 112.) Les apôtres insistèrent avec la foule : « Nous ne nions pas le pouvoir d'Allah, mais nous désirons cette table pour soutenir nos cœurs et accroître notre foi dans tes paroles, et pour nous convaincre que tu es le messager d'Allah. » Alors Isa pria humblement : « Allah, fais descendre une table, afin que ce soit une fête pour le plus petit comme pour le plus grand de nous et un signe de toi, et aussi pour pourvoir à nos besoins, car tu es le grand nourricier. » Alors Isa reçut cette révélation : « J'accorde ta demande et j'envoie une table. Mais, si l'un de vous oublie ma bonté et se montre ingrat, je le châtierai avec plus de rigueur que je n'ai jamais châtié aucun des habitants du monde. » Alors une table descendit du ciel dans un nuage et vint doucement se placer en face d'Isa. Isa et les apôtres tombèrent à genoux, en prières, et découvrirent la table en disant : « Allah est le meilleur nourricier. » Alors le peuple put contempler une table d'or pur de 40 coudées de long et de large, toute dressée sur ses pieds. Sur un drap rouge était posé un gros poisson rôti sans écailles ni nageoires d'où l'huile coulait. Autour se trouvaient toutes les sortes de légumes, excepté des oignons et des poreaux. Près de la tête du poisson, il y avait du sel et près de la queue du vinaigre. Autour il y avait cinq pains avec quelques olives, cinq grenades et cinq dattes. Shimāun demanda : « Esprit d'Allah, est-ce la nourriture du paradis ou de la terre ? » Isa répondit : « Ni de l'un ni de l'autre. Mangez en invoquant Allah. » Isa ne voulut pas manger, ce qui fit comprendre aux apôtres que la descente de cette table serait la cause de quelque punition ; ils s'abstinrent également. Alors Isa invita tous les assistants ; et les riches, les pauvres et les malades entourèrent la table. Tout aveugle qui mangea recouvra la vue, tout malade fut guéri. Une grande multitude prit part à ce repas, sans que la table changeât d'aspect et que rien parût avoir été consommé. « Suivant la tradition, la table descendit du ciel successivement pendant quarante jours et y remonta chaque soir. Isa laissa tout le monde s'y asseoir indistinctement jusqu'au moment où lui vint la révélation qu'il ne devait y admettre que les orphelins, les pauvres et les malades. Les riches regardèrent leur exclusion comme fort injuste et quelques-uns dirent : « Ce n'est pas la table de Dieu ; » d'autres pensèrent même qu'elle n'était pas descendue du ciel. Alors Dieu dit à Isa : « Ainsi que je l'ai annoncé, je punirai les incrédules et les ingrats. » Suivant une tradition, après qu'Isa les eut avertis du danger qu'ils couraient quatre cents s'éveillèrent un matin changés en pourceaux et obligés de fouiller dans les fumiers pour en tirer des restes d'aliments. Alors ils vinrent vers Isa, appuyèrent leur tête contre terre et versèrent des larmes de repentir. Isa les appela chacun par son nom et chacun répondit à son appel par un mouvement de tête et par un grognement ; mais, au bout de trois jours et trois nuits, ils périrent ignominieusement. »

On cite encore le miracle suivant :

Le Seigneur Isa, avec ses disciples, côtoyait un champ de blé presque mûr. Comme ceux-ci avaient très faim ils demandèrent à Isa et obtinrent de lui, par l'effet d'une révélation divine, la permission de manger quelques épis. Alors le propriétaire accourut : « J'ai hérité, s'écria-t-il, ce champ de mes ancêtres ; qui vous a permis d'y toucher ? » Isa, mécontent, évoqua tous les précédents propriétaires du champ, aussi nombreux presque que les épis et tous s'exclamant : « Qui donc dispose de ce qui m'appartient ? » Le propriétaire confus demanda quel était l'auteur de ce miracle, on lui répondit : « Isa, fils de Mariam. » Alors il s'excusa auprès de l'Esprit d'Allah et le glorifia. Isa lui dit : « En réalité ce champ ne t'appartient pas ; tous ceux qui l'ont possédé avant toi en ont été dépossédés contre leur volonté, ce qui leur est arrivé t'arrivera aussi. »

Je suis l'esclave de celui qui, sous l'azur du ciel,
Est affranchi de tout ce qui peut attacher (libre de toute attache).
(Dieu, sans doute.)

Un jour qu'Isa avait mis une pierre sous sa tête, Satan s'approcha de lui en disant : « Tu penses n'être attaché à rien au monde, cependant cette pierre appartient aussi au monde. » Isa alors se leva et jeta la pierre contre Satan en s'écriant : « Cette pierre t'appartient avec le monde ; par ma vie, le monde et ses habitants t'appartiennent. »

Un jour, les apôtres dirent à Isa : « Pourquoi marches-tu sur l'eau, tandis que nous ne pouvons le faire ? » Isa répondit : « C'est à cause de ma certitude (ma foi absolue) dans Allah. » Ils répliquèrent : « Nous sommes probablement au nombre de ceux qui ont atteint la certitude (confiance absolue) dans Allah. » L'Esprit d'Allah demanda : « Si vous aperceviez à vos pieds une pierre et un bijou, lequel des deux objets ramasseriez-vous ? » Ils répondirent : « Le bijou. » Isa reprit : « Vous n'êtes pas au nombre de ceux qui ont atteint la certitude[1] (la confiance, la foi absolue). »

III. — *Jésus banni de Jérusalem opère plusieurs miracles*

Quand les Juifs eurent banni Isa de Jérusalem comme un faux prophète, il partit avec Mariam et arriva dans un village de Syrie où ils s'arrêtèrent dans la maison d'un noble de ce pays qui les accueillit avec respect et bonté et les retint chez lui. Quelques jours après, le roi du pays qui était sans délicatesse et qui avait l'habitude d'en user toujours ainsi avec tout le monde, descendit chez ce gentilhomme avec sa suite et ses domestiques, ce qui embarrassa fort ce dernier parce qu'il était peu fortuné. Mariam pria Isa de lui venir en aide dans cette occasion. Isa ordonna de remplir d'eau les plats et les vases avant le festin et, au moment du repas, changea l'eau en vin et en mets délicieux. Le roi trouva qu'il n'avait de sa vie bu d'aussi bon vin et en demanda la provenance. Le gentilhomme rougissant indiqua d'abord un cru que le roi ne voulut pas reconnaître, puis un autre, et enfin avoua qu'il devait le vin et tous les mets du banquet à la libéralité du Tout-Puissant invoqué par l'Esprit d'Allah. Le roi alors fit appeler Isa et le pria de ressusciter son fils. Isa l'avertit qu'il jouait sa couronne, ressuscita le prince et quitta ce pays. Quand le peuple vit le prince en vie, il pensa qu'il continuerait indéfiniment l'oppression dont il

---

[1] Cette pensée correspond à un précepte de la Sonna qui prescrit l'indifférence absolue à tout bien et tout mal présent et futur pour s'abandonner et s'en remettre complètement à la bonté d'Allah. Ce passage est sans doute une intercalation faite par quelque théologien musulman fataliste.

espérait être affranchi dans peu par la mort du père; il se révolta et les mit à mort tous deux.

On raconte que Jésus fit route avec un juif qui convint avec lui de réunir ses provisions aux siennes, mais détourna un pain. A trois stations différentes Jésus opéra un miracle pour procurer à tous deux de la nourriture et, chaque fois, le juif nia avoir caché un pain. Il le nia encore une quatrième fois après qu'Isa lui eut sauvé la vie. Enfin ils rencontrèrent un trésor que des animaux venaient de mettre à jour en grattant la terre avec leurs pattes. Isa fit trois parts et s'en attribua deux donnant pour motif le détournement du pain. Le juif jura encore qu'il n'avait rien détourné et Isa lui abandonna tout le trésor en lui disant : « Ta part est faite dans ce monde et dans l'autre. » Ce malheureux emporta tous ces biens terrestres; mais, peu après qu'Isa se fut séparé de lui, la terre s'ouvrit sous ses pas et l'engloutit avec son trésor. Qu'Allah soit notre refuge contre les tentations de ce monde!

XLII

LES JUIFS VEULENT CRUCIFIER ISA. — IL EST ENLEVÉ AU CIEL PAR ORDRE DE DIEU

D'après Hasan Hossri, Isa reçut sa mission prophétique à l'âge de treize ans et en avait trente-trois lorsqu'il monta au ciel. Selon quelques traditions tous les habitants du paradis ont trente-trois ans, âge de la maturité de l'esprit que les élus conservent sans vieillir. Un auteur affirme que l'Evangile fut envoyé à Isa dans sa douzième année à Nássra (Nazareth) dans la province d'Ardan (Jourdain) et que pour ce motif il fut surnommé: Nassári (Le Nazaréen).

Pendant la mission d'Isa, les Israélites étaient gouvernés par un tyran. Isa reçut l'ordre de l'inviter à embrasser l'Islam et le monothéisme; mais, quand il se présenta devant la cour rebelle et corrompue et lui exposa les promesses et les menaces de Dieu, ces hommes vicieux et impurs repoussèrent la parole chrétienne et complotèrent la mort du prophète. Isa se réfugia dans la solitude et se cacha; et le Tout-Puissant lui adressa cette révélation:

« Je te ferai mourir et je te recueillerai dans mon sein. » (Coran, chap. III, 48.) Alors Jésus convoqua les apôtres qui s'appelaient Yahia, Shimāun, Yúqua, Marbus, Fakrus, Nakhay, Yagub, Andrahas, Fibos, Bassrus et Sarhus (saint Luc, chap. VI, 14-16) et leur dit: « L'heure s'approche où le berger sera captif et le troupeau dispersé[1]. » Les apôtres comprirent ces paroles et se mirent à pleurer sur leur prochaine séparation d'Isa. Le Messie leur dit : « Vous pleurez maintenant sur notre séparation ; mais, à la fin, vous n'agirez pas conformément à l'ordre de Dieu et vous n'écarterez pas de moi les insultes de mes ennemis. » Ils répondirent : « Tant que nous serons en vie, ton ennemi ne prévaudra pas sur toi. » Alors il s'adressa à Shimāun (Simon, Pierre) : « Toi, quoique le premier, le chef de tous, tu me renieras trois fois[2]. »

Ebn Abbas rapporte qu'à ce moment les apôtres prièrent Jésus de leur faire part de ses dernières volontés ; ce qu'il fit. Ils lui demandèrent ensuite : « Apparaîtra-t-il dans l'avenir un prophète plus excellent que toi ? » Il répondit : « Oui, un prophète illettré, de la province de Tahama, de la tribu de Koréish. » Et, après avoir énuméré les qualités du Maître de la Prophétie (Mahomet), il ajouta : « L'Uléma[3] des peuples tiendra la place des prophètes ; mon dernier ordre est que, de génération en génération, vous lui transmettiez ma salutation. »

Isa désigna Shimāun pour son successeur et ajouta : « Après moi les Anges vous apporteront des vases pleins d'une lumière qui pénétrera en vous et par l'effet de laquelle chacun de vous saura la langue de la nation vers laquelle il sera envoyé en mission. »

Quand il eut donné toutes ses instructions, le moment décrété étant venu, des gens envoyés par les Juifs pour se saisir de Jésus entrèrent dans la grotte où il se tenait caché, guidés par Yuda (Judas Iscariote) qui était un douzième apôtre, lui

---

[1] (Mathieu, chap. XXVI, 31.) Je frapperai le berger et les brebis du troupeau seront dispersées.

[2] (Ib., 34.) Avant que le coq chante, tu me renieras trois fois.

[3] Le mot Uléma signifie docteur, maître, savant, par excellence, du mot arabe : allem, savoir, et ce mot se rapporte évidemment à Mahomet.

mirent sur la tête une couronne d'épines [1], l'insultèrent et le battirent en lui disant : « Si tu es un prophète de Dieu, demande-lui qu'il t'arrache aux tourments. » Ils dirent à Shimāun : « Si tu ne renies pas Isa, ta propre mort est certaine. » Il céda à leurs menaces pour sauver sa vie et ils le laissèrent s'éloigner.

Tous les historiens s'accordent à dire que Mariam existait alors; mais ils diffèrent dans leurs récits de l'enlèvement d'Isa au ciel.

Selon les uns, Isa fut gardé le reste de la nuit où il fut saisi, et, le matin, le roi des Juifs fit ériger une croix pour y attacher Isa; au pied de cette croix s'assemblèrent une foule de pervers et de criards.

Alors le soleil s'éclipsa au point qu'on ne pouvait rien distinguer; le Tout-Puissant envoya des anges qui délivrèrent Isa de ses liens et l'emportèrent au ciel, après avoir attaché et laissé Yuda à sa place. Quand le monde fut de nouveau éclairé par le soleil, Yuda apparut aux yeux des Juifs ressemblant à Isa, et ils dirent : « Ce sorcier voulait s'échapper de nos mains à l'aide de la magie, mais il n'y a pas réussi. Mettons-le de suite à mort pour qu'il n'invente pas un autre subterfuge. » En conséquence ils crucifièrent Yuda sans écouter ses supplications. Il eut beau crier: « Je suis Yuda; c'est moi qui vous ai désigné Isa que les Anges ont emporté au ciel en m'attachant à sa place. » On ne le crut pas et on le mit en croix.

C'est pourquoi le Glorieux a dit: « Il ne fut ni massacré, ni crucifié; et un homme qui lui ressemblait lui fut substitué pour ce supplice; il y avait doute sur son identité, et on suivit une opinion qu'on se forma sans certitude. » (Coran, chap. IV, 156.)

---

[1] (Mathieu, chap. VII, 29.) Ils lui mirent une couronne d'épines.

D'après une autre tradition, les Juifs gardèrent Isa prisonnier dans une maison avec dix-huit personnes, et il dit à ses amis :

« Qui de vous veut prendre ma ressemblance, et, par ce moyen, obtenir d'Allah le Magnifique immédiatement la récompense du Paradis[1]. Un des apôtres s'offrit et fut aussitôt transformé dans l'image d'Isa qui monta au ciel. Au matin, les Juifs ne trouvant que dix-huit prisonniers demandèrent ce qu'était devenu le dix-neuvième. On leur dit que le dix-neuvième était Isa et qu'il était monté au ciel. Les Juifs n'ajoutèrent point foi à ces paroles et, quand ils virent dans l'apôtre Sarus l'image d'Isa, ils pensèrent qu'un autre qu'Isa s'était évadé et, prenant Sarus pour Isa, le crucifièrent.

C'est pourquoi le plus éloquent des hommes a dit : « On était fort perplexe à son sujet, on ne le fit pas mourir réellement, mais Allah l'enleva vers lui et le reçut dans son sein. » (Coran, chap. IV, partie du verset 156.)

Le M'a arif Hassibi rapporte que trois heures du jour s'étaient écoulées quand Isa fut enlevé au ciel. Quelques jours après, il en descendit, donna aux apôtres diverses instructions et retourna au ciel où Dieu le fit mourir et le ressuscita trois heures après, en le transformant de manière qu'il eût la figure d'un Ange[2].

D'après la tradition la plus authentique, Isa habite le tabernacle céleste dépouillé de sa nature humaine par le Tout-Puissant qui lui a donné la nature des Anges ; il y demeurera en

---

[1] Ce récit est tout à fait dans l'esprit des Musulmans qui brûlent d'aller en paradis.
[2] On voit que les Musulmans n'admettent point la mort et la résurrection de Jésus sur la terre, mais seulement dans le ciel. La complaisance avec laquelle notre auteur s'étend sur Marie, Jésus et les apôtres, montre qu'ils occupent la place principale dans l'histoire sacrée des Musulmans.

adoration jusqu'à la fin des temps, jusqu'à l'arrivée du Mahdi ; et alors Jésus, par ordre du Maître des hommes, descendra du ciel et apparaîtra dans la grande ville de La Mecque au moment où le peuple est aligné en rang pour réciter les prières du matin avec le Madhi. Alors un héraut criera : « Voici Isa, le fils de Mariam, qui est descendu du Ciel. » Aussitôt le peuple s'approchera d'Isa et acclamera sa descente du ciel ; et le Madhi le priera de devenir l'Iman du peuple de Ahmed. » (Mahomet [1].)

Mais Isa répondra : « Prends la tête de la cérémonie, car aujourd'hui nous devons te suivre. » En conséquence le Madhi montera à l'autel, et les Mulsumans réciteront leurs prières sous sa direction.

On dit qu'après sa descente du monde supérieur Isa vivra cinquante ans, se mariera, aura des enfants, combattra les ennemis des Musulmans et exterminera toutes les nations qui professent des religions différentes de l'Islam. Pendant son règne, le lion et le chameau, le tigre et la vache, le loup et la brebis vivront (en paix) ensemble [2] et les enfants joueront avec les serpents. Quand il sera parti pour le monde éternel, les Musulmans, après avoir prié sur son corps, l'enterront dans le sépulcre de Aïsha qui est aussi la tombe du Maître de la prophétie (Mahomet) et des deux Cheiks [3].

Que la bénédiction d'Allah soit sur notre prophète, sur tous les prophètes et envoyés avec l'inspiration !

---

[1] Expressément pour diriger le service divin de l'assemblée du matin comme leur conducteur ou man (Iman) dans leurs prières.

[2] (Isaïe, chap. xv, 25.) Le loup et l'agneau prendront en commun leur nourriture.

[3] On voit ici le grand rôle attribué au prophète Isaïe par les Musulmans, et par conséquent dans tout l'Orient. C'est à partir d'Isaïe que le Judaïsme devient cosmopolite. — Le mot cheik en arabe veut dire vieillard et par suite chef; ce sont ou les califes ou bien les premiers prophètes.

XLIII

I. — LES CHRÉTIENS APRÈS ISA; COMMENT LE JUIF YUNAS (JEAN) LEUR FIT CROIRE A LA DIVINITÉ D'ISA
II. — QUELQUES RÉCITS MIRACULEUX

I. — Les Chrétiens après Isa; comment le Juif Yunas (Jean) leur fit croire à la divinité d'Isa

Après l'ascension d'Isa au ciel, les Juifs persécutèrent et emprisonnèrent ses disciples, mais le souverain de Rome, dont la Syrie reconnaissait l'autorité, ayant appris ce qui s'était passé envoya par courriers des ordres pour délivrer les apôtres d'Isa et les amener dans sa capitale. Il fit étudier la loi d'Isa, embrassa sa religion et envoya une puissante armée qui massacra un nombre immense d'Esraïlites.

Suivant plusieurs traditions, Shimāun-us-Safa (Simon le Pur), appelé aussi Shima'un-us-Sakra (Simon Pierre), à cause de la solidité de sa foi, conformément à l'ordre d'Isa, envoya chacun des apôtres en mission chez une nation, l'un à Rome, l'autre au Maghrab, quelques-uns en Perse, d'autres en Barbarie, etc.

Des Anges descendirent avec des vases remplis de lumière, ainsi qu'Isa l'avait prédit et chaque apôtre parla la langue du pays auquel il était adressé [1].

---

[1] Actes, chap. II, 25. « Des langues de feu apparurent au milieu d'eux. »

Yahia et Tuman (Jean et Thomas) se rendirent à Antioche, et Shima'un les y suivit de près pour les assister et les soustraire au supplice auquel le roi les avait condamnés. Il ressuscita un mort, le fils du charpentier Habib. Une partie des habitants d'Antioche refusèrent d'écouter le charpentier Habib qui leur prêchait le Dieu unique et le mirent à mort. L'Ange Gabriel les extermina. (Coran, chap. xxxvi, 27-28.)

Abbas rapporte que les Chrétiens restèrent constants inébranlablement dans la loi d'Isa, pendant quatre-vingts ans après son ascension au ciel, et qu'ensuite le Juif Yunas (Jonas) les précipita dans l'abîme de l'infidélité et de l'erreur de la manière suivante :

Yunas se présenta à la communauté des Chrétiens comme un religieux ascétique et demeura quatre mois chez l'un d'eux, sans laisser voir rien qui ne fût parfaitement irréprochable ; il inspira même une grande confiance par sa piété extraordinaire.

Alors il dit aux Chrétiens :

« Amenez-moi ceux de vos Ulémas en qui vous avez le plus de confiance, afin que je puisse communiquer à chacun d'eux séparément un mystère divin. » Les Chrétiens lui désignèrent Nastur, Yagub et Malak. Il prit Nastur à part et lui dit :

« Je suis un apôtre du Messie, envoyé pour confirmer les fidèles dans (la doctrine de) ses messages. Tu sais qu'Isa a ressuscité un mort et a opéré aussi d'autres miracles. Tout autre que le Tout-Puissant ne peut accomplir de pareils actes.

Sachez donc qu'Isa est le (Tout-Puissant) Père, plein d'amour de l'humanité, qui, descendant du ciel, a accompli son propre dessein sur la terre et ensuite est retourné au ciel. »

A Yagub il dit de la même manière : « Le Tout-Puissant

seul peut opérer les miracles qu'a faits Isa ; comme le Maître de la gloire est immobile, tu dois croire qu'il a envoyé son fils sur la terre et ensuite l'a fait remonter au ciel. »

Enfin il tint à Malak ce langage : « Isa est le Dieu de la terre ; il s'est caché quand on voulait le tuer, mais il reviendra bientôt. »

« Isa m'a envoyé pour vous l'annoncer. »

Après avoir semé ces mensonges, Yunas se renferma dans sa cellule, se suicida cette nuit même et partit pour l'enfer.

Le matin, les Chrétiens demandèrent à leurs trois docteurs ce que Yunas avait dit : chacun ayant fait un récit différent, on se décida à entendre Yunas lui-même, et on le trouva mort dans sa cellule.

Après cet événement, les Chrétiens se divisèrent en trois sectes dont chacune a suivi la doctrine de l'un des docteurs prénommés[1].

II. — *Quelques récits miraculeux*

Les Musulmans ont plusieurs récits fort longs, semblables à ceux de nos vies des saints ; il y est question surtout de confesseurs de la foi musulmane préservés miraculeusement du martyre ou gratifiés du paradis, et d'ermites aux prises à la tentation par les femmes.

Nous dirons seulement quelques mots des Compagnons de la grotte et de « Sanson », qui appartiennent aussi aux Juifs et aux Chrétiens et nous ne donnerons que les titres des autres

---

[1] Sans doute, Yunas correspond à l'apôtre Jean et les trois docteurs sont les trois autres évangélistes. Par tout ce qui dans cet ouvrage est dit de Jésus-Christ et des chrétiens, il est facile de voir que Mahomet et les Musulmans connaissaient très peu le Christianisme.

récits miraculeux sans attaches avec la Bible juive et qui paraissent exclusivement propres aux Musulmans par l'extraordinaire grandeur des miracles et de la foi qu'ils exigent.

Les Compagnons de la Caverne

Allah a dit : « Considérez que les Compagnons de la caverne d'Al Rakim furent un de nos signes et un grand miracle [1]. »

Quand le tyran Deguianus (Décius) vint à Éphèse, il voulut forcer les habitants à adorer les idoles. Il fit périr dans les supplices un certain nombre qui s'y refusèrent. Il avait alors à son service un certain nombre de jeunes gens des meilleures familles, qui, à leurs heures de loisir, se réunissaient dans une maison. Ils se concertèrent pour fuir ensemble la persécution et, profitant de l'éloignement momentané du tyran, se cachèrent dans la caverne Al Rakim, attendant pour en sortir des temps meilleurs.

Quand Deguianus fut de retour, Allah frappa leurs oreilles de surdité, en sorte qu'ils dormirent d'un seul trait pendant un grand nombre d'années. (Coran, chap. xviii, 10.)

Le Glorieux a ajouté : « Leur chien sortit ses pattes en dehors de l'entrée de la caverne. » (Coran, chap. xviii, 17.)

Quand Deguianus, se promenant dans la campagne, arriva à la caverne, son trésorier Marnus y entra, vit que les jeunes gens dormaient, les appela à haute voix sans pouvoir les éveiller et déclara qu'ils étaient morts. Deguianus fit boucher l'entrée de

---

[1] C'étaient quelques jeunes chrétiens de bonnes familles d'Éphèse qui, pour échapper à la persécution de l'empereur Décius (en arabe, Deguianus), (249 à 251 ap. J.-C.) se cachèrent dans une grotte où ils dormirent plusieurs années. Dans les traditions chrétiennes, ils sont connus sous le nom des Sept Dormants.

la caverne. Mais Mârnus, secrètement croyant, obéissant à une révélation divine, fit graver sur une table de plomb les noms des fugitifs et la date de leur entrée, et plaça cette tablette dans l'ouverture de la grotte avant qu'elle fût fermée.

Pendant trois cent neuf ans que dura le sommeil, le Seigneur envoya tous les ans deux fois Jebraïl pour transporter les jeunes gens du dortoir d'hiver à celui d'été et, en même temps, tourner leur corps d'un côté à l'autre pour éviter la pourriture résultant du contact du corps avec le sol.

Allah a dit : « Ils restèrent trois cent neuf ans et nous les avons fait retourner du côté droit au côté gauche. » (Coran, chap. XVIII, 24, 17.)

Le Maître bienfaisant et magnifique a tenu leurs yeux fermés, afin que rien ne pût leur faire de mal (aux yeux). Le Glorieux a dit : « Pendant qu'ils dormaient on aurait pu les croire éveillés. » (Coran, *ibidem*, 17.)

Quand ils se réveillèrent, ils crurent n'avoir dormi qu'un jour ou quelques heures. Ils se rendirent à Éphèse où personne ne les reconnut, et où ils ne reconnurent personne. Les tablettes laissées par Mârnus firent seules donner créance à leurs paroles. Le roi de l'époque rendit de publiques actions de grâces, parce que ce miracle prouvait sans réplique la résurrection des corps telle qu'elle a été enseignée par les prophètes. Aussitôt après les Compagnons de la grotte, obéissant à une révélation divine, rendirent leur âme à leur Créateur.

On croit généralement qu'avant le jour de la résurrection, qui aura lieu à la nouvelle venue d'Isa, les Compagnons de la grotte, par le pouvoir de Dieu, revivront une saison en compagnie du Messie.

L'ermite Shamsun (Sanson)

Shamsun vécut en Arabie, comme ermite, dans la période qui s'écoula entre Isa et Muhammad (Jésus et Mahomet)[1], et consacra sa vie à des guerres contre les Idolâtres. Il avait une force extraordinaire. Pour s'emparer de lui les Idolâtres corrompirent sa femme Dalila.

Celle-ci le lia avec des cordes pendant son sommeil. Mais il les brisa à son réveil. Elle s'excusa en disant qu'elle avait fait un essai pour éprouver sa force ; et elle recommença sans plus de succès avec des chaînes de fer. Cette fois Sanson s'écria : « On ne peut m'attacher qu'avec mes cheveux. » On profita de son aveu et on parvint à s'emparer de lui. On l'amena un jour de grande fête devant le roi placé sur une terrasse avec sa cour et beaucoup de spectateurs.

Il secoua les colonnes du temple qui supportaient la terrasse et celle-ci écrasa dans sa chute une multitude d'idolâtres avec les idoles.

Les légendes pieuses les plus célèbres chez les Musulmans après les deux précédentes sont :

L'ermite Barbissa que la tentation de Satan induisit au viol et au meurtre ;

Les seigneurs de la grotte, ou les habitants troglodytes du pays d'Ackdod [2].

---

[1] Les Musulmans s'approprient Samson en le faisant naître après Jésus-Christ, tandis que les Juifs rapportent ses exploits à l'époque des Juges. (Livre des Juges, chap. xiv, xv et xvi.)

[2] Coran, chap. lxxxv, 4 : « Maudits furent ceux qui imaginèrent l'habitation souterraine. »

XLIV

I. — NOMBRE ET CLASSIFICATION DES PROPHÈTES
II. — ÉCRITURES ET LIVRES SACRÉS POUR LES MUSULMANS
III. — LE CORAN ET MAHOMET

I. — *Nombre et classification des prophètes*

D'après l'évaluation la plus faible, il y eut jusqu'à Muhammad quatre mille trois cent trente prophètes inspirés et cent trente mille prophètes non inspirés.

Un prophète inspiré est celui qui a reçu l'inspiration divine par l'intermédiaire de l'ange Gabriel, soit qu'il ait été ou non gratifié d'un livre ou de feuillets. Un prophète non inspiré est celui qui a été simplement appelé par une vision (apparition ou audition pendant le sommeil) à promulguer une révélation dans une nation.

Il y a quatre classes de prophètes ou degrés de prophétie : la prophétie proprement dite ou complète, l'apostolat, l'uvin-l-azm (la fermeté inébranlable dans la foi) et la marque (prédestination du sceau divin).

Les prophètes les plus excellents après Muhammad sont dans l'ordre suivant : Ebrahim (Abraham), l'Ami de Dieu ; Musa (Moïse), qui s'entretenait avec Dieu; Isa (Jésus), le Verbe, l'Esprit de Dieu ; Noé, le Confident de Dieu.

Il y a quatre possesseurs de Livres (de Dieu) : Musa, Pentateuque; Daud (David), Psaumes; Isa (Jésus), l'Évangile; Muhammad (Mahomet), le Coran.

II. — *Écritures et livres sacrés pour les Musulmans*

Quatre prophètes ont reçu chacun un Livre : Musa, le Pentateuque; Daud, les Psaumes; Isa (Jésus), l'Évangile; Muhammad (Mahomet), le Coran.

Vingt et une pages ont été envoyées (par Dieu) à Adam; 29, à Seth; 30, à Edrès; 10, à Noé; et 10, à Abraham.

Les Musulmans admettent que les quatre Livres restent seuls et que le quatrième, qui ne sera suivi d'aucun autre, est le seul qui n'ait pas subi d'altérations, tandis que les trois autres ont été tellement défigurés qu'on ne peut faire aucun fonds sur les copies qui sont actuellement entre les mains des Juifs et des Chrétiens. Le Coran accuse fréquemment les Juifs, en particulier, d'avoir falsifié les copies de leur loi. Il paraît certain que les Musulmans lisent dans leur particulier un livre intitulé : *Les Psaumes de David*, écrit en arabe et en persan, auquel sont jointes quelques prières de Moïse, Jonas et autres. M. d'Herbelot dit que ces psaumes arabes sont un extrait des psaumes contenus dans notre psautier, mêlé d'autres pièces fort différentes. Il affirme qu'il y a une copie de cette sorte dans la Bibliothèque du duc de Toscane. Les Mahométans ont aussi un Évangile en arabe attribué à saint Barrabas, qui diffère des nôtres et s'accorde avec les traditions suivies dans le Coran.

Le point fondamental de l'Islam est que, depuis le commencement du monde jusqu'à sa fin, il n'y a eu et il ne doit y avoir qu'une seule religion orthodoxe consistant : quant à la foi, dans la connaissance d'un seul vrai Dieu et l'obéissance aux prophètes qu'il envoie ; quant à la pratique, dans l'observation de la justice et de quelques autres préceptes et cérémonies que Dieu juge à propos d'établir pour le temps présent, suivant ses différentes dispensations en différents âges du monde, car Mahomet avoue que ces préceptes et cérémonies sont choses indifférentes de leur nature et ne deviennent obligatoires que par l'ordre formel de Dieu qui les change suivant sa volonté et son bon plaisir.

Comme réformateur, Mahomet a interdit : l'infanticide des filles et la vengeance, sang pour sang, pratiques habituelles aux Arabes de son temps ; l'idolâtrie, l'usure, le jeu, l'usage du vin et la cruauté envers les animaux. (Le Coran promet des récompenses à ceux qui traiteront bien ces derniers.) Il a amélioré l'état légal des femmes et recommandé la bonté envers elles, et l'humanité envers les esclaves. Il a prêché l'abstinence et la tempérance et prescrit l'aumône dans une très large mesure.

Selon toute probabilité, il avait en vue d'amener à sa religion non seulement les Arabes, mais encore les Juifs et les Chrétiens ; le Coran fait beaucoup de citations des livres sacrés hébreux et chrétiens.

III. — *Le Coran et Mahomet*

C'est un article de foi pour les Musulmans : que le Coran est d'origine et d'essence divines; que l'original a été de toute éternité, auprès du trône de Dieu, écrit sur un vaste tableau (le « Tableau réservé » du chapitre XXXVIII) qui contient aussi les décrets de Dieu sur le passé et l'avenir ; qu'une copie faite sur un volume de papyrus fut apportée par Gabriel dans le ciel le plus bas, d'où celui-ci la communiqua à Mahomet par morceaux, tantôt à La Mecque tantôt à Médine, durant l'espace de vingt-trois ans, selon que les circonstances le demandaient.

En effet, on reconnaît facilement, en lisant le Coran, que beaucoup de chapitres correspondent à une situation déterminée de la vie du prophète, nécessitant certains encouragements ou certaines promesses ou menaces pour la vie future, adressés aux siens. La succession des révélations sur un long espace de temps permettait de compléter et même, jusqu'à un certain point, de redresser les premières par les dernières, de répondre à des objections, etc. Il en est résulté quelques contradictions au sujet desquels les docteurs musulmans disent que Dieu a commandé tout d'abord dans le Coran diverses choses qu'il a jugé à propos de révoquer et d'abroger dans la suite.

Après que les passages nouvellement révélés avaient été recueillis de la bouche du prophète illettré par son secrétaire, on les communiquait à ses sectateurs. Plusieurs en prenaient copie pour leur usage particulier, mais la plupart les apprenaient par cœur.

On regarde généralement comme très pur et très élégant le style du Coran, qui a été écrit dans le dialecte des Koréish, le plus parfait des dialectes arabes. Ce livre est reconnu pour le modèle du langage arabe qui est répandu dans la plus grande partie de l'ancien monde. Quoiqu'il soit écrit en prose, les sentences se terminent par des rimes redoublées qui souvent interrompent le sens et donnent lieu à des répétitions fort choquantes dans les traductions où rien ne les justifie, en sorte que la lecture des traductions est pénible. Mais ces rimes ont un grand charme pour les Arabes, qui les emploient dans leurs compositions les plus travaillées ; elles ont aussi l'avantage d'aider beaucoup la mémoire. Dans les écoles musulmanes les enfants *chantent* les versets du Coran. C'est ainsi qu'ils les apprennent par cœur.

Saale, le plus estimé des auteurs anglais qui ont écrit sur la religion musulmane, a composé une vie de Mahomet avec des extraits du Coran. Nous en donnons ci-après un abrégé qui complétera ce que nous venons de dire sur le Coran et, en même temps, clora la série des biographies des prophètes, objet principal de cet ouvrage.

Mahomet

Abdallah, père de Mahomet, était le fils cadet d'Abdalmatalleb ; il mourut du vivant de celui-ci, laissant à sa femme et à son fils pour tout bien cinq chameaux et une esclave d'Ethiopie. Abdalmatalleb prit soin de son petit-fils Mahomet, et, en mourant, il le recommanda pour l'avenir aux soins d'Abûtaleb, frère aîné d'Abdallah par la même mère. Ce dernier pourvut à sa subsistance et, tout en le laissant complètement illettré, il l'éleva au train du négoce qu'il faisait et, dans cette vue, le mena avec lui en Syrie, à l'âge de treize ans. Puis il le recommanda à *Khodidjah*, veuve riche et noble, qui le chargea de ses affaires et finit par l'épouser, ce qui le rendit un des plus riches habitants de La Mecque [1].

Il possédait toutes les vertus morales et religieuses ; d'une sobriété et frugalité extrêmes, il était tellement aumônieux qu'il avait rarement de l'argent chez lui, n'en gardant pour son usage que le rigoureux nécessaire, et épargnant pour les pauvres une

---

[1] On lui a reproché le nombre de ses épouses. Il faut remarquer qu'il vécut vingt et un ans avec Khodidjah qui avait quinze ans de plus que lui, sans autre femme ; les mariages qu'il contracta s'expliquent presque tous par des motifs politiques ; c'étaient des parentes ou des veuves de martyrs. Il eut quatre concubines qu'il reçut en présent ou comme captives. La tension continuelle de son esprit pour les révélations et la conduite de ses affaires excluait l'abandon habituel aux plaisirs charnels.

partie de ses provisions. *Dieu lui offrit les clefs des trésors de la terre*, mais il les refusa.

Il avait une grande sagacité, beaucoup d'éloquence naturelle, et l'esprit très insinuant. Il avait acquis dans ses voyages l'expérience et la connaissance des hommes. Il avait eu des rapports avec les moines du couvent de Bosra, au pied du mont Sinaï, qui faisaient aussi un commerce, et avait appris d'eux et de plusieurs Juifs et Chrétiens le sommaire de l'Ancien et du Nouveau Testament.

Au mois de Ramadan de la quarantième année de son âge, dans une des retraites qu'il faisait à la grotte du mont Hera, il déclara à sa femme *Khodidjah* que l'ange Gabriel lui était apparu et lui avait annoncé que Dieu l'avait appelé à être son apôtre ; il lui rapporta la révélation qui lui avait été faite par le ministère de l'Ange avec toutes les circonstances de son apparition. On croit généralement que cette révélation forme le texte des cinq premiers versets du chapitre xcvi du Coran.

Khodidjah crut et communiqua sa foi à son cousin Varakah Ebn Naufal, réputé le plus savant des Arabes de ce temps, l'intime de Mahomet, qui récemment s'était fait chrétien (sans doute Nestorien), savait écrire en hébreu et était versé dans l'Écriture Sainte. Il assura que le même Ange qui avait parlé à Moïse était envoyé maintenant à Mahomet.

Mahomet convertit ensuite son esclave Zéid qu'il mit en liberté à cette occasion, et son jeune cousin et élève Ali, fils d'Abûtaleb, lequel prit le titre de premier des Croyants. Puis il gagna son oncle Abou Bekr qui avait grand crédit parmi les Koréish et dont l'exemple fut suivi par les cinq principaux habitants de La Mecque. Ces six conversions, avec quelque peu d'autres, remplirent les trois premières années de la mission du Prophète. Alors il se crut assez soutenu pour manifester publiquement ce que Dieu lui avait commandé de déclarer à ses propres parents. (Coran, chap. LXXIV.) Il réunit dans un festin les fils et descendants d'Abdalmutalleb au nombre d'environ quarante et leur tint ce discours :

« Personne en Arabie n'est en état d'offrir à ses parents ce que je vous offre aujourd'hui : le bonheur dans cette vie et dans celle à venir ; le Tout-Puissant m'a ordonné de vous appeler à lui. Quels sont ceux d'entre vous qui veulent m'aider dans ma mission et devenir mes frères et mes apôtres ? »

Comme tous hésitaient, Ali déclara vouloir l'assister et menaça ceux qui s'opposeraient à lui. Alors Mahomet l'embrassa et pria ceux qui étaient présents de lui obéir comme à son vicaire. L'assemblée éclata de rire, disant à *Abou Taleb* « qu'il allait maintenant obéir à son fils », et elle se sépara.

Loin de se décourager du refus de ses proches, Mahomet se mit à prêcher publiquement. On l'écouta d'abord tranquillement, puis on se fâcha quand il reprocha au peuple ses vices et son idolâtrie. On l'aurait mis en pièces sans la protection d'*Abou Taleb*. Celui-ci, n'ayant pu le faire renoncer à sa dangereuse entreprise, prit le parti de le soutenir contre tous ses ennemis.

Mais les *Koréish* se mirent à persécuter si violemment ses adhérents qu'il n'y eut plus de sûreté pour eux dans La Mecque. Alors Mahomet permit à ceux dont la vie était en danger de se retirer ailleurs.

Seize d'entre eux, dont quatre femmes, s'enfuirent en Abyssinie, la cinquième année de la mission du Prophète. Ce fut la première fuite ; d'autres les rejoignirent successivement jusqu'au nombre de 83 hommes, sans compter les femmes et les enfants.

Le Négus, souverain du pays, reçut humainement tous ces réfugiés, refusa de les livrer aux Koréish qui les réclamaient et embrassa la religion de Mahomet ou, du moins, la favorisa.

Dans la sixième année de sa mission, Mahomet convertit son oncle Hamza, homme d'une haute valeur, et Omar Ebn el Khattab, personnage très considéré et qui avait été auparavant un de ses plus violents antagonistes. Il fit aussi beaucoup de prosélytes dans plusieurs tribus arabes. Pour arrêter ses progrès, les Koréish firent, la septième année de sa mission, une ligue solennelle contre les Hashemites, ou membres de la famille d'Hashem, qui reconnaissaient Abou Taleb pour leur chef, et contre la famille d'Abdalmutalleb, s'engageant à n'avoir aucun rapport et à ne contracter aucune alliance avec les deux familles; ils déposèrent dans la Kaabha l'acte écrit pour cet engagement. Les Koréish se trouvèrent ainsi divisés en deux partis ennemis.

Cette division dura trois ans; la dixième année de sa mission Mahomet déclara à son oncle Abou Taleb que Dieu avait envoyé un ver pour ronger l'acte précité, à l'exception du nom d'Allah. Abou Taleb en avertit les Koréish qui vérifièrent le fait et renoncèrent à leur engagement.

Abou Taleb mourut alors, âgé de plus de quatre-vingts ans. Cette année fut appelée l'année du deuil, parce que Mahomet y perdit aussi sa femme Khodidjah.

Ainsi affaibli, le Prophète se retira à Tayef, à 25 lieues environ à l'ouest de La Mecque, accompagné seulement de son affranchi Zeid. Le bas peuple l'en expulsa et il retourna à La Mecque, où il se mit sous la protection d'*El Motaam Ebn Adi*. Il continua de prêcher en public, dans les assemblées de ceux qui venaient en pèlerinage et fit divers prosélytes, entre autres six habitants de Yathreb (Médine), de la tribu de Kharadj, qui, à leur tour, firent des prosélytes à Médine.

La douzième année de sa mission, Mahomet déclara son voyage nocturne à La Mecque et de là au ciel. (Coran, chap. xvii.)

Cette année, appelée l'année *acceptée* ou *reçue*, 12 hommes de Médine vinrent à La Mecque et, sur l'El Akaba, coteau au nord de cette ville, prêtèrent un serment de fidélité à Mahomet, qui fut appelé un *serment de femme*, parce qu'il n'obligeait pas les hommes à prendre les armes pour la cause de la religion, ce qui fit que, par la suite, on l'exigea des femmes. Par ce serment on s'interdisait toute idolâtrie, le vol, la fornication, la calomnie, l'infanticide (les Arabes d'alors tuaient ceux de leurs enfants qu'ils craignaient de ne pouvoir nourrir); enfin on devait une obéissance absolue au Prophète. (Coran, chap. LX.)

Ces douze affiliés s'en retournèrent à Médine accompagnés de Mozab, un des disciples de Mahomet qu'il désigna pour les confirmer dans leur foi et les aider dans leur propagande qui s'étendit, dans l'année même, à presque toutes les familles de Médine, notamment au chef de la tribu d'Awus.

L'année suivante, la treizième de la mission du prophète, Mozab revint à La Mecque accompagné de 75 convertis de Médine qui offrirent leur concours à Mahomet, alors très fortement pressé par ses ennemis. Moyennant la promesse qu'il leur fit du paradis, ils s'engagèrent à le défendre contre toute insulte, comme ils défendraient leurs femmes et leurs enfants, et Mahomet en choisit parmi eux douze dont il leur fit reconnaître l'autorité et l'apostolat, par imitation des douze disciples de Jésus.

Ce fut la première occasion où le Prophète manifesta son intention de recourir aux armes. Jusque-là il n'avait fait qu'une propagande pacifique. La première révélation qui lui permit de se défendre par la force est rapporté au chapitre XXII du Coran; on lit un grand nombre de révélations sur le même sujet, dans la suite du Livre.

Fort de la ligue qu'il venait de conclure avec ceux de

Médine, Mahomet donna à ses sectateurs l'ordre de quitter La Mecque ; mais il y resta lui-même avec Abou Bekr et Ali. Les Koréish alors résolurent de l'assassiner avant qu'il pût rejoindre son parti à Médine. Pour que tous leurs clans fussent complices du meurtre, on désigna dans chacun d'eux un homme pour concourir à l'exécution. Tous devaient donner en même temps un coup d'épée.

Par une révélation de l'ange Gabriel Mahomet reçut avis du complot et ordre de se retirer à Médine. Pour tromper ses ennemis, il fit coucher à sa place Ali enveloppé dans son manteau vert et, tandis que les assassins veillaient autour de sa maison jusqu'au matin, il gagnait celle d'Abou Bekr et allait avec lui se cacher dans la grotte de Thour, montagne au sud-est et près de La Mecque. Quand ils y eurent pénétré, deux pigeons vinrent pondre leurs œufs à l'entrée et une araignée en ferma l'ouverture avec sa toile, ce qui empêcha les Koréish de regarder dedans. Au bout de trois jours les fugitifs sortirent et gagnèrent Médine par un chemin de traverse.

C'est à cette date que commence l'ère musulmane, l'Hégire (fuite), 597 ans après Jésus-Christ.

Aussitôt arrivé à Médine, Mahomet fit bâtir une mosquée pour le nouveau culte et une maison pour lui. Puis il proclama la guerre sainte et envoya des partis contre les Koréish. Son plan était fort simple. Placé à Médine, à proximité du passage des caravanes qui transportaient de La Mecque en Syrie les produits et richesses de cette partie de l'Arabie et rapportaient à La Mecque l'or et les produits de la Syrie, il lui était possible d'intercepter ces convois et par là de ruiner le commerce de La Mecque. Il lui suffisait de lancer contre les caravanes des Koréish les plus [braves des adhérents qui s'étaient groupés autour de lui à Médine, renforcés des maraudeurs du désert, toujours prêts pour un coup de main. Le butin, fruit de ces expéditions, récompensait et entretenait ses guerriers et augmentait rapidement le nombre des Croyants par l'attrait du pillage et par l'assurance que la conversion à l'Islam innocentait et absolvait de tous les méfaits antérieurs. C'est ainsi que se forma autour du prophète une troupe ou bande composée pour la plus grande partie d'aventuriers rompus aux privations, aux fatigues, aux dangers, aux exploits de la vie du désert et fort redoutables.

La tactique de Mahomet mettait les Koréish dans la nécessité ou de l'anéantir avec tout son parti ou de se soumettre pour échapper à une ruine imminente. Quant à lui qui était sorti de leurs rangs, son but fut toujours, non de les détruire, car ils étaient l'élite et le lien national des Arabes, mais de les lier de gré ou de force à sa cause, en conservant tout ce qui, à La Mecque, n'était pas absolument contraire au dogme du monothéisme.

Dans la deuxième année de l'Hégire les habitants de La Mecque prirent les armes et marchèrent contre Mahomet pour empêcher leur grande caravane de tomber entre ses mains. Les deux partis opposés se rencontrèrent à Bedra où Mahomet avait prévenu ses adversaires en prenant possession des eaux et des sources : les Musulmans, au nombre d'environ trois cents hommes déterminés et exaltés, vainquirent les Mecquains en nombre triple, mais non aguerris, sauf les nobles Koréish.

Ce succès donna à Mahomet la prépondérance dans la région, et dès lors il put, au moyen d'expéditions soudaines et de surprises, menacer et frapper déjà fort loin ses adversaires. Sa suprématie rencontrait deux obstacles : les Koréish qui, par leur supériorité incontestée et leur prestige séculaire comme descendants d'Ismaël, entraînaient à leur suite les Arabes idolâtres ; les Juifs qui comptaient un certain nombre de tribus, vivant comme les Arabes, possédant des campements et des territoires dispersés entre ceux des autres tribus, riches par l'agriculture et le commerce. Bien que parsemées comme des ilots sur de vastes étendues, ces tribus avaient entre elles un lien qui manquait aux Arabes dont le seul trait d'union était le pèlerinage de La Mecque. C'était celui d'une religion commune et de la solidarité qui, toujours et partout, a existé entre les enfants d'Esraïl. Celles de leurs tribus qui étaient voisines avaient même formé quelques confédérations pour une défense commune dans des lieux fortifiés et approvisionnées d'armes et de vivres. Une tribu juive, les Beni Quanuqaa, occupait un quartier et une partie du territoire de Médine et avait fait avec Mahomet, au moment de son arrivée, un traité d'alliance et d'amitié. Après la victoire de Bedra, celui-ci se crut assez fort pour ne plus garder avec les Juifs que des ménagements momentanés que lui imposeraient les circonstances. Une querelle ayant éclaté à Médine entre eux et les Musulmans, il les mit en demeure d'opter entre la conversion à l'Islam et l'exil avec abandon de leurs richesses et de leurs terres. Il s'était flatté qu'ils le reconnaîtraient pour le Messie attendu par eux, mais il perdit vite cette illusion et, dès lors, les Juifs ne furent plus à ses yeux que des rebelles à l'appel d'Allah et des prophètes, et une proie que lui livrait leur faiblesse. Leurs richesses devaient lui fournir les ressources nécessaires pour ses entreprises; leurs terres partagées entre les nouveaux Croyants seraient un moyen à la fois de les récompenser et de les fixer au sol autour de sa résidence, de manière à les avoir ainsi sous sa main pour tout événement. Tel fut successivement le sort de presque toutes les tribus juives, à commencer par les Beni Quanuqaa. Ceux-ci furent dépouillés et bannis, au nombre de 700, aussitôt après la bataille de Bedra.

L'année suivante, la troisième de l'Hégire, les Koréish prirent à Ohod, à une faible distance de Médine, la revanche de la journée de Bedra. Au commencement de l'action, en rase campagne, les Musulmans, se croyant victorieux et peut-être tombant dans un piège, se débandèrent pour piller, car ils manquaient d'organisation et de discipline. Le général ennemi Kaled B. Volid les prit à revers avec sa cavalerie relativement nombreuse et les mit en complète déroute. Les plus braves se rallièrent autour du prophète blessé et mis en grand péril. Il regagna Médine avec ce noyau grossi d'un grand nombre de fuyards, en faisant si bonne contenance qu'il ne fut point poursuivi. Quelques jours après, il fit mine de reprendre l'offensive et l'ennemi, sans doute par pénurie de vivres, se retira sur La Mecque.

Les quatrième et cinquième années de l'Hégire furent remplies par des expéditions et des razzias contre les Arabes idolâtres ou alliés des Koréish et contre diverses tribus juives. A la fin de la cinquième, les Koréish firent un suprême effort sous la conduite d'Abu Soffyam, chérif de La Mecque, dont Mahomet avait épousé la fille. Réunissant dans une commune alliance les Arabes idolâtres et les tribus juives attaquées ou menacées par Mahomet, ils portèrent leurs armes jusqu'à Médine. Cette guerre fut dite des Confédérés et aussi du Fossé, parce que Mahomet instruit par l'expérience d'Ohod et fort inférieur numériquement, en cavalerie surtout, évita une bataille en rase campagne et se défendit sous Médine en faisant creuser devant la ville, sur toute la partie ouverte de son pourtour, un fossé retranché. Cet obstacle arrêta l'ennemi et, au bout d'un mois, il fut forcé, par le manque de vivres et par les intempéries auxquelles il résistait beaucoup moins bien que les Musulmans, de lever cette sorte de siège.

Aussitôt après, Mahomet attaqua les Beni Qoryllah, juifs des environs de Médine qui venaient de trahir son alliance; et, après qu'ils se furent rendus à discrétion, il les fit passer au fil de l'épée au nombre de 700. A partir de ce moment rien ne put soustraire les ennemis du prophète à ses coups. Il les atteignait partout, le plus souvent par des surprises et des coups de main, quelquefois par le poignard d'aventuriers ou de sectateurs exaltés qui ne reculaient devant aucune audace.

On compte vingt-sept expéditions et neuf batailles où Mahomet fut présent.

La sixième année de l'Hégire, il partit pour La Mecque à la tête de 1,500 Croyants sans armes, pour y accomplir les cérémonies du pèlerinage et gagner par là un grand prestige religieux. Les Koréish lui interdirent l'accès de la Kaabha et des lieux saints pour cette année, mais ils consentirent à un arrangement pour les années suivantes : on conclut une trêve de dix ans pendant laquelle il fut permis à toute personne d'accomplir les dévotions du pèlerinage et de suivre à son gré le parti de Mahomet ou celui des Koréish. Par cette paix dite d'Hodaybiah, l'apôtre évitait un conflit sanglant qui aurait rendu les deux partis irréconciliables; et, en même temps, il obtenait une sorte de reconnaissance officielle de sa religion et de sa propagande ; il savait que celle-ci triompherait finalement de toute opposition.

La septième année de l'Hégire, il écrivit aux princes voisins, en dehors de l'Arabie, pour les inviter à embrasser sa religion; ses lettres reçurent des accueils divers. N'ayant plus, au moins pour quelque temps, d'inquiétude du côté des Koréish, il poursuivit ses desseins contre les Juifs. Il brisa la confédération des tribus juives du Kayber, prit leurs forts, les bannit pour la plupart, confisqua leurs armes, leurs richesses et leurs terres et en attribua une partie aux vainqueurs.

Dans le commencement de la huitième année de l'Hégire, Kaled B. Volid[1], le vainqueur d'Ohod, et Amrou B. el As, autre noble Koréish, excellent capitaine, se convertirent à l'Islam ; le premier conquit dans la suite la Syrie, et le second l'Égypte. Peu après, Mahomet envoya trois mille hommes contre les Grecs de Syrie qui avaient mis à mort un de ses envoyés. Il les harangua au départ: « Combattez au nom d'Allah pour exterminer ses ennemis et les vôtres qui habitent la Syrie. Vous y trouverez des moines qui vivent séparés du reste des hommes. Ne leur faites aucun mal. Épargnez aussi toutes les femmes et les enfants à la mamelle. N'abattez point les dattiers et autres arbres et ne détruisez point les habitations. » La bataille se donna à Mowtah, près de Balkh, en Syrie, à trois journées environ de Jérusalem. Les Grecs, fort supérieurs en nombre et en organisation, firent d'abord plier les Musulmans ; alors Kaled B. Volid prit le commandement et, par d'habiles manœuvres, réussit, le lendemain, à faire croire à l'ennemi qu'il avait reçu des renforts considérables, à le déconcerter et le tenir en respect. Criblé de blessures, il reçut de Mahomet le titre de l'*Épée de Dieu*.

La même année, l'apôtre prit occasion d'une légère infraction commise par les Koréish au traité d'Hodaybiah pour marcher à l'improviste contre La Mecque à la tête de 10,000 combattants dont il s'efforçait encore de grossir le nombre en apparence, afin d'ôter aux habitants toute idée de résistance. Il tenait surtout à éviter l'effusion du sang et à étouffer tout sentiment de haine qui aurait pu rester contre lui parmi les vaincus. Il occupa presque sans combat la ville et les lieux saints et proclama une amnistie générale dont ne furent exceptés que six hommes et quatre femmes. Il conserva dans leurs charges et emplois ses

---

[1] Rappelons que le mot Ben généralement remplacé par B. signifie: fils de ; ainsi Kaled B. Volid veut dire Kaled fils de Volid. Beni est le pluriel de Ben.

adversaires de la veille amenés définitivement à se soumettre et rallia tous les Koréish par des faveurs et des largesses. Il employa le reste de l'année à détruire les idoles à La Mecque et aux environs.

L'année suivante, la neuvième de l'Hégire, est appelée l'année des députations. La soumission des Koréish et la terreur qu'inspiraient les Musulmans déterminèrent la plupart des tribus Arabes à adhérer à l'Islam. Elles envoyèrent à Mahomet des députations pour lui rendre allégeance, soit à La Mecque, soit à Médine où il retourna bientôt. Il recueillit ainsi les fruits de la politique profondément habile dont on vient de voir le développement depuis la fuite de Médine.

La dixième année Ali, envoyé dans l'Yémen, convertit en un jour toute la tribu de Hamdan. La province entière suivit bientôt cet exemple, à l'exception des habitants de Naïran qui, étant chrétiens, aimèrent mieux payer un tribut.

Le prophète mourut l'année suivante après avoir détruit l'idolâtrie, expulsé presque tous les Juifs et établi sa religion dans toute l'Arabie. Son œuvre présentait à peine quelques faibles lacunes qu'à sa recommandation son successeur immédiat, le kalife Abou Bekr s'empressa de combler. Mahomet est le dernier prophète. Après lui l'histoire sainte de l'Islam se confond avec celle de ses ordres religieux dont les fondateurs sont les successeurs des prophètes, en ce sens que l'institution émanée de chacun d'eux repose sur l'interprétation et même, ainsi qu'ils le croient, sur la perception d'une révélation divine, ce qui n'a pas lieu chez les Chrétiens. Nous donnons ci-après, comme conclusion de cet ouvrage, un sommaire de ce que nous avons exposé à cet égard dans les *Annales de l'Extrême-Orient et de l'Afrique*, 15 février au 1ᵉʳ mai 1891.

XLV

CONCLUSION, LES ORDRES RELIGIEUX DE L'ISLAM

Les Musulmans se divisent en :

Orthodoxes ou *Sonnites* reconnaissant l'autorité de la *Sonna*, supplément du Coran qui renferme la tradition de tout ce que le Prophète a dit et fait;

Chiites, schismatiques dont le siège principal est en Perse et qui ne reconnaissent point la suprématie du Sultan de Stamboul;

Ouhabites, hérétiques qui prétendent avoir fait retour à la doctrine primitive de l'Islam, l'Immanat universel, c'est-à-dire le pouvoir absolu en ce qui concerne la religion, la justice et la politique, conféré à un seul Iman, souverain de tous les Musulmans.

Quant aux orthodoxes, ils reconnaissent sinon en principe, du moins en pratique officielle, comme chef de l'Islam, le souverain ou suzerain de la partie du monde musulman à laquelle ils appartiennent.

Le culte officiel est exercé par les Muftis, hauts dignitaires religieux des grande villes et par les Imans attachés à chaque mosquée.

Dans les États musulmans, il y a, outre les officiants qui ne forment point un corps et qui ne peuvent être choisis parmi tous les Musulmans, le corps des Ulémas ou *savants dans la religion* (de *allem*, savoir).

En dehors du culte officiel, il y a partout les Marabouts et les ordres religieux.

Le *Marabout* est le descendant le plus direct d'un Ouali (saint), près du tombeau duquel il habite. Il mérite généralement la vénération dont il est l'objet.

La qualité d'Ouali ne se décerne qu'après la mort par l'accord des fidèles au milieu desquels le saint a vécu.

Il existe de grandes familles et des tribus maraboutiques, c'est-à-dire composées des descendants d'un Marabout. Leurs chefs ont seuls le prestige et l'instruction que possèdent les Marabouts isolés.

Chaque Marabout est absolument indépendant de tous les autres et sans liens ou rapports avec eux.

Les grandes et vieilles familles de Marabouts ont dans leurs mains, sinon en pleine possession, les grandes Zaouias qui, du reste, sont en petit nombre.

Zaouias. — Les grandes Zaouias tiennent à la fois du Monastère et de l'Université. On y trouve, à côté des religieux qui y résident à demeure, des serviteurs, des clients, et toute une population flottante composée : d'étudiants qui suivent les cours ; — de malheureux, peut-être de coupables qui y ont cherché un asile ; — de pèlerins venant y faire leurs dévotions; — enfin de voyageurs hébergés temporairement, et de mendiants.

Les maisons mères et les maisons provinciales des ordres religieux sont aussi des Zaouias importantes.

Les autres Zaouias de ces ordres ne sont guère, pour la plupart, que des masures servant uniquement de points de rassemblement pour les Khouans (frères) d'un Mogaddem (chef religieux).

Dans l'Islam, les ordres religieux sont, bien plutôt que des congrégations monastiques, des sectes et des sociétés demi-secrètes ayant un but religieux.

Le soufisme naquit de l'insuffisance du Koran et de la Sonna pour la satisfaction des âmes portées à la dévotion tendre et ascétique. Le premier est presque uniquement un instrument, une prédication et une règle pour une vie de combats. On peut avoir une idée de la Sonna par les cinq commandements de la doctrine islamique qu'elle édicte :

1° La crainte de Dieu est le principe de tout bien et tout est fondé sur elle; par elle doivent être domptés tous les vices qui ont leur siège dans le cœur, et les organes des sens;

2° Conformez-vous à la Sonna, c'est-à-dire imitez en toutes choses mes actions;

3° N'ayez pour les créatures ni amour ni haine; ne préférez pas celui qui vous donne à celui qui ne vous donne pas. Si vous donnez votre cœur aux créatures, que restera-t-il pour Dieu?

4° Contentez-vous de ce que Dieu vous donne en partage. Ne vous affligez pas de la misère ou de la maladie. Ne vous réjouissez pas de la richesse ou de la santé;

5° Attribuez tout à Dieu parce que tout vient de lui. Que votre résignation soit telle que, si le Bien et le Mal étaient transformés en chevaux et qu'on vous les offrît pour montures, vous n'éprouviez aucune hésitation à vous élancer sur le premier venu. Tous deux venant de Dieu, vous n'avez pas de choix à faire.

Dans ces textes, il n'y a rien pour la piété aimante, pour la réflexion et la méditation religieuses auxquelles s'adonnaient à cette époque de nombreux ascètes Indiens, chrétiens et même néoplatoniciens dont les doctrines et les exemples étaient contagieux pour les conquérants arabes, parmi lesquels ils étaient partout répandus. En outre, dès que ceux-ci furent assis sur le sol assujetti, ils eurent des universités où l'on étudiait la théologie et la philosophie en même temps que le droit musulman et la science. Les néoplatoniciens, surtout Plotin, chef de l'Ecole mystique d'Alexandrie, y régnaient pour la philosophie morale et religieuse. Le plus grand des philosophes arabes, Averroës, professa qu'il y a deux vérités : la vérité extérieure ou relative pour le vulgaire qui ne saisit que l'apparence et la vérité intérieure ou spirituelle qui est absolue. Ces deux vérités peuvent se contredire sans se détruire. Ce sont deux aspects d'une même chose.

Grâce à cette distinction subtile et ingénieuse, les chefs d'école et les fondateurs des ordres religieux ont pu enseigner toutes les doctrines qu'il leur a plu, même en contradiction avec les textes les plus formels du Coran, tout en prétendant à une parfaite orthodoxie.

Quelquefois aussi un fondateur d'ordre appuie sa doctrine sur un verset du Coran que, par un raisonnement très subtil, il interprète dans un sens contraire au texte formel de plusieurs autres versets qu'il passe sous silence. Tel est le cas du Cheik Tidjani commentant le texte : « Parmi les êtres animés, Dieu a préféré les enfants d'Adam. » (Voir plus loin : *les Tidjanya*.)

Il y a, entre le Coran et les doctrines de presque tous les ordres religieux de l'Islam, des différences plus grandes que les écarts qui ont fait retrancher de l'Eglise la plupart des hérésiarques. Chaque ordre religieux est donc une véritable secte.

Sans doute les Ulémas, les officiants et les Musulmans qui comprennent le Koran, contestent l'orthodoxie des ordres religieux, mais il n'existe point d'autorité chargée d'en décider. Au point de vue de l'organisation et de la hiérarchie religieuses l'Islam est une anarchie.

Les ordres religieux se recommandent plus que leurs adversaires par la pureté de la vie, le désintéressement et la moralité;

quelques-uns, par une grande charité. Ils ont ainsi conquis l'attachement et le respect du peuple. Tous s'abstiennent, au moins ostensiblement, d'ingérence politique.

Chaque fondateur d'ordre, pour en établir l'orthodoxie, s'est efforcé de démontrer que sa doctrine ressort explicitement ou se déduit logiquement de celle d'un saint ou d'un maître d'une orthodoxie incontestée, qui s'appuie lui-même sur un docteur plus ancien notoirement orthodoxe, lequel dérive lui-même d'un autre, etc., et ainsi de suite en remontant jusqu'au prophète. Cette série est *la chaîne de l'ordre*, et les saints qui la forment sont *le clan de la chaîne*. Tous les ordres religieux ont leur chaîne d'or. Les branches issues d'un même ordre principal rattachent leur chaîne particulière au dernier anneau de celle de l'ordre qui forme le tronc commun.

Plusieurs ordres prétendent, en outre, tenir leur doctrine et leur rituel « d'une révélation directe », faite par Dieu à leur fondateur.

Les Musulmans croient que Dieu peut communiquer avec ses créatures, soit par des songes, soit surtout par l'intermédiaire du prophète Élie. Les ordres mystiques admettent que leur grand maître peut, dans certaines conditions formulées par les livres de doctrine, entrer en communication directe et secrète avec le prophète.

Mais cette dernière prétention trouve parmi les Musulmans beaucoup de contradicteurs qui condamnent comme des importations étrangères les pratiques et les croyances des mystiques. Pour ce motif et aussi à cause de son caractère ou cachet oriental, le soufisme occupe une place à part dans l'Islam. Il a une littérature propre d'écrivains et de poètes, persans pour la plupart, dont nous avons donné beaucoup de citations dans le cours de notre traduction.

Soufisme

Les Kouans du Soufisme portent comme marque distinctive un manteau (comme les Pythagoriciens) que le chef de l'ordre délivre à ses disciples ; ils professent un panthéisme absolu [1] : Dieu est tout, tout est en Dieu.

Ils se vantent de communiquer avec le ciel et de recevoir de lui des révélations.

Ils professent que le paradis, l'enfer et tous les dogmes des religions positives ne sont que des allégories dont le Soufisme a la clef, que Dieu est en réalité l'auteur des actions des hommes.

Ils rejettent tout raisonnement comme conduisant à l'erreur et obéissent aveuglément à leurs guides spirituels et aux inspirations de la foi.

Le mystique soufi s'absorbe en Dieu, dans sa contemplation, dans son amour. Quatre degrés le conduisent à l'assimilation avec Dieu.

Le premier est l'*humanité* ou la vie vulgaire, où l'homme est livré à toutes ses passions.

Le second degré ou le sentier est proprement l'*initiation doctrinale;* l'initié qui comprend Dieu est affranchi des pratiques du culte.

Le troisième degré est la *connaissance*.

Les épreuves qu'il faut subir pour arriver à ce degré sont si rudes que souvent le sujet succombe; s'il parvient à les surmonter, il devient l'égal des anges, son esprit jouit de la

---

[1] Il y a à Constantinople deux couvents de derviches qui croient à la métempsycose.

faculté qui forme son essence, l'intuition de la véritable nature des êtres, la perception de toutes choses depuis le trône de Dieu jusqu'à la plus légère pluie.

Le quatrième degré est la béatitude et s'obtient par un jeûne presque absolu de quarante jours. Ensuite le disciple entre au désert où il s'abstient de toute occupation manuelle et n'a de communication qu'avec son directeur. Les épreuves accomplies, l'ascète participe de la nature divine et *a le pouvoir de faire des miracles.*

Ordres religieux depuis le Soufisme. — *Généralités*

Les ordres religieux nés depuis le Soufisme diffèrent principalement entre eux, au point de vue doctrinal, par le plus ou moins d'emprunts qu'ils ont faits soit à l'Évangile (le troisième livre sacré), ou à son esprit, soit au mysticisme néoplatonicien recueilli par la philosophie arabe qui a brillé d'un vif éclat.

Tous ont pour objectif commun et déclaré d'amener les fidèles à mériter le bonheur éternel en suivant « la bonne voie ».

Cette voie, révélée par l'ange Gabriel au prophète qui l'a transmise au fondateur, est, pour chaque ordre, l'ensemble des doctrines, prières et pratiques particulières à l'ordre. On lui donne indifféremment le nom de trika (chemin) et celui d'ouerd (arrivée); dans son acception particulière, l'ouerd est la règle ou le catéchisme de l'ordre.

Elle comporte différentes stations ou degrés ; la masse des Kouans s'arrête au premier degré, l'affiliation ou l'humanité, qui se résume pratiquement dans la récitation répétée du *dickr* et à quelques pratiques.

On parvient aux autres degrés par un ascétisme plus ou

moins sévère qui procure les visions, l'extase, enfin la perte du sentiment de l'individualité par la confusion en Dieu.

Pour recruter beaucoup d'adhérents à l'ordre, les chefs de l'ordre et les Mogaddem (enseigneurs), chargés de l'affiliation, n'entretiennent les novices ou aspirants que des obligations imposées au premier degré, des mérites surnaturels des prières qu'ils enseignent et des grâces et avantages spéciaux attachés au titre de Khouan (frères) [1]. Une fois l'affiliation faite, ils adaptent leur enseignement aux facultés morales et au caractère des disciples qu'ils classent en trois catégories : le vulgaire, l'élite, et l'élite de l'élite. On n'exige de la masse des Khouans rigoureusement que : l'obéissance au Cheik ou Mogaddem, le secret en ce qui concerne les affaires de l'ordre, la solidarité avec les autres membres.

Il n'y a qu'un très petit nombre de Khouans qui aillent jusqu'au mysticisme extatique.

La plupart des ordres religieux ont un but ou idéal spécial très caractérisé. C'est, par exemple, chez les Quadrya, la charité; chez les Taïbya, le dévouement au Chérif; chez les Snoussia, la suprématie théocratique et le Panislamisme.

Tous les ordres ont à peu près la même organisation.

En tête, est l'héritier spirituel du fondateur, le Cheik. Il réside le plus souvent à l'endroit où est le tombeau de ce fondateur ou dans le principal établissement de la Confrérie.

Quelquefois il a, pour le suppléer dans des pays trop éloignés, des vicaires généraux sous le titre de Khalifat ou Naïb.

Au-dessous de lui, il a un nombre variable de Mogaddem qui ont qualité pour donner l'initiation soit dans une circonscription déterminée, soit à tous ceux qui s'adressent à eux.

---

[1] Khouan est le pluriel de Khou, frère.

En dehors des Kouan plusieurs confréries ont encore des serviteurs religieux (Kreddam). Ce sont de simples clients politiques plutôt que religieux. Ils portent le chapelet, fournissent des *ziara* (cotisations) et ont des mots de ralliement secrets pour se faire reconnaître et protéger par les Kouan.

En général les Kouan élisent le Mogaddem de leur circonscription, mais leur choix doit être ratifié par le Cheik qui lui délivre un diplôme.

Chaque Mogaddem est le maître éducateur de ses Khouan.

Les Mogaddem sont chargés de recruter les membres de l'ordre, de percevoir les offrandes ou cotisations religieuses et de les faire parvenir au chef de l'ordre une ou deux fois par an, et toutes les fois qu'ils en sont requis, ils se réunissent en hadra (chapitre) auprès du Cheik.

Dans les hadra se traitent toutes les questions et affaires intéressant la communauté.

De retour chez lui, chaque Mogaddem réunit les Kouan en djadda ou zerda (synode), leur expose le résultat de la hadra et lit les lettres pastorales du Cheik.

Plusieurs ordres admettent des Kouatat (sœurs) dont les plus intelligentes peuvent être nommées mogaddemmat.

Les Kouan doivent une obéissance aveugle au Cheik et au Mogaddem. *Tu seras entre les mains de ton Cheik, comme le cadavre entre celles du laveur des morts.*

Les Kouan doivent à *leurs frères* un dévouement et une affection sans bornes, une charité qui ne se lasse jamais, une solidarité poussée dans certains ordres jusqu'au communisme. Leur absorption dans l'ordre est absolue.

Les pratiques plus ou moins obligatoires selon les ordres sont :

Le renoncement au monde, la retraite, la veille, l'abstinence, l'assistance aux réunions, la ziara, la hadia, le dickr

La *ziara*, c'est la cotisation du sociétaire ; elle est la mêm[e] pour tous et assez faible pour que tous puissent la payer.

La hadia est l'offrande expiatoire ou l'amende imposée pou[r] une infraction à la règle ; elle est proportionnée à la fortune de [s] Khouan.

Le dickr de tout *frère* est la répétition aussi prolongée e[t] fréquente que possible du mot Allah ou d'une affirmation o[u] invocation très courte.

Au contraire le dickr distinctif d'un ordre est une oraison qu[i] comprend toujours au moins quatre articles ou versets du Cora[n] se suivant dans un ordre déterminé et pouvant servir aux Khoua[n] de signe de reconnaissance. Lorsque deux affiliés se rencontren[t] sans se connaître, l'un dit la première phrase du dickr ; l'autr[e] répond par la seconde ; puis le premier récite le troisièm[e] verset, et le second le quatrième.

On compte 88 ordres religieux musulmans. Nous esquissons ci-après ceux qui sont les plus remarquables à la fois par l'il[-] lustration de leurs fondateurs et l'importance de leurs doctrines en suivant l'ordre chronologique de leur institution.

Les Qadria. — *Abd el Kader ben Djilali*
(An 561 de l'Hégire, 1166 après Jésus-Christ)

Né près de Bagdad et décédé dans cette ville à l'âge de quatre-vingt-dix ans, dans l'année 1166 après Jésus-Christ, Ab[d] el Kader ben Djilali est le saint le plus révéré de l'Islam. C[e] qui dominait en lui c'était l'amour du prochain et une charité ardente qui l'a fait de son vivant le soutien des pauvres et des faibles et, après sa mort, le patron sans cesse invoqué de tous ceux qui souffrent. On croit que son âme plane sans cesse entre le ciel et la terre pour porter aide à quiconque a besoin de secours, aide même surnaturel, car nul saint n'eut au même degré que lui le pouvoir de faire des miracles.

Quoique comblé de richesses par des donateurs, il resta toujours pauvre.

Il voulait alléger toutes les misères humaines et réconforter les cœurs soit par la foi dans une vie meilleure, soit par l'aumône.

Il croyait à l'efficacité de la prière pour calmer et adoucir les souffrances et les chagrins ; *il pensait que l'on fait encore du bien au misérable en l'occupant à des exercices de dévotion qui l'empêchent de penser à son mal* ; de là la surabondance des pratiques pieuses et des prières qu'il a recommandées.

Il répétait souvent : « Nous devons prier pour tous ceux que Dieu a créés semblables à nous. »

Il n'a jamais rien écrit contre les chrétiens et il avait une vénération particulière pour Isa (Jésus) à cause de son immense charité.

« Il avait en horreur toute sorte de dissimulation. La caravane dont il faisait partie pour se rendre à La Mecque ayant été rançonnée par des pillards, il déclara à leur chef, uniquement pour s'éviter à lui-même l'ombre d'un déguisement, la somme qu'il portait sur lui et dont on ne s'était pas enquis à cause de sa jeunesse.

Voici les textes les plus marquants du Catéchisme des Qadria :

« *La voie* (trika), c'est la science, la continence, la sagesse, la patience et l'excellence des successeurs.

« *Les obligations de la voie* sont : de régler les mauvaises paroles, de prononcer sans cesse le nom de Dieu, de mépriser les biens de la terre, de repousser *les amours humaines* et de craindre le Dieu très haut.

« *Les signes auxquels se reconnaissent les gens de la voie* sont : la bienfaisance, la retenue du langage, la piété, la douceur et l'éloignement du péché.

« *L'Ouerd de l'ordre impose* : la recherche du salut et de la nourriture divine, la confraternité et la sincérité du langage et des œuvres.

« *La maison éternelle*, c'est la maison de l'autre vie, la réunion des serviteurs au plus haut des cieux. »

Le dickr le plus répandu consiste à réciter cent soixante-cinq fois à la suite des cinq prières obligatoires et toutes les fois qu'il sera possible : *Il n'y a d'autre divinité qu'Allah.*

En Algérie, les Mogaddem de l'ordre semblent avoir chacun une véritable indépendance. Ils sont de temps en temps visités par des *requab* (envoyés) du grand maître de l'ordre qui, le plus souvent, ont l'apparence de commerçants. Ils ne sollicitent point d'aumônes religieuses, car la maison mère de Bagdad est immensément riche et les dons volontaires y affluent de l'Asie et de l'Inde. Armés de pouvoirs considérables, ils confirment les Mogaddem, les révoquent, les dirigent et leur donnent des instructions spirituelles et, sans doute, leur transmettent les instructions secrètes du grand maître.

L'ordre des Qadria peut être considéré comme une société secrète de bienfaisance qui embrasse tout le monde musulman. Il est essentiellement tolérant.

La haute moralité de leurs principes nous impose le devoir de favoriser les Qadria. La continence qu'ils pratiquent est un acheminement vers la monogamie.

Les Chadélya. — Abou Hassen Ali ech Chadeli
(593 de l'Hégire, 1196 après Jésus-Christ)

Ce qui caractérise principalement les Chadélya (en Algérie les Dergaoua), c'est leur éloignement des détenteurs de l'autorité temporelle. Ils évitent le plus possible les relations avec ceux-ci.

« Gardez-vous, disait le vertueux Ali el Khawras, de fréquenter aucun des émirs, ou de manger de leur nourriture, ou de rester muets sur le mal que, dans leurs réunions, vous voyez commettre en paroles ou en actes. Autrefois les pieux et saints docteurs s'abstenaient d'aller chez les Kalifes; et, s'ils y étaient forcés, ils leur donnaient des conseils, les menaçaient de la vengeance céleste (comme les prophètes en Israël), les exhortaient au bien. Aujourd'hui, hélas ! cette manière de faire n'est pas possible. »

Les Chadélya s'abstiennent des affaires politiques et commerciales.

On trouve dans leurs livres des principes très élevés; en voici quelques-uns :

Soyez constamment reconnaissants envers Dieu ; il garantit des faveurs en surplus à ceux qui se montrent reconnaissants. Montrez un repentir sincère, car sur le repentir repose ce qui doit suivre. Il n'est pas de station où l'on n'ait pas besoin de repentir.

Le croyant sollicite son âme d'aller à Dieu et ne sollicite pas Dieu de venir à son âme. Il n'est permis d'entrer dans le monde des âmes qu'à ceux qui se sont purifiés des vices inhérents à l'humanité en *s'assimilant la nature de Dieu, en s'annihilant pour tout ce qui n'est pas lui.*

« Pour connaître la réalité des objets immatériels, il y a deux méthodes : celle de la manifestation divine (l'intuition par la foi), et celle de la recherche de la sagesse au moyen des sciences (la raison). »

« *La première consiste à empêcher l'âme de tomber dans des fautes ou négligences et, si elle y est tombée, à en purifier. La piété et la droiture sont le commencement de la purification ; viennent ensuite le repentir et la contrition avec leur corollaire obligé de pratiques de dévotion qui doivent être constantes, de manière à devenir une seconde nature.*

« La seconde méthode, la poursuite de la perfection morale par la science, est d'accord avec le Prophète qui a dit : « La science est le guide de la pratique, car l'action suit la connaissance. »

Par la dernière définition on voit que les Chadélya Dergouaoua sont une secte philosophique et religieuse importante ; et, bien qu'individuellement ils professent l'humilité, ils se considèrent comme un ordre savant.

On rattache au Chadélya les Bakkaya qui se sont toujours montrés bienveillants pour les voyageurs et explorateurs Européens. Leur maison mère est la Zaouia de Tombouktou et leur action s'étend sur tous les pays situés entre l'Algérie et le Sénégal.

On trouve aussi les mêmes doctrines bienfaisantes chez les Ahammedin, dont le chef réside près de l'oued Guir ; leur objectif est la protection des Ksouriens contre les Nomades

Les Kheloualya. — Omar el Kelouati
(800 de l'Hégire, 1397 après Jésus-Christ)

Omar el Kelouati, né à Kassaria, était un saint ascète faisant des retraites de quarante jours avec jeûnes. De là, les quarantaines des Khouan de son ordre, consacrées au jeûne et à la prière pour la sanctification des âmes et la gloire de l'Islam.

Ce qu'il y a de particulier chez les Kheloualya, c'est la divination par des songes et visions dans sept degrés d'extase qu'ils appellent les sept remparts (de la foi).

Ils distinguent les manifestations d'En-Haut (auxquelles croient tous les Musulmans) en perceptions et visions : la perception est ce qui frappe les sens dans l'état de somnolence (entre la veille et le sommeil); la vision est ce qu'on aperçoit en songe. Quelques-unes de ces visions et perceptions sont surnaturelles et doivent être soumises au Cheik pour qu'il les interprète.

Les Khelouatya vont plus loin ; ils ont des apparitions ou hallucinations qui ne s'expliquent que par l'égarement mystique ou le magnétisme animal.

Les apparitions ne peuvent frapper l'adepte que *dans la solitude*, et seulement à la suite de longues *pratiques de piété*; alors lui apparaît la lumière résultant des ablutions et des prières, puis la lumière du démon, en même temps que celle des honneurs. Il voit ensuite la vérité se manifester sous forme de choses inanimées, comme le corail, le palmier, etc., et d'êtres animés, comme le cheval, sa propre personne, celle de son Cheik. *Ces sortes de visions ont causé la mort d'un grand nombre de personnes* [1]. L'adepte jouit ensuite de la manifestation d'autres lumières dont le nombre s'élève par sept degrés, au dernier desquels il atteint *l'état parfait de l'âme*.

« Dans le premier degré, *l'humanité*, il aperçoit dix mille lumières ternes et s'entremêlant, et il peut voir les génies.

« Au second degré, celui de *l'extase passionnée*, il aperçoit en plus dix mille lumières bleues.

« Le troisième degré est *l'extase du cœur*. On voit l'enfer et ses attributs, si toutefois on n'a mangé que des aliments qu'on n'aime pas. On aperçoit les génies et tous leurs attributs.

« Le quatrième degré est *l'extase de l'âme immatérielle ;* on voit dix mille nouvelles lumières d'un jaune très accentué; on aperçoit les âmes des prophètes et des saints.

« Au cinquième degré, *l'extase mystérieuse*, on contemple les anges et on jouit en plus de dix mille lumières d'un blanc éclatant.

« Au sixième degré *l'extase d'obsession*, apparaissent dix mille autres

[1] On a déjà vu cet effet au soufisme et on le verra plus loin aux Aïssaoua. Dans le cas des Soufis et des Khelouatya, la mort doit provenir d'un transport au cerveau.

lumières dont la lumière est celle des miroirs limpides. On ressent un délicieux ravissement d'esprit, principe de la vie spirituelle et on voit le prophète.

Enfin, on arrive au septième degré, *la béatitude;* alors apparaissent en plus dix mille autres lumières vertes et blanches, mais subissant des transformations successives jusqu'à ce qu'elles éclairent les attributs de Dieu et qu'on entende les paroles du Seigneur rapportées dans la Sonna aux passages commençant par ces mots : *Je l'ai entendu, etc., il ne reste plus que la vérité.* Il ne semble plus qu'on appartienne à ce monde, les choses terrestres disparaissent.

Les Aïssaoua. — *Mahmed ben Aïssa*
(950 de l'Hégire, 1527 après Jésus-Christ)

Les Aïssaoua sont un ordre de Khouan exaltés se livrant à des pratiques bizarres, manifestations d'un mysticisme aigu et maladif, comme celui des convulsionnaires de Saint-Médard.

Né à Méquinez (Maroc), Mahmed ben Aïssa fit le pèlerinage de La Mecque et s'instruisit dans les pratiques des ordres orientaux Haïdysia et Saadya. Il devint ainsi un thaumaturge des plus habiles et un savant versé dans toutes les sciences qui touchent à la théologie et au mysticisme. Cette double qualité lui donna à Méquinez des disciples si nombreux que le sultan de Méquinez en prit ombrage et le chassa. Dans son exode, manquant de provisions de bouche, il nourrit les disciples qui l'avaient suivi avec des pierres, des serpents et des scorpions. En souvenir de ce miracle, les Aïssaoua dans leurs exhibitions publiques avalent ces animaux.

La Zaouïa de Méquinez est le siège de l'ordre.

Les règles des Aïssaoua sont : la sobriété, l'abstinence, l'expansion continuelle vers Dieu, l'absorption en Dieu poussée jusqu'à l'insensibilité physique, ne rien craindre ni reconnaître

CONCLUSION

que l'autorité de Dieu, n'obéir qu'aux pouvoirs qui laiss[ent]
pratiquer les préceptes du Coran.

Dans l'Ouassia, Instruction pour l'ordre, le fondateur a don[né]
de l'amour mystique une définition dont s'inspirent les Khou[an]
plus ou moins dévots :

« L'amour est le degré le plus complet de la perfection. Celui [qui]
n'aime pas n'est arrivé en rien dans la perfection. Il y a quatre so[rtes]
d'amour ou quatre degrés de l'amour qu'il faut parcourir successiveme[nt]
l'amour par l'intelligence, l'amour par le cœur, l'amour par l'â[me],
l'amour mystérieux ou secret.

« *L'amour par l'intelligence*, c'est l'amour spirituel de Dieu qui re[m]
plit l'être intérieurement et extérieurement. *Il donne le désir de se c[on]
fondre avec l'objet aimé, de le posséder, et ce désir amène les frissons [de]
la chair, les palpitations du cœur, les larmes, les soupirs.*

« *L'amour par le cœur* ou passion se traduit par de la langueur, [des]
regrets, des lamentations, l'oubli du monde et le désir de Dieu, la co[m]
passion, le mystère et les inquiétudes, les larmes, la faim, la patien[ce,]
la solitude.

« *L'amour par l'âme* se traduit par les sanglots, la frénésie, l'ané[an]
tissement de soi-même en Dieu présent sans trêve, la renonciation [au]
libre arbitre. De tout cela, naît une lumière blanche qui s'échappe [du]
trône divin.

« A l'apparition de cette lumière, le cœur s'ouvre aux fureurs [de]
l'amour. Une lumière jaune lui succède. Le cœur, en la recevant, [est]
enveloppé de feu ; la frénésie augmente avec ses soupirs et son émoti[on.]
Dieu se manifeste et se réunit à l'âme.

« L'épouvante cesse par le jeûne, le cœur se calme par la faim, l'â[me]
se repaît de la souffrance, l'existence et le néant se confondent.

« *L'amour mystérieux ou secret* consiste à s'absorber complètement [en]
Dieu. Lorsqu'il est arrivé en communication avec l'amour intérieur [de]
Dieu, la dualité devient unité. On voit des esprits lumineux. On perd [le]
sentiment de soi-même et de la pudeur ; on est tout entier rempli [du]
souffle de la divinité.

Il existe probablement des détails spéciaux et surtout exce[n]
triques réservés aux adeptes plus avancés dans l'initiation. C[e]

en dans la cérémonie de l'affiliation d'un néophyte ne peut
re soupçonner les exercices thaumaturgiques auxquels se
rent les Aïssaoua dans leurs exhibitions publiques.

Les adeptes qui figurent dans ces exercices sont entraînés
r un rythme bien cadencé que soutient le son des tambours
qui provoque au mouvement même les assistants indifférents ;
rythme va toujours en s'accélérant jusqu'à ce que l'excitation
l'étourdissement amènent un commencement d'insensibilité
ysique. Les exécutants font alors des mouvements de rejet de
tête alternativement en avant et en arrière, comme s'ils la
çaient séparée du cou, ce qui porte au paroxysme leur exci-
ion. Lorsqu'ils sont arrivés à ce point, la musique cesse tout
n coup. Cet arrêt brusque produit l'effet d'un déchirement.
s yeux hagards et comme retournés, les danseurs semblent
fauves lancés sur une proie qui leur échappe. Ils saisissent
ils mordent tout ce qu'on leur présente : cailloux, morceaux
fer et de tôle, serpents, scorpions, qu'ils s'introduisent dans
gorge ; barres de fer chauffées à blanc, ce qui prouve une
pension complète de la sensibilité. Quand ce délire est
ouvé, non par des jongleurs, mais par des Aïssaoua, mys-
ues de bonne foi, surtout par des dévots récemment initiés
'ordre, beaucoup succombent plus tard, par suite des lésions
'ils se sont faites dans la gorge et les entrailles par l'intro-
ction violente de corps rigides ou d'objets malsains. Nous
ons d'un témoin, dont nous garantissons absolument l'exac-
de, que des Aïssaoua, étant venus s'établir dans une tribu,
ffilièrent un assez grand nombre de ses membres. Plusieurs
uveaux initiés dont la bonne foi n'était pas douteuse, s'étant
mis aux épreuves et exercices ci-dessus relatés, éprouvèrent
délire religieux avec tous les effets décrits ; mais la plu-
mourrurent quelque temps après successivement.

Outre ces Aïssaoua réellement convulsionnaires, il existe de bandes de charlatans qui les imitent par des moyens physiques aujourd'hui connus.

D'après la croyance commune, les Aïssaoua ont plus que les autres Khouan le pouvoir de guérir. Sans doute, ils s'imaginent que, dans le délire religieux, ils voient la nature de la maladie et le remède.

Les Taïbya. — Mouley Taïeb
(1089 de l'Hégire, 1678 de Jésus-Christ)

Le fondateur a voulu instituer un ordre dévoué à l'Empereur du Maroc en tant que Chérif ou chef religieux du Maroc.

Il disait comme parole révélée : *L'Empereur ne peut réussir sans l'aide des Taïbya, mais ceux-ci ne sont pas uniquement à sa dévotion.*

La maison mère est la Zaouia d'Ouazzan ; le maître de l'ordre prend le titre de Chérif d'Ouazzan. Il est toujours envoyé comme médiateur, chaque fois qu'un souverain marocain a des difficultés avec ses sujets.

Les doctrines des Taïbya n'ont rien qui les distingue *a priori* de celles des autres ordres s'appuyant aux Chadélya ; mais leur dickr a un cachet particulier : c'est une série de versets et réponses pouvant servir de signes de reconnaissance, de ralliement et de mots de passe entre les adeptes.

Zianya. — Mouley ben Zian, mort en 1733

Les Zianya sont une branche dérivée des Chadélya. Ils observent scrupuleusement les pratiques d'austérités, de prières de renoncement aux biens terrestres. Leurs chefs emploient en œuvres pieuses tous les dons qu'ils reçoivent.

La spécialité des Zianya est de conduire les caravanes et de les protéger contre les pirates du désert, ils sont les pilotes du Sahara. C'est un ordre charitable au même titre et de la même manière que les religieux du mont Saint-Bernard.

Ils ont aussi un grand esprit de tolérance et observent une neutralité absolue entre les rivalités locales. Ils donnent asile aux vaincus et s'interposent pour la paix, mais sans jamais épouser aucun parti.

De même que la plupart des Marabouts et pour les mêmes motifs, cet ordre fait grand honneur à la religion Musulmane.

Les Tidjanya. — *Ahmed ben Tidjani*
(1196 de l'Hégire, 1781 après Jésus-Christ)

D'une famille illustre d'Aïn Madhi à 70 kilomètres au nord-ouest de Laghouat, le fondateur adopta pour son enseignement la chaîne des Kelouati à laquelle il se rattachait.

Ses successeurs eurent pour zaouias mères : à l'ouest, celle d'Aïn Madhi (province d'Oran) ; à l'est, celle de Temassin dans le sud de la province de Constantine ; elles correspondent à deux branches ayant, quoique séparées, les mêmes doctrines libérales.

Tidjani, *dans le Kounache*, s'élève à une hauteur de philosophie religieuse qui n'a été ateinte par nul autre, que nous sachions, chez les Musulmans.

On peut en juger par les extraits suivants du livre V, intitulé : *Commentaires sur certains versets du Coran*.

Verset. — Dis : « Si vous aimez Dieu, suivez-moi ! Dieu vous aidera. »
Commentaire. — Dieu aime tout ce qui dépend de sa volonté et, quand

Dieu aime une chose, il la veut. En lui l'amour et la volonté ne sont qu'un. Donc tout ce qui existe est aimé de Dieu, et dans cet amour l'Incrédule ou l'Infidèle est compris aussi bien que le Croyant. En effet, si l'Infidèle et le Croyant n'avaient pas été l'objet de sa volonté, il ne les eût pas créés.

« Moïse ayant exterminé Karoun malgré ses soixante-dix supplications, Dieu lui dit : *C'est parce que tu ne l'avais pas créé que tu n'as pas eu pitié de lui.*

« Il y a deux sortes de puretés : la pureté originelle et la pureté accidentelle.

« Les êtres ont leur source dans Dieu ; ce sont les parties détachées d'un mystère qui a nom « Très Saint », lequel est absolument pur.

« Admettre une impureté dans un atôme serait supposer l'existence d'une impureté dans les attributs divins ; ce serait détruire la divinité qui comprend tous les atômes. En effet la divinité est là ce degré de Dieu qui embrasse tous les êtres. Rien n'existe qui ne soit tenu de rendre hommage à la divinité, ce que ne pourrait faire l'atôme s'il était souillé. L'atôme est pur parce qu'il est entouré par la divinité[1], *qu'il est une émanation de son nom très saint.* Tel est le caractère de la pureté originelle. »

La pureté accidentelle est définie par son contraire dans ce texte du Coran : *Seulement les Polythéistes sont impurs.*

« Cette impureté n'est qu'accidentelle et non essentielle ; elle n'a dès lors d'autre durée que celle de la Loi qui est l'ensemble des obligations des Musulmans. Lorsque la trompette de la résurrection sonnera, *la Loi finira, chaque chose reviendra à son origine et il n'y aura plus de devoir.*

« Le châtiment encouru par les Infidèles est accidentel, tandis que la Miséricorde et l'Amour sont fondamentaux. Les Infidèles, quel que soit le châtiment qui les ait atteints, *sont donc aimés de Dieu et obtiendront sa miséricorde.* Car Dieu a dit : *Ma miséricorde embrasse tout.* D'après ces paroles divines, les créatures formeraient deux classes : une qui éprouve la miséricorde divine après avoir éprouvé le châtiment, et l'autre qui n'éprouvera que la miséricorde sans châtiment[2].

Le Commentateur continue :

---

[1] C'est, sous une forme sémitique, la théorie de tous les êtres ayant originellement et virtuellement la nature de Bouddha.

[2] Avec l'Inde et la Perse, Origène et Scott Érigène croient au salut final de tous les êtres. M. Ravaisson, un spiritualiste s'il en fut, pense que la Théologie chrétienne finira par admettre ce dogme.

« D'autres versets condamnent les infidèles, comme celui-ci : *Les plus mauvaises des bêtes auprès de Dieu sont les ingrats et les incrédules.*

« Mais ces versets indiquent seulement des jugements de la divinité portés contre les hommes d'une manière accidentelle. Quant au jugement fondamental, essentiel, nous le découvrons dans ces paroles du prophète sur la nature animée : « Parmi les créatures *Dieu préféra les enfants d'Adam.* »

Les Infidèles sont, aussi bien que les Croyants, les enfants d'Adam. Toujours le souverain principe : Amour, Miséricorde.

Les raisonnements ci-dessus rappellent les procédés de la Scolastique. On reconnaît par là que les doctrines des fondateurs des ordres religieux étaient des doctrines courantes dans les facultés de philosophie et de théologie des Universités arabes. Le mérite des fondateurs a été celui du choix et il a été très grand pour ceux des ordres des Qadrya, des Derguaoua, des Zianya et des Tidjania qui sont des Chrétiens, moins la croyance aux mystères et surtout à ceux de la Trinité et de l'Incarnation.

Deux versets du Coran (II, 59, et V, 73) restreignent la condamnation prononcée par le Livre contre les Infidèles[1]. Citons le premier :

« Ceux qui ont cru, ceux qui suivent la religion juive, les chrétiens, les sabéens, et quiconque *aura cru en Dieu et au jour dernier* et qui aura pratiqué le bien, tous ceux-là recevront une récompense du Seigneur ; la crainte ne descendra point sur eux, et ils ne seront point affligés. »

Le verset 85, chapitre V, témoigne d'une préférence marquée pour les chrétiens.

« Tu reconnaîtras que ceux qui nourrissent la haine la plus violente contre les fidèles sont les juifs et les idolâtres, et que ceux qui sont le

---

[1] La doctrine de l'Église est celle-ci : Par l'effet de la rédemption, les justes seuls, *mais tous les justes*, quels que soient leur siècle et leur pays, pourront être sauvés. Mgr Lavigerie, dans ses instructions au clergé d'Afrique, insiste sur ce point que les musulmans vertueux seront sauvés.

plus disposés à les aimer sont les hommes qui se disent chrétiens ; c'est parce qu'ils ont des prêtres et des moines, hommes exempts de tout orgueil.

Les Rahmanya. — Si Mahmed ben Abd er Rahman
(1208 de l'Hégire, 1715 après Jésus-Christ)

Si Mahmed ben Abd er Rahman naquit de 1715 à 1728 dans la Kabylie du Djurjura et y retourna en 1770 après trente ans de propagande religieuse au Soudan et dans l'Inde ; par ses prédications, il y devint le chef d'une véritable Église nationale autour de laquelle se groupèrent toutes les populations indépendantes du Djurjura ; il se déclarait le continuateur en Algérie des Keloutaya.

Les Rahmanya ne se renferment pas uniquement dans la vie ascétique ; la prédication religieuse rentre dans les attributions du Mogaddem. Les affiliés, à leur entrée dans l'ordre, reçoivent de lui des instructions d'une grande supériorité morale et religieuse.

« Soumets à la surveillance de Dieu les actes manifestes et secrets, qu'ils soient désintéressés de toute préoccupation d'intérêt personnel dans ce monde et dans l'autre.

« Aie pour unique objet d'être agréable à Dieu, de l'aimer et d'observer strictement les obligations de la vie dévote.

« Agis bien avec toutes les créatures sans exception, honore le grand, aie pitié du petit, détache-toi des choses de ce monde. N'en prends que ce qu'il faut pour couvrir ta nudité, abriter ton corps et apaiser la faim. *Abstiens-toi de ce qui est douteux*[1].

Ne rends pas le mal qu'on te fait, sois patient en toutes choses, sois satisfait de Dieu et remets-toi entre ses mains. Pense à la mort : cette pensée est la base du renoncement. Garde-toi des controverses quand même tu serais dans ton droit.

[1] Doctrine des Jansénistes.

Dans les circonstances difficiles, ne désespère ni de sa miséricorde, ni de l'assistance divine. Dieu a dit : « *A côté de la gêne est l'aisance, certes l'aisance est à côté.* (Coran, xciv, 5-6.) Tu vois bien que, dans ce passage, le mot *gêne* se trouve placé en regard de deux mentions du mot *aisance*. Ainsi l'aisance surpasse la gêne [1].

Sois dans ce monde comme un étranger, comme un voyageur qui passe. Laisse là tout ce qui pourrait te distraire de Dieu : que le renoncement soit ton drapeau, l'abstinence ton vêtement et le silence ton compagnon ; que la veille et les pleurs sur tes péchés passés occupent tes nuits.

Ne vaut-il pas mieux ne pas désobéir à Dieu que se repentir de lui avoir désobéi ?

Un de nos poètes a dit : *Le repentir est obligatoire*, mais il est bien plus obligatoire encore de s'abstenir de pécher.

Toutes ces exhortations se retrouvent dans les livres chrétiens, principalement dans l'Imitation de Jésus-Christ.

Il y a donc une grande conformité de principes religieux et moraux entre les Rahmanya et nous.

Les Rahmanya sont divisés en deux branches indépendantes : l'une, de l'est, qui a pour maison mère Cherbou, près de Boussaada, et s'étend de Palestro à la frontière de la Tunisie ; l'autre, du sud, qui ressort à la Zaouia de Temassin et se prolonge jusqu'au Soudan.

Les Snoussia. — Cheik Snoussi, fondateur, en 1835

Né aux environs de Mostaganem, en 1791, Cheik Snoussi étudia d'abord à Fez ; puis il voyagea dans tous les pays musulmans depuis le Maroc jusqu'en Égypte, étudiant les doctrines des principaux ordres religieux et s'affiliant à eux. Après avoir séjourné plusieurs années au Caire, y avoir étudié et professé,

---

[1] C'est une interprétation de l'existence simultanée du bien et du mal sur la terre, interprétation que Buffon a longuement développée par des raisons physiologiques.

il se rendit à La Mecque où il étudia de nouveau, enseigna et, enfin, fonda sa première Zaouia. Forcé de s'éloigner de La Mecque, comme il l'avait été de quitter le Caire, il se rendit dans le Djebel Lakdar et, enfin, il fonda la Zaouia de Djerboub qui devint le chef-lieu de l'ordre des Snoussia.

Les doctrines des Snoussia ne sont que le retour au Coran et à l'Islamisme primitif, c'est-à-dire qu'elles affirment la nécessité de l'Immanat ou théocratie panislamique comme gouvernement et l'excellence absolue de la vie dévote. Le premier de ces dogmes est la condamnation de tous les gouvernements établis, *musulmans* et autres ; le second est l'ennemi de la civilisation moderne. Ils demandent à la propagande pacifique seule la réalisation de leurs espérances.

Leurs chefs prêchent non la révolte, mais l'émigration. Selon eux, c'est, pour rentrer dans l'Islam, le seul moyen que possèdent les vrais Croyants vivant sous le joug des chrétiens ou des souverains musulmans qui, comme ceux de Stamboul et de Fez, subissent l'influence des puissances européennes ; ils s'appuient sur les versets du Coran par lesquels le prophète, au moment où il s'enfuit de La Mecque, prescrivit, sous peine de l'enfer, d'émigrer à sa suite.

Les Snoussia ne sont point des mystiques, ni des panthéistes ; ils s'en tiennent au genre de piété exigé par le Coran et fondé sur la crainte bien plus que sur l'amour de Dieu ; plutôt pratique que contemplative leur dévotion peut se lier aussi bien à celle des Musulmans non congréganistes qu'à celle des congrégations.

Loin d'être exclusifs, ils cherchent à rassembler dans un seul faisceau tous les ordres religieux qui souvent divisent plus qu'ils n'unissent les Musulmans. Ils déclarent orthodoxes et appellent à eux comme appuis de leur ordre, soixante-quatre ordres on branches d'ordres. Leurs membres peuvent s'affilier aux Snoussia, tout en restant dans leur congrégation particulière. On n'exige d'eux que le rejet des doctrines panthéistes et l'abstention des exercices de danse et de prestidigitation.

On distingue facilement les Snoussia par les particularités suivantes : Ils prient debout, les bras croisés sur la poitrine, le poignet gauche pris entre le pouce et l'index de la main droite, tandis que tous les autres Musulmans d'Afrique prient étendus de tout leur long sur le côté gauche, les bras collés au corps.

La plupart des Snoussia sont illettrés. On n'exige d'eux qu'une soumission aveugle et le paiement de l'*achour* (dîme religieuse) et de la *sekkat* (taxe pour les pauvres).

Les Snoussia dominent dans la Cyrénaïque, à Ghadamez, chez les Touaregs, et surtout dans le Fezzan et l'Ouadaï et dans le Soudan central. Ils comptent aujourd'hui, tant en Afrique qu'en Arabie, plus de cent Zaouias, toutes sous la haute direction de celle de Djerboub, chef-lieu de l'ordre où réside le grand-maître, près du magnifique tombeau du fondateur.

Située au sud-ouest et à deux ou trois journées de marche de l'oasis de Syouah, Djerboub est une petite ville fortifiée de 7,000 habitants, bien armée et approvisionnée. Il y a dans le district voisin, Ben Ghazi, 25,000 fantassins et 1,500 cavaliers qui, en dehors du personnel proprement dit des vingt zaouïas du district, sont absolument à la disposition du chef de l'ordre.

Celui-ci est, de fait, souverain de tout le pays que limite au nord le littoral méditerranéen d'Alexandrie à Gabès et qui s'étend dans le sud jusqu'aux royaumes nègres. C'est un véritable empire théocratique, mais qui ne pouvait être fondé et subsister que dans un pays exceptionnel comme celui qu'il occupe.

TABLE DES MATIÈRES

		Pages
I.	Première création, les génies (Djinns). — Appendice : Les Anges, les Génies..................................	1
II.	Adam le Pur..	5
III.	Adam et Ève...	9
IV.	Abel et Caïn...	13
V.	Fin d'Adam, ses enfants.....................................	15
VI.	Le prophète Enoch...	16
VII.	Noé, le Confident (de Dieu)................................	22
VIII.	Les fils de Noé et leur postérité. — Appendice : le Paradis.	26
IX.	Abraham, l'Ami du Miséricordieux, en Mésopotamie, en Égypte et en Syrie.................................	35
X.	Loth...	42
XI.	Ismaël. — Notes : Comparaison avec la Genèse. — Appendice : la Kaabah..	48
XII.	Sacrifice d'Abraham. — Appendice : Le pèlerinage de La Mecque..	55
XIII.	Les trois prophètes : Abraham, Ismaël et Isaac...........	62
XIV.	Ya'gub (Jacob), le Esraïl (Israël, élu) de Dieu............	68
XV.	Yusuf (Joseph), le Véridique, vendu par ses frères.......	73
XVI.	Joseph et la femme d'A'zîz (Putiphar).....................	87
XVII.	Les sept vaches grasses et les sept vaches maigres.......	96
XVIII.	Les frères de Joseph viennent en Égypte..................	101
XIX.	Joseph se fait connaître à ses frères. — Jacob vient en Égypte ; derniers jours de Jacob et de Joseph.........	113
XX.	Job, le prophète reconnaissant et résigné.................	123
XXI.	Les prophètes : Jéthro, Aaron et Moïse....................	130
XXII.	Moïse accomplit sa mission près de Pharaon..............	140
XXIII.	L'Exode..	147
XXIV.	Moïse rapporte du mont Sinaï les tables de la Loi.......	152
XXV.	I. L'Arche d'Alliance. — II. Hérédité du sacerdoce dans la famille d'Aaron. — III. La vache miraculeuse. — IV. La punition de Qarun.................................	161

		Pages
XXVI.	— I. Les Israélites refusent de se battre contre les géants maîtres de la Syrie. — II. Leurs pérégrinations et épreuves dans le désert. — III. Visite de Moïse à Khyzer.	169
XXVII.	— Derniers jours d'Aaron et de Moïse..................	177
XXVIII.	— Le prophète Josué. — Les prophètes Kalub et Hazquil....	182
XXIX.	— Elie, le prophète qui errait dans le désert et les solitudes.	190
XXX.	— Les prophètes Elisée et Zulkefl. — Samuel.............	196
XXXI.	— Règne de Saül. — Appendice : La vie future entre le décès et la résurrection................................	204
XXXII.	— David, le roi prophète.............................	213
XXXIII.	— Salomon. — I. Sagesse et puissance de Salomon. — II. Construction du Temple. — III. La Fourmi.........	225
XXXIV.	— Balqis, reine de Saba	233
XXXV.	— I. L'épreuve de Salomon. — II. Dieu fait rétrograder le soleil pour Salomon. — III. Sa mort.................	241
XXXVI.	— I. Loqman le philosophe. — II. Jonas, le compagnon du poisson..	248
XXXVII.	— Variations et vicissitudes des enfants d'Israël. — I. Ezéchias, Sennachérib et Isaïe. — II. Jérémie et Bakhtanassar (Nabuchodonosor). — Appendice : les prophéties d'Isaïe.	254
XXXVIII.	— Le prophète Daniel. — I. Daniel et Bakhtanassar. — II. Cyrus et Rome. — III. Le prophète Osée...........	268
XXXIX.	— I. Zacharie et Marie. — II. Jean-Baptiste. — Appendice : Le dernier jugement ; l'enfer........................	278
XL.	— Naissance et mission prophétique de Jésus.............	288
XLI.	— I. Les miracles les plus fameux de Jésus ; sa mission au pays de Nassibin ; résurrection de Sem, fils de Noé. — II. Une table toute servie descend du ciel à la prière de Jésus. — III. Miracles qu'opère Jésus banni de Jérusalem.	296
XLII.	— Les Juifs veulent crucifier Jésus. Il est enlevé au ciel par ordre de Dieu	304
XLIII.	— Les Chrétiens après Jésus. — I. Comment le juif Jean leur fit croire à la divinité du Christ. — II. Quelques récits miraculeux...	309
XLIV.	— I. Nombre et classification des prophètes. — II. Écritures et Livres sacrés pour les Musulmans. — III. Le Coran et Mahomet..	313
XLV.	— Conclusion. — Les ordres religieux de l'Islam.........	331

TOURS, IMPRIMERIE DESLIS FRÈRES

www.ingramcontent.com/pod-product-compliance
Lightning Source LLC
Chambersburg PA
CBHW050550170426
43201CB00011B/1632